C000096020

P. NORBERT

SAINT JEAN DISCALCÉAT

FRÈRE MINEUR

(1279 - 1349)

Sa Vie, son Époque, son Ordre

EN BRETAGNE

Manuscrit inédit du XIVe siècle

Sept gravures

SAINT - BRIEUC

IMPRIMERIE-LIBRAIRIE DE R. PRUD'HOMME

Editeur pontifical

1911

SAINT JEAN DISCALCÉAT

R.F.

SAINT JEAN DISCALCÉAT

(Statue antique du Saint vénérée à la cathédrale de Quimper,
Reliquaire contenant le crâne du Saint.)

A SA GRANDEUR

Monseigneur *Adolphe* *DUPARC*

Evêque de Quimper et de Léon

DÉCLARATION

En tout esprit de soumission aux Décrets du Pape Urbain VIII, nous déclarons ne donner le titre de Saint ou Bienheureux à tel ou tel personnage non canonisé ou béatifié par l'Eglise, que pour nous conformer à l'usage des fidèles ; il en est de même pour les faits auxquels nous pourrions donner le qualificatif de miracles ou révélations.

P. N.

Nihil obstat.

A. DE LA VILLERABEL,

Vic. gen.

Imprimatur :

Brioci, die 25ᵃ Decembris 1910.

† JULIUS-LAURENTIUS,

Ep. Brioc,

LETTRE D'INTRODUCTION

ÉVÈCHÉ
de Quimper et de Léon

—⊛—

LETTRE AU CLERGÉ

sur une Vie inédite de S. Jean Discalcéat datant du XIVe Siècle.

MESSIEURS ET CHERS COOPÉRATEURS,

Je viens vous faire part d'un fait qui intéresse le Diocèse.

Vous savez qu'un procès canonique est pendant, en Cour de Rome, pour obtenir la confirmation du culte cinq fois séculaire rendu à saint Jean Discalcéat, le *Santik dù* de la Cathédrale de Quimper.

Le succès de la Cause paraît dès maintenant

assuré, quoique la procédure puisse durer encore plus d'un an.

Le Révérend Père Paolini, postulateur général de l'Ordre des Frères Mineurs, a découvert et vient de faire imprimer un document émanant d'un témoin oculaire de la vie du Bienheureux, et qui suffit amplement à établir que le culte dont il est aujourd'hui universellement honoré dans la Cornouaille et le Léon, s'est manifesté, avec plus de confiance et d'enthousiasme encore, dès le lendemain de sa mort, et que le Saint-Siège ne peut, par conséquent, se refuser à consacrer sa gloire par un acte officiel, et cela sans le soumettre aux formalités imposées aux nouveaux Saints depuis le décret du Pape Urbain VIII.

Ce document était encore inconnu à l'époque où Monseigneur Valleau, — sur les instances de Monseigneur Potron, l'Evêque franciscain, — confia à la curie de l'Evêché de Quimper le soin de reconnaître juridiquement le caractère immémorial du culte rendu au « Petit Saint noir ». Même privés de ce document, les juges du procès, s'appuyant sur des textes très précis et très sûrs, purent conclure avec certitude en

faveur de la Cause. Cependant, aucune des
pièces étudiées par eux n'était aussi ancienne
que l'eût désiré la Congrégation des Rites. Le
Pape Urbain VIII, en fixant les règles des cano-
nisations futures, admettait bien une légitime
exception pour les saints personnages déjà
vénérés depuis des siècles. Mais l'usage établi
voulait que cette vénération fût constatée ordinairement par des documents antérieurs au
moins à l'an 1534.

La pièce si utile et si désirée a été trouvée
enfin, par un Père Franciscain, à la Bibliothèque nationale de Bruxelles, parmi les manuscrits de la Collection des Bollandistes. Les
Bollandistes l'avaient reçue d'un Provincial
des Frères Mineurs en 1642. Ils ne devaient
avoir l'occasion de l'utiliser qu'en rédigeant les
Vies des Saints du Mois de Décembre, puisque
la *mémoire* de notre Saint au Martyrologe des
Mineurs est inscrite au 14 de ce mois. La pièce
risquait donc de demeurer cachée de longues
années encore, sans les recherches faites à la
demande du Père Paolini.

Nous n'avons pourtant pas l'avantage de
posséder un document original. Le texte aujour-

d'hui publié n'est qu'une copie faite en 1613.
Mais cette copie est conforme au texte sur
vélin, beaucoup plus ancien, signalé par le
P. Albert Le Grand comme lui ayant servi pour
sa *Vie des Saints de Bretagne*, car plusieurs
phrases du pieux Dominicain traduisent et
même citent exactement les termes de notre
manuscrit franciscain. Ce manuscrit lui-même
porte dans sa rédaction, sa grammaire, son
style, son appareil de citations scripturaires,
tous les signes qui caractérisent les œuvres de
la fin du Moyen-Age. Il était d'ailleurs dans les
Archives officielles de l'Ordre, et le Provincial
le livra aux hagiographes de la Compagnie de
Jésus avec confiance, comme un témoignage
vraiment autorisé pour l'histoire de l'un de ses
Saints. Aussi les Bollandistes n'ont pas hésité
à déclarer que le document est bien du xiv[e]
siècle.

• Il résulte d'ailleurs du récit lui-même que
nous sommes certainement en présence d'un
témoin, qui a vu ce qu'il raconte, qui a vécu
plus de vingt ans avec son héros, qui a interrogé ses pénitents, qui a connu ses miracles et
ses *miraculés*, qui a entendu ses louanges de

son vivant, et qui, au moment de sa mort, quand la noblesse du pays le porte au tombeau sur ses épaules, quand le peuple se dispute ses vêtements et tous les objets à son usage, traduit loyalement la conviction commune en lui donnant le titre de Saint, comme il racontera plus tard ses miracles posthumes, pour encourager le mouvement du culte confiant et affectueux qui entraînait déjà les fidèles vers la tombe du fils de saint François, dans la chapelle du couvent.

Ce précieux document suffira-t-il pour déterminer enfin une sentence favorable de Rome ? J'en suis convaincu. Cependant, toute conclusion définitive de notre part serait prématurée. La Sainte Eglise jugera. Nous sommes d'avance filialement soumis à sa décision. Nous l'espérons favorable, et nous la hâterons par nos prières.

Cette courte biographie du bon Saint, la plus ancienne que nous puissions lire, augmentera encore notre dévotion pour lui. Elle est écrite dans le ton du panégyrique. Ce panégyrique a la valeur de l'histoire, car il est l'œuvre d'un témoin oculaire. Le document sera bientôt traduit et mis à la disposition des fidèles par le P. Norbert Monjaux. Il intéressera aussi bien le Léon, où est né saint Jean, en la paroisse de Saint-Vougay, que la Cornouaille, où il est mort. Il n'aura pas moins de lecteurs dans le diocèse de Rennes, où il a été 13 ans curé avant de suivre sa vocation religieuse.

Je vous entretiendrai à loisir de la longue vie du Saint dans notre ville de Quimper, quand j'aurai à vous annoncer, après le triomphe de sa Cause, les fêtes que nous célébrerons en son honneur. Mais j'ai tenu à vous associer sans retard à mes espérances, pour que vous en fassiez part à vos fidèles, qui demanderont à Dieu avec nous l'heureuse et prompte issue d'un procès qui les intéresse au point de vue spirituel comme au point de vue temporel.

Selon la croyance populaire, fondée sur une longue expérience, le Saint que nous aimons avait autrefois la spécialité de guérir les têtes endolories et fatiguées. Il fait maintenant retrouver les objets perdus. Puisse-t-il nous aider à rendre la pleine santé à tant d'intelligences aujourd'hui malades, et à restituer à notre pauvre pays l'esprit chrétien si difficile à retrouver au milieu des erreurs et des habitudes païennes du temps présent.

Le manuscrit qui fait le sujet de cette lettre exprime en finissant l'espoir que la patrie du Saint, la ville de Quimper, ne cessera pas d'exhaler, par la grâce de Dieu, le parfum des vertus dont il lui a donné l'exemple. Que toutes les âmes généreuses, et en particulier celles qui sont attachées au Tiers-Ordre, contribuent, dans la cité et dans le diocèse, à un nouvel épanouissement des vertus franciscaines dans la vie séculière. Ce sera la façon la plus éloquente et la plus sûre de toucher le cœur de Dieu en honorant notre Saint.

Veuillez agréer, Messieurs et chers Coopérateurs, l'assurance de mes sentiments affectueux et dévoués en N. S. J.-C.

† ADOLPHE,

Evêque de Quimper et de Léon.

Quimper, le 17 février 1910.

PRÉFACE

La lettre de S. G. Mgr Duparc, que nous citons en tête de ce volume, explique clairement et la valeur du manuscrit découvert récemment et l'état de la Cause de saint Jean Discalcéat, en Cour de Rome.

Nous ajouterons quelques réflexions seulement sur notre traduction française de la Vie latine et sur l'exposé historique qui l'accompagne, sur le plan que nous avons suivi et le but que nous nous sommes proposé d'atteindre.

La copie du manuscrit latin 8974-75 de la bibliothèque nationale de Bruxelles, porte la mention de son origine : « Accepi 17 Julii 1642, Parisiis a P. Jacobo Dinet ex-Provinciali Franciæ, per P. Franc. de Saulçoy ». C'est bien la reproduction « du manuscrit sur vellin, en cinq fragments, gardé audit couvent de Saint-François de Quimper », dont parle *Albert Le Grand, qui lui fut communiqué « par le R. P. Maistre Bréard, docteur en théologie dudit Ordre, le 7 juin de l'année 1636 ».* L'identité des deux textes, de la copie et de la *Vie* écrite d'après l'original, n'offre aucun doute. On voit bien que le bon Père Albert Le Grand déroule successivement *« l'ancien rollet »,* le traduit librement en son style si caractéristique. *Nous avons là, sous les yeux, pris sur le vif, un curieux spécimen de la méthode de travail suivie par le charmant hagiographe breton.*

La copie offerte aux bollandistes, est un peu défectueuse, quelques mots ont été mal écrits ou déformés, mais le contexte indique clairement le sens, de sorte qu'une erreur de lecture ne nous a pas semblé probable. Notre traduction est littérale, *mais non esclave du mot ou de la coupe des phrases.*

Quel est le nom de l'auteur? Humble et modeste, il se cache. Un nom de religion, Frère Paul, Jacques ou Jean, ne dit pas grand chose en soi, généralement. Mais le

*style c'est l'homme, a écrit un profond pen-
seur. Le style de notre écrivain est remarquable par sa force, sa concision et son
élégance ; sa plume révèle un religieux émi-
ment, d'une grande piété. C'est un saint
écrivant la vie d'un saint, un disciple, un
confident retraçant le portrait de son maître.
On dirait encore un Professeur d'Écriture
sainte et de Morale composant un traité sur
les sept principales vertus, si bien pratiquées
par son modèle, et condensant l'exposition
et le récit en quelques phrases scripturaires
et comparaisons bibliques d'une grande ori-
ginalité et virile beauté. La langue latine
lui permet d'accumuler dans une même
période textes et comparaisons, qu'il est impossible de traduire en français, sans couper
la phrase. La supériorité du génie latin
apparaît ici avec évidence.*

*La valeur du manuscrit est incontestable
en raison de l'autorité de son* auteur, *de*
l'époque *à* laquelle il l'écrivit, *des* preuves
intrinsèques *qu'il révèle.*

*L'*auteur *est un Frère Mineur qui vécut en compagnie de S. Jean Discalcéat, son confrère, au couvent de Quimper, pendant de longues années ; voilà pourquoi nous l'appelons, dans ce sens,* le compagnon du saint. *Il ne paraît pas avoir été de nationalité bretonne, car il dit toujours en parlant de son héros breton :* in patria sua, *dans son pays, et jamais dans notre pays. Il est désintéressé au point de vue local. Comme Frère Mineur, il est très modeste, réservé, sage et prudent ; il dit moins que plus, et ce qu'il dit, il le sait veraciter, vraiment, il l'a vu, il l'a palpé ou il l'a vérifié ; les miracles ont été attestés par devant notaires. Peut-on demander une sécurité plus grande de vérité ? On ne peut lui adresser qu'un seul reproche, et c'est à la fois une louange : Pourquoi n'a-t-il pas donné plus de détails historiques, cité plus de miracles ? Notre curiosité légitime est en éveil.....*

Le saint Evangile lui-même est très concis, mais cette perle divine a jeté de tels feux qu'elle a illuminé le monde et suscité des commentaires à l'infini.

Notre auteur en dit assez pour démontrer la sainteté éminente de son héros ; c'est le but qu'il s'est proposé. Le reste, il le livre à la sagacité des historiens futurs qui étudieront les événements de l'époque. La précieuse dépouille du saint ne demeure-t-elle pas, d'ailleurs, à Quimper « qu'elle embaumera pour toujours » de la douceur de sa vie et du parfum de ses vertus : redolebit in perpetuum ! Les générations écriront les annales de ce culte jusqu'au moment où le monde finira.

Le manuscrit a été composé à l'époque même des événements dont il parle, en pleine guerre de succession, « quæ nunc est », Charles de Blois étant duc de Bretagne ; il parle de visu des deux sièges de Quimper. Le saint étant mort en 1349, la guerre ayant repris en 1356 et cessé en 1364, nous devons dater ce document entre ces deux termes : 1356-1364.

Les preuves intrinsèques *de son récit sont manifestes, car nous retrouvons les dates et les faits dans les auteurs contemporains vraiment renseignés, par exemple sur la guerre, la famine, la peste, etc. De plus, son exposé permet de redresser certaines erreurs commises par des auteurs malveillants ou mal informés, par exemple sur le siège de Quimper. Parfois un seul mot de l'auteur fournit des renseignements précieux. C'est ainsi qu'ayant indiqué le titre de* curé-chanoine, *nous pouvons préciser la tradition qui fixe le rectorat du saint au bourg de Saint-Grégoire, la seule paroisse aux environs de Rennes dépendant alors du chapitre.*

Ce modeste ouvrage est intitulé : Saint Jean Discalcéat, Frère Mineur : sa Vie, son Epoque, son Ordre en Bretagne. *Le titre seul indique qu'il comprend trois parties.*

Nous donnons tout d'abord la traduction française du manuscrit inédit. C'est la Vie *du saint, complète et intégrale, sans commentaires, sauf quelques annotations au bas*

des pages pour l'intelligence du texte et des
citations scripturaires. Cette partie est la
principale, la raison même de la présente
publication.

Mais comme cette vie, écrite sur le ton du
panégyrique, se restreint à l'éloge des vertus
du saint, n'embrasse pas l'ensemble de la
trame historique et ne peut pas parler de son
culte à travers les âges, il était nécessaire de
combler ces vides et de dresser le cadre du
tableau de l'Epoque. C'est ce que nous avons
essayé de faire dans la seconde partie du
livre.

L'Epoque du saint fut celle de la Guerre
de succession qui désola l'Armorique, à partir
de 1341, laquelle ne fut elle-même qu'un
épisode du grand drame de la Guerre de Cent
ans ou de l'invasion anglaise, finalement
vaincue par l'intervention de la Bienheureuse Jeanne d'Arc.

Notre auteur s'emparant du nom de Jean
donné à notre Bienheureux, le compare au
Saint Précurseur, d'un bout à l'autre de sa

Vie, et le montre exhortant le peuple à la pénitence, à la vue des maux qui allaient fondre sur la patrie. Jean est un prophète. Il voit de haut et au loin. Il verse des torrents de larmes... Bientôt les Anglais sont maîtres de Quimper. Le Bienheureux Charles de Blois les repousse par deux fois. Le Bien-heureux Jean Discalcéat se met du côté du saint Prince... Comment ne pas parler de cette Époque et du Bienheureux Charles de Blois, alors surtout que ce saint Duc, si longtemps méconnu, nous attire avec une douceur et une force ineffables ?

Nous parlons nécessairement de son rôle à Quimper et incidemment, à propos du culte du Bienheureux Jean, de sa mort, d'après les documents puisés aux sources de l'histoire, particulièrement de son Procès de Canonisation, qui sera bientôt publié intégralement. Il fut tué après qu'il se fut rendu prisonnier sur le champ de bataille d'Auray. Le fait est certain et nous avons l'aveu du meurtrier.

Au reste, tout le long du livre, nous avons cherché à nous appuyer sur des pièces solides, de l'époque, si possible, et en ce qui concerne l'Ordre, sur nos Annalistes. Nous donnons nos références au bas des pages.

Nous donnons indifféremment le nom de Bienheureux ou de Saint à frère Jean Discalcéat. Actuellement il porte le titre de Saint, parce qu'il appartient à la période antérieure aux décrets d'Urbain VIII, mais quand le culte immémorial aura été reconnu par le Saint-Siège, il aura le titre de Bienheureux, parce que l'Eglise a depuis 1625 admis deux degrés, la béatification et la canonisation, et posé des règles précises du culte et des titres qu'il faut attribuer aux serviteurs de Dieu. Nous déclarons nous soumettre en tout aux lois de notre Mère la sainte Eglise, et ne vouloir préjuger en rien de ses décisions.

Au cours de notre récit, ayant touché à l'histoire de l'Ordre de S. François en parlant de l'arrivée des Frères Mineurs, des couvents de Rennes et de Quimper que le Bienheureux

Jean fréquenta ou habita, nous avons été finalement entraîné — trahit sua quemque voluptas — *à donner un aperçu historique de cet Ordre en Bretagne. Cette troisième partie est plutôt un* Appendice, *qui permettra au lecteur d'avoir une petite vue d'ensemble sur l'Armorique franciscaine dont notre héros est la plus belle fleur. Nous lui avons uni d'autres fleurs, et le bouquet s'est arrondi un peu, beaucoup... On voudra bien nous pardonner d'avoir succombé à la tentation de cueillir quelques violettes de plus, dans le parterre breton, en attendant qu'une main plus habile en fasse une belle couronne séraphique qu'elle offrira à Marie Immaculée, Reine de l'Ordre des Frères Mineurs.*

Nous déposons entre ses mains ce modeste livre, dont nous connaissons, plus que tout autre, les imperfections et les défauts, mais il est l'œuvre de l'obéissance et le fruit de la bonne volonté : c'est ce qui nous porte à croire qu'il pourra faire quelque bien, par la grâce de Dieu.

Daignent saint Yves, saint Jean Discalcéat, saint Charles de Blois bénir et l'ouvrage et l'ouvrier.

Priez Dieu, ami lecteur, pour un pauvre pécheur.

P. NORBERT.

Saint-Brieuc, 29, 1ue Notre-Dame,

14 Décembre 1910

(Jour de la *Mémoire* de saint Jean Discalcéat au Martyrologe franciscain).

———✳———

TABLE CHRONOLOGIQUE

Ducs : Jean II (1286-1305) Arthur II (1305-1312) ;
Jean III (1312-1341) ; Charles de Blois (1341-
1364) ; Jean de Montfort, compétiteur ; Jean IV
le Conquérant (1364-1399).

1279, *Juin, naissance de saint Jean Discalcéat, à
Saint-Vougay.* (A Rennes, frère Raoul,
franciscain, enseigne l'Ecriture Sainte à
saint Yves.)

1298, *Saint Jean Discalcéat étudie à Rennes.* (Frère
Jean de Samois, Evêque de Rennes, 1298.)

1303, *Ordonné prêtre, curé-chanoine de Saint-Grégoire,* 13 ans. (Mort de saint Yves à Tréguier,
de frère Raoul à Rennes.)

1316, *Frère Mineur au couvent de Quimper, 33 ans.*

1319, Naissance de Charles de Blois.

1337, Son mariage avec Jeanne de Penthièvre.
(Guerre de *Cent ans* entre la France et
l'Angleterre, 1337-1453.)

1341, 30 avril, mort du duc Jean III ; guerre de
Succession en Bretagne, 1341-1364.

1344, 1er mai, *prise de Quimper, par Charles de Blois,
miracle de la marée.*

1345, 11 août, *Siège de Quimper, par Montfort, miracle des eaux.* (Mort de J. de Montfort, 26 septembre, laisse un fils de 5 ans, Jean IV, pupille du roi d'Angleterre.)

1346, *Grande famine dans la Cornouaille.*

1347, Canonisation de saint Yves.

1349, *Peste générale.*

1349, *14 décembre, mort de saint Jean Discalcéat à Quimper, âgé de 70 ans.*

1364, 29 septembre, mort de Charles de Blois sur le champ de bataille d'Auray.

1369, 17 août, Urbain V prescrit l'Enquête de Canonisation.

1371, Du 9 septembre au 18 décembre, à Angers, Procès de Canonisation de Charles de Blois, 198 témoins déposent séparément, 300 en masse.

1412, Naissance de Jeanne d'Arc à Domrémy.

Culte de saint Jean Discalcéat

1349, *Corps du saint inhumé dans le sanctuaire de l'église conventuelle.*

1351? *Translation du corps dans une châsse, sous un petit dôme en forme de chapelle.*

1634, *Reliques placées sur un autel.*

1750, *Nouvelle châsse, vitrée des deux côtés.*

1791, *Reliques transportées à la Cathédrale de Quimper.*

1793, 8 décembre, *transportées à Ergué-Armel.*

1842, *Reconnaissance des reliques par Mgr Grave-ran, évêque de Quimper ; le crâne du saint est donné à la Cathédrale.*

1896, *Procès Ordinaire du culte immémorial, fait à Quimper, actuellement en cour de Rome.*

Ruines du couvent des Cordeliers de Quimper.
Vue du Cloître.

VIE
DE
SAINT JEAN DISCALCÉAT

CHAPITRE PREMIER

VIE ÉCRITE PAR UN COMPAGNON DE CE SAINT

Manuscrit inédit.

AU NOM DE LA SAINTE ET INDIVISIBLE TRINITÉ
PÈRE, FILS ET SAINT-ESPRIT. — AMEN.
JESUS-MARIA.

Prologue.

Motifs de cette biographie : exciter la foi des faibles, récon-
forter l'Ordre de S. François ; écrite d'après des témoi-
gnages certains. — Comparaison avec S. Jean-Baptiste.

1. — Le négoce du royaume des cieux, en
considérant avec soin les vertus et les louanges
des saints, a été justement comparé « *au trafi-*
quant qui cherche de bonnes perles » (1), « *qu'il*
ne faut pas néanmoins jeter devant les pour-

(1) S. Mathieu, 13, 45.

1

ceaux » (1), pas plus qu'il ne faut publier ces louanges pour les hommes ingrats et charnels (2). Mais « *si les peuples racontent la sagesse des saints* » et si « *l'assemblée annonce leurs louanges* » (3), alors ce panégyrique tiré de leur réputation et de leurs mérites, comme d'une perle très éclatante, devient un électuaire de dévotion. C'est un remède excellent et utile pour se préserver de la malignité du doute et de l'incrédulité qu'on semble voir apparaître, au milieu de l'affluence des *maux* qui abondent, en ces derniers temps.

(1) S. Mathieu, 7, 6.

(2) S'inspirant de cette pensée, Albert Le Grand s'exprime ainsi, dans la préface de son livre sur la *Vie des Saints de Bretagne :* « J'interdis absolument la lecture de ce livre aux athées, aux libertins, aux indifférents, et à ces suffisans qui, mesurans la puissance de Dieu au pied de leurs cerveaux mal timbrés, se mocquent des merveilles qu'il a opérées par ses serviteurs, et ne croyent rien de ce qui passe la cime de leurs faibles entendemens, voulans captiver la foy sous les lois de la raison. Que si telles gens s'ingèrent d'y mettre le nez, j'attends d'eux le mesme traitement que receurent, aux premiers siècles de l'Eglise naissante, les apostres, des juifs et payens, etc. »

(3) Ecclésiastique. 44, 15.

2. — C'est dans ce but que je crois devoir présenter aux dévots lecteurs l'exposé de la remarquable sainteté de Frère Jean Discalcéat, l'humble serviteur de Dieu qu'on vit briller de nos jours, par des signes évidents, comme une perle précieuse, aussi bien « *vendit-il tout ce qu'il avait pour l'acheter* » (1). Le récit de ses actions vertueuses et de ses miracles lumineux excitera, à son imitation, la pieuse charité des fidèles, fortifiera contre toute défaillance l'espérance et la foi des affligés et des faibles. Le monde entier tressaillera d'allégresse, en constatant d'une manière sensible que le soleil de la foi n'est pas obscurci par le manque de miracles, et l'Ordre des Frères Mineurs y trouvera un réconfort en sachant que véritablement les étoiles des observances de sa règle ne sont pas encore tombées du ciel de la perfection évangélique.

Mais, ô douleur ! actuellement la lune défectueuse, ou l'existence dépravée d'un grand nombre de personnes du monde, est rouge comme du sang, à cause de leurs passions

(1) S. Mathieu, 13, 46.

charnelles et de leurs cruautés déplorables, *« et ce sont là les commencements des grandes douleurs »* (1).

3. — Je ne rapporterai relativement que peu de choses de la sainte carrière de frère Jean, parce que je ne suis pas encore pleinement informé, — et cela par ma coupable négligence — d'une foule d'actions secrètes et mystérieuses le concernant, qu'il aurait été pourtant si utile à tous d'apprendre. J'en consignerai toutefois par écrit quelques-unes, pour ceux qui veulent connaître la trame de sa vie si digne d'éloge.

(1) S. Mathieu, 24, 8. — Au commencement et à la fin de son écrit, l'auteur fait allusion aux signes qui, d'après l'évangile, indiqueront les derniers temps : guerres, pestes, famines, etc. Une grande famine avait désolé la Bretagne ; la peste venait d'éclater à Quimper, à laquelle succomba S. Jean Discalcéat. La *guerre de succession* qui s'était déchaînée entre S. Charles de Blois et Jean de Montfort, compétiteurs au duché de Bretagne, avait ensanglanté le pays ; on compta environ deux cent mille morts pendant cette période. Le pieux écrivain voit donc « la lune obscurcie » (S. Marc, 23, 24), et obscurcie par le *sang* des batailles et souillée par les désordres qui suivent d'ordinaire les combats, avec la licence des camps. Cependant, ce n'était pas la fin du monde !

On verra comment « *il resta dans le désert de la pénitence,* » comme saint Jean, « *jusqu'au jour où il fut montré au peuple d'Israël (1),* » c'est-à-dire au moment où Dieu le fit briller merveilleusement de l'éclat de nombreux prodiges. Plusieurs de ces miracles parfaitement prouvés ont été mis par écrit et fidèlement rédigés avec les attestations de plusieurs notaires.

Donc, « *ce que nous avons vu de nos yeux, ce que nous avons connu ou palpé de nos mains, nous l'attestons et nous vous l'annonçons (2),* » afin que vous aussi « *vous ayez part avec nous (3), que vous puissiez vous réjouir et que votre joie soit complète (4)* ».

Nous avons vu Jean dans le désert de la pénitence vivant vertueusement ; ce n'était pas « *un roseau agité par le vent, ni un homme vêtu mollement (5)* », mais un prophète et un ange de Dieu, envoyé devant la face du Christ, lequel vint aussitôt rendre à chacun suivant ses œuvres.

(1) S. Luc, 1, 80. — S. Jean retiré dans le désert, alla ensuite prêcher la pénitence au peuple d'Israël.
(2) S. Jean, 1, 1, épitre 1re.
(3) S. Jean, 1, 3, épitre 1re.
(4) S. Jean, 1, 4, épître 1re.
(5) S. Luc, 7, 24.

Division de cette Biographie.

*Pauvreté. — Humilité. — Force. — Charité. — Œuvres
de piété. — Mortification. — Limpidité lucide d'esprit.*

4. — Son existence ne fut pas 1) vide par son
contact avec le siècle et stérile par le genre de
vie du monde, qui naît et prend sa racine dans
la fange de la concupiscence (ou cupidité des
biens terrestres), 2) se dresse et s'élève dans
les hauteurs de l'orgueil, 3) s'agite facilement
par le vent de la tentation, 4) est dépourvue de
la moëlle de la charité, 5) et stérile du fruit
des saintes œuvres de piété, 6), mais elle fut
celle d'un homme vertueux et pénitent, 7), dont
la volonté bien réglée ne se *souilla* jamais dans
la boue d'aucune concupiscence.

Il eut vraiment le mépris de tout ce qui est de
ce siècle, et en cela il put être persuadé et aidé
par les vertus et les exemples de ses parents.

Naissance et Jeunesse.

*Son pays. — Sa mère. — Son père. — Son cousin. —
Mépris de l'argent et amour de la pauvreté.*

5. — Il naquit donc de parents chrétiens,

originaires de la Basse-Bretagne, où ils habi-
taient, dans le diocèse de Léon (1). Ils vivaient
si vertueusement qu'ils ne recherchèrent jamais
les jouissances du monde ou de la chair, surtout
après un fait merveilleux dont fut favorisée sa
mère quand elle le portait dans son sein. Je ne
dois pas le passer sous silence.

6. — On raconte en effet, qu'en ce moment,
elle avait perdu tout appétit, au point de ne
pouvoir goûter aucune nourriture, lorsqu'elle
eut une très grande envie de manger d'une
sorte d'oiseau qu'on ne pouvait absolument
pas trouver à cette époque de l'année (2). Comme
elle manifestait ce désir déraisonnable à ceux
de sa famille, un oiseau de l'espèce qu'elle
convoitait, vint d'un vol rapide s'abattre dans
la maison qu'elle habitait, et se laissa prendre
facilement, comme s'il eût été apprivoisé. C'est
ainsi que la bonne mère fut réconfortée spiri-
tuellement et corporellement. On le comprend
aisément, car par là, il lui semblait entendre
le Seigneur lui dire, en s'adressant à l'enfant

(1) A Saint-Vougay, suivant la tradition.
(2) C'était sans doute en hiver.

qu'elle mettrait au monde : « *Je l'ai connu dès le sein de ta mère* (1) ». Dès ce moment nous voyons « *quelle est la génération de ceux qui cherchent Dieu* (2) ».

7. — Ces bons parents merveilleusement réjouis par cette faveur, auraient renoncé à tous leurs biens temporels, s'ils n'avaient pas eu un autre enfant auquel ils devaient fournir la subsistance, comme le demande le droit naturel (3). Quand, dans la suite, au cours des années, le père eût quitté ce monde, le fils (notre bienheureux) s'adonna de tout son pouvoir à l'exercice des bonnes œuvres, soit spirituelles soit corporelles, suivant le besoin, comme de construire des ponts, d'ériger des croix, de se rendre aux assemblées religieuses.

8. — Encouragé donc par les exemples et les vertus de ses parents, ce bon fils cédait aux inspirations de la grâce qui élevaient son âme au-dessus des désirs des choses terrestres. Il

(1) Jérémie, 1, 5.
(2) Psaume 23, 6.
(3) S. Jean Discalcéat avait donc un frère aîné, celui-là même qui devenu prêtre demeura quelque temps avec lui, au diocèse de Rennes.

repassait dans son cœur ce que déjà il avait pris l'habitude de dire, afin d'entraîner les autres dans cette voie : « *Mettez toutes les préoccupations de votre esprit dans le Seigneur et lui-même vous nourrira* (1). »

9. — Il passa quelque temps avec un de ses cousins, qui était parvenu par son industrie active à de grandes richesses. Ce parent du côté maternel ne pouvait pas s'écrier en vérité, comme Jean qui était détaché de tout : « *Le Seigneur est la part de mon héritage* (2) ». Aussi, fier de sa fortune, jusqu'à la jactance, raillait-il ce contempteur de l'or et lui reprochait-il dûrement la pauvreté volontaire qu'il s'efforçait « *de prendre pour épouse* (3) ». Mais il savait alors qu'il pouvait dire : « *Tous les biens me sont venus pareillement avec elle* (4) ». Brûlé par le feu de l'amour de cette noble épouse à laquelle le Roi de gloire, Seigneur du royaume des Cieux, a donné sa dot, et se souvenant du mauvais « *Riche qui faisait une chère splen-*

(1) Psaume 54, 23.
(2) Psaume 15, 5.
(3) Sagesse 8, 2.
(4) Sagesse 7, 11.

dide (1) », il opposait à son riche cousin le contre-pied de la richesse, assurant que peut-être il aurait mieux valu à ce riche de n'avoir pas amassé de telles richesses, ce qui fut démontré véritable par la suite des événements.

En effet, avant de mourir, il tomba dans une extrême pauvreté et fut humilié par l'atteinte de la lèpre qui infesta aussi quelques-uns de ses fils, jusque-là de très beaux garçons. Enfin, ce riche fut frappé de la sentence d'excommunication, et quand il quitta ce monde qu'il avait tant aimé, il eut une triste sépulture. Il fut enterré en dehors du cimetière.

I. — Pauvreté volontaire.

Recteur au diocèse de Rennes, son détachement. — Frère Mineur par amour de la pauvreté. — Ses vêtements rapiécés. — Frère quêteur. — Zélateur de la Règle.

10. — On vit bien comment ce chaste amant de la très haute pauvreté méprisait les biens temporels. Afin de posséder d'un cœur pur les

(1) S. Luc, 16, 19. Parabole du mauvais Riche et du pauvre Lazare.

dons célestes, alors qu'il gouvernait la paroisse qui lui avait été confiée au diocèse de Rennes (1), il donnait entièrement aux pauvres les émoluments acquis par son travail, ne gardant que le strict nécessaire pour sa nourriture et son vêtement. Ses habits étaient si pauvres que nul ecclésiastique de son temps ne pouvait lui être comparé sous ce rapport. Pour mieux mépriser le monde et pratiquer la perfection, il résolut d'entrer dans l'Ordre des Frères Mineurs, fondé par le Patriarche des pauvres, S. François qui ne fut riche que de la pauvreté. Il lui semblait que cet institut était vraiment éloigné de toute cupidité des biens temporels. Aussi il s'écria : « *C'est là que j'habiterai, car j'ai choisi cet asile* » (2).

11. — Ayant donc trouvé le trésor de la pauvreté évangélique dans le champ de la vie religieuse, trésor caché aux sages et aux prudents de ce monde, « *il vendit tout ce qu'il avait pour acheter ce champ* » (3) par l'abnégation

(1) Saint Grégoire, près de la ville de Rennes.
(2) Psaume 131, 14.
(3) S. Mathieu, 13, 44.

généreuse de sa propre volonté et la profession de la règle révélée verbalement par le Christ au Bienheureux François, et approuvée par l'Eglise.

Pour tous ceux qui l'ont vu mépriser, comme boue, l'argent et les autres biens temporels, il est évident qu'il garda la règle avec le plus grand soin, en ce qui concerne le vœu de pauvreté et les autres observances. Il ne permettait de recevoir des aumônes par le dépositaire des frères (1), que pour le cas d'une nécessité présente et urgente, soit pour le couvent ou lui-même, soit pour les pauvres dont il prenait soin avec une extrême charité, mais nullement pour avoir une réserve dans les besoins futurs.

Et parce que beaucoup de fidèles s'estimaient

---

(1) Les Frères Mineurs ou Franciscains, d'après la Règle de S. François, ne reçoivent pas d'aumônes en *argent*. Quand les personnes charitables veulent en donner, elles sont remises à un laïque dévoué, qu'on appelle dépositaire des frères, syndic ou père temporel, lequel emploie l'argent, au nom du Saint-Siège, pour les nécessités présentes et urgentes des religieux de l'Ordre. Notre saint était *très strict* sur ce point de la Règle séraphique, qui est tout entière basée sur l'esprit de pauvreté.

heureux de faire quelque don agréable à ce
religieux si détaché, parfois quelques-uns
d'entre eux lui offraient des aumônes, malgré
lui, ou bien les remettaient, à son insu, au
syndic des frères, pour ses propres besoins.
Mais lui, de retour au couvent, n'était pas à
son aise, tant que l'aumône ne fût employée
de suite pour les nécessités de la communauté
ou des pauvres.

12. — Il était richement pourvu d'habits, en
ce sens qu'il avait des cilices en abondance. Il
portait un habit, des caleçons, la corde, parfois
une tunique intérieure, et un manteau de gros
et pauvre drap comme en ont les hommes des
champs, mais il n'avait jamais deux paires de
vêtement de même sorte. De temps en temps,
il rapiécait son habit avec des morceaux de
sacs, pour obtenir à la lettre la bénédiction
promise par la règle de S. François à ceux qui
le font, et pour honorer le roi de gloire qui a
dit : « *Je suis pauvre et dans les labeurs dès ma
jeunesse* » (1).

13. — Il allait quêter de porte en porte pour

(1) Psaume 87, 16.

les besoins de ses frères, en observant toujours
la pureté de la règle dont il ne transgressa
jamais un iota.

14. — Est-il étonnant que cet homme soit
bienheureux, puisqu'il lui fut dit au jour de sa
profession en vertu de l'autorité et par la grâce
du divin Roi : « *Si vous observez ces choses, je
vous promets la vie éternelle* » (1). Quoi d'étonnant encore, s'il fut réputé un homme bienheureux, lui qui fut scruté avec soin dans un
examen régulier, comme on cherche une tache
dans un œuf, car de temps en temps les parfaits
eux-mêmes sont charitablement soumis à la
Visite que font les Supérieurs pour voir s'ils
trouvent en eux quelque chose de répréhensible (2). Or notre religieux, dans de si fré-

(1) Formule de la réception à la profession, dans le
rituel franciscain.

(2) Dans l'Ordre de S. François, la Visite canonique
est faite, tous les trois ans, par le Ministre Général ou
le Visiteur délégué du Général ; tous les dix-huit mois,
par le Ministre Provincial, et parfois plus souvent. La
Visite est le nerf de la discipline religieuse. Les gardiens ou supérieurs locaux tiennent souvent et réguliè-
rement le chapitre des coulpes pour la répression des
manquements. Visiteurs et supérieurs ne purent jamais

quents examens, « *fut trouvé sans tache, car il ne mit. pas sa confiance dans l'argent et les trésors* » (1). Voilà pourquoi « *il est bienheureux, et pourquoi nous le louons* » (2).

Saint Jean est son nom ; il lui fut accordé par un don insigne de la grâce « *de se garder immaculé de ce siècle* (3) » et « *de thésauriser non pour la terre, mais pour le ciel* (4). » Son cœur étant placé par un contrat irrésiliable sous le sceau authentique du Souverain Roi, il est l'homme auquel fut promis le legs réservé à ceux qui aiment la pureté de la règle évangélique : « *Que notre part d'héritage soit celle qui conduit dans la terre des vivants* (5) ».

rien trouver de répréhensible en notre saint. « Qu'on me montre un frère mineur ayant parfaitement observé la règle, disait un Pape, et je le canonise. »

(1) Ecclésiastique, 31, 8.

(2) Ecclésiastique, 31, 9 : « *Bienheureux le riche qui a été trouvé sans tache ; et qui n'a pas couru après l'or, ni mis sa confiance dans l'argent et les trésors. Quel est celui-là et nous le louerons ! car il a fait des merveilles dans sa vie.* »

(3) S. Jacques, 1, 27.

(4) S. Mathieu, 6, 19-20.

(5) Psaume 141, 6. — Notre-Seigneur a promis à ceux qui ont tout quitté pour lui, le centuple ici-bas et

II. — Humilité exquise.

Il se croit la lie de tous les autres. — Ne juge personne. —
Fréquente les miséreux et les lépreux. — Petit Jean. —
Humble frère mineur. — Marche nu-pieds. — Discalcéat.

15. — (Après avoir parlé de la pauvreté de
notre saint), je dois noter en outre que la véritable pauvreté et la véritable humilité du divin
roi dont « *le royaume n'est pas de ce monde* (1) »,
sont ses filles ; par conséquent, elles sont sœurs
entre elles. Voilà pourquoi celui-ci tout en
étant à la fois riche de biens spirituels et pauvre
de biens temporels par le mépris de l'argent,
était vraiment humble, ou bien par suite d'une
autre grâce qui lui fut accordée, ne s'élevait pas,
tel un roseau à la tige fragile, dans des sentiments d'arrogance ou de vaine gloire, ainsi
que le faisait Socrate, mais il croissait au ras

la vie éternelle en l'autre : c'est le véritable héritage.
Le vœu solennel est le pacte ou contrat indissoluble
qui unit l'âme à Dieu, placé sous le sceau de son amour,
et reconnu par l'Eglise. L'Epouse des Cantiques demandait à son divin Epoux « *de le placer comme un sceau sur*
son cœur. »

(1) S. Jean, 18, 36,

de terre par une exquise humilité, à l'exemple de François.

16. — Comme il serait bien long de raconter en détail tous les traits insignes de son humilité, qu'il me suffise pour le moment de dire qu'il m'est impossible de penser qu'il pût se comporter plus humblement qu'il le fit, en tenant compte des exigences de son état. En effet, je n'ai jamais vu un pauvre volontaire si humblement vêtu, répondre avec autant d'humilité, marcher avec tant de modestie, avoir moins de présomption de ses grâces et de sa réputation, jugeant moins les autres, cachant autant ses mérites, méprisant autant que lui ses actions et ses pénitences.

17. — Je me rappelle qu'alors que j'étais jeune, je l'avais interrogé au sujet d'un bel habit dont on m'avait fait cadeau et que je n'aurais pas dû accepter sans doute dans la crainte d'introduire un abus dans le monastère, d'autant plus que son habit et le mien différaient par trop. Cet homme si humble me répondit ainsi : « Moi, je ne dois pas être vêtu comme les autres religieux, parce que je suis la lie d'eux tous. » Mais en vérité, il était le plus par-

fait dans l'amour de Dieu, le miroir de la communauté et l'exemple de sa patrie tout entière.

Je veux encore à juste titre rapporter un trait de sa vie qu'il faudrait religieusement imiter — ce que ne font pas beaucoup de ceux qui se croient bons à cause des grâces divines qu'ils ont reçues et qui se trompent sottement, quoiqu'ils paraissent irrépréhensibles aux yeux de tous — à savoir qu'il ne jugeait absolument personne, et que même lors des visites canoniques faites, suivant l'usage, par les Supérieurs de l'Ordre, il excusait de toutes ses forces les fautes des religieux accusés, à moins qu'elles ne fussent très notables.

18. — Ce n'est pas lui qui voyait une poutre dans l'œil de son frère et une paille dans le sien, comme le font les arrogants, les hypocrites et les orgueilleux, qui savent beaucoup de choses, mais s'ignorent eux-mêmes. Au contraire, il retournait ses vertus contre lui-même et les interprétait comme des vices, alors que dans les autres il excusait les vices, à moins qu'ils ne fussent énormes. Il cachait aux yeux de tous ses pénitences et ses autres œuvres de piété, à part celles qu'il devait faire en public, de crainte

d'aller au-devant de l'Epoux de l'Eglise avec une lampe vide, et de perdre un trésor précieux par le larcin d'éloges flatteurs. Si quelqu'un essayait par force ou par surprise d'apercevoir le cilice qu'il portait, il en était aussi gravement vexé qu'un homme de mauvaise vie qu'on aurait surpris faisant une action honteuse.

19. — Il parlait plus volontiers et plus fréquemment avec les pauvres qu'avec les riches ; il visitait les lépreux, buvant avec eux et dans la même coupe le breuvage de la charité. Il se faisait tutoyer, comme un domestique, et appeler au diminutif de son nom : *petit Jean*, en langage breton « Iannic. »

20. — Ce fut la vertu d'humilité qui le contraignit de fuir la pompe du monde et d'entrer par la porte étroite de la pauvreté dans l'humble crèche de l'Ordre des Frères Mineurs. Ils ont été ainsi appelés par S. François, en esprit d'humilité, afin qu'ils n'aient jamais la présomption de se croire des majeurs, car si l'un d'eux était un orgueilleux, sous l'habit des Mineurs, il serait à fuir comme un loup sous une peau de brebis, et à éviter comme le démon dont parle l'Evangile. Parce que la basse maison de

l'humilité est plus chaude que la haute demeure de la vanité, celui-ci pouvait bien dire avec raison, en considérant l'humble état qu'il avait embrassé et le faste du siècle qu'il avait fui avec toutes ses misérables vanités : « *J'ai choisi d'être abject dans la maison de mon Dieu plutôt que d'habiter dans les tabernacles des pécheurs*(1). »

21. — Foulant donc aux pieds la concupiscence de l'ambition et de la volupté qu'il ne voulut pas épouser, sa maison fut appelée à juste titre la maison du *Déchaussé* ou *Discalcéat*.

En effet, cet humble et ce méprisé marchait continuellement nu-pieds, même quand il était prêtre et curé dans le monde, — d'où son surnom de *Discalcéat*, — et cela par humilité, parce que « *Dieu résiste aux superbes et donne sa grâce aux humbles* (2) ». Il est l'hôte gracieux de l'humble sainteté sous la robe nuptiale, il est l'hôte digne du royaume des cieux. C'est à cause de son orgueil que le premier hôte du ciel en fut chassé honteusement, et ce superbe n'y retournera jamais. Un tel asile est réservé aux

(1) Psaume 83, 11.
(2) S. Jacques, 14, 6.

humbles, comme l'a dit le Maître de la Maison :
« *Laissez venir à moi les petits, car le royaume
des cieux est pour ceux qui leur ressemblent* (1). »
Notre bienheureux dut y monter, parce qu'il
eut, comme S. Jean, la grâce de l'humilité.

III. — Force généreuse et constante.

*Agressions diaboliques. — Il chasse le démon des cœurs. —
Astuces de l'ennemi. — Victoire du saint.*

22. — Puisque le fondement solide de la
pauvreté, assis dans la vallée de l'humilité,
résiste fortement contre le vent de la tentation,
en conséquence ce pauvre et cet humble ne fut
pas, comme *un roseau* (2), détourné, par le vent
des tentations, de son excellent dessein de
sainteté, bien que le tentateur universel fît tous
ses efforts pour le faire tomber effectivement,
aussi ce rusé lui livra des assauts nombre de fois.

Il advint, un jour de Pâques, que notre saint
religieux fut attaqué par le démon, au moment
où il allait prendre son repas après le jeûne du

(1) S. Mathieu, 9, 14.
(2) S. Mathieu, 11, 7.

carême entièrement passé, selon son habitude,
au pain et à l'eau, et qu'il se montra à lui sous
une forme visible, comme il l'avait fait à
l'égard du Christ après son jeûne de quarante
jours. Il lui adressait des paroles propres à le
porter au désespoir, et il le frappait si cruel-
lement sur son corps, que tous les frères alors
dans le couvent, le Père gardien et plusieurs
autres personnes accoururent en larmes assister
à ce terrible combat ; en voyant ces choses, ils
furent tout émus de compassion et comme
épouvantés. Le saint était, en effet, méconnais-
sable et son aspect démontrait avec évidence
qu'on le torturait affreusement. Lui-même du
reste criait avec force en montrant du doigt son
ennemi, bien que les autres frères n'aperçussent
pas le diable visiblement, ce qui peut-être ne
leur était pas utile. Le vaillant soldat, armé de la
cuirasse des vertus, luttait contre son adversaire avec de très pieuses paroles. Il lui criait
très haut : « *Erue a framea, Deus, animam meam
et de manu canis unicam vitam meam* » (1). Et

----

(1) « *Mon Dieu, délivrez mon âme de la lance et ma
vie unique de la griffe du chien !* » Ps. 21, 21.

quand il disait les mots « *de manu canis* », « de la griffe du chien », il les répétait plusieurs fois. Il ajoutait encore ces paroles : « *Nolite tangere Christos meos et in prophetis meis nolite malignari* » (1), ou bien encore : « *Discedite a me, maligni omnes qui operamini iniquitatem* » (2). Ces textes et d'autres il les appliquait si à propos et si dévotement que les frères présents, — ceux-là du moins qui en comprenaient le sens (3), — s'émerveillaient d'une telle piété et d'une si grande présence d'esprit. Cependant il n'y avait rien d'étonnant de l'entendre dire des paroles si pieuses, car l'esprit de Dieu parlait par sa bouche.

23. — Le valeureux soldat du Christ avait beaucoup attaqué son ennemi les temps précédents, non seulement avec les armes de la pénitence et l'eau d'abondantes larmes, mais il

(1) « *Ne touchez pas à mes oints et ne tendez pas des pièges à mes prophètes* ». Psaume 104, 15.

(2) « *Retirez-vous de moi vous tous, esprits malins, qui opérez l'iniquité* ». S. Luc, 13, 27.

(3) Les frères convers et ceux qui ne savaient pas le latin, ne pouvaient pas comprendre le sens de ces textes, cités en latin.

l'avait encore vaillamment expulsé de ses forteresses, c'est-à-dire du cœur de plusieurs
pécheurs. Il l'avait combattu dès le premier
jour de ses grands travaux, et de tout temps,
alors qu'il était occupé avec tant d'opportunité,
mais non sans fatigue, à entendre les confessions, parce que presque tous les religieux et
les autres fidèles, pleins de confiance en son
imitable sainteté, regardaient comme une grâce
de pouvoir se confesser à lui. Et maintenant
ceux qui ont eu ce bonheur, s'estiment encore
plus heureux, parce qu'ils espèrent pour cette
raison recevoir de lui quelque grâce divine
particulière.

24. — Or donc, l'antique ennemi étant vaincu
invisiblement pour sa plus grande abjection et
confusion, et pour la plus grande gloire de son
combattant et l'évidente approbation du fidèle
serviteur auquel il portait tant de haine, Dieu,
suprême couronnateur, voulut que la lutte
devînt visible et sensible. Mais quand il plut
au Très-Haut, l'ennemi vaincu fut chassé honteusement, et le soldat du Christ fut connu et
prouvé tel, avec tous les honneurs de la guerre.
Souvent cet adversaire trompeur et fallacieux

lui adressait la parole, en l'assurant que ses pénitences n'avaient aucun prix et se réduisaient à rien et qu'il serait certainement damné. Il le tentait encore de beaucoup d'autres manières, ainsi qu'il me le dit à moi-même. Mais le saint toujours ferme et désireux de progresser, ne s'arrêtait pas en chemin, parce que le vrai Josué combattait avec lui, par conséquent il pouvait dire : « *Alors même que je marcherais au milieu des ombres de la mort, je ne craindrais pas les maux, parce que vous êtes avec moi* (1). » Nu et dépouillé de toute cupidité, il luttait contre celui qui est nu et privé de tout espoir du ciel. Il pouvait donc ajouter : « *S'il livre bataille contre moi, je garderai l'espérance dans ce combat* (2). »

25. — Par tant de constance, il vainquit donc l'immense orgueil de l'ennemi, avec le secours du fort qui délivra si vaillamment de la griffe de l'ours de la concupiscence et de la gueule du lion de la superbe, la brebis de l'innocence qu'il gardait fidèlement, et avec cinq pierres

(1) Psaume 22, 4.
(2) Psaume 26, 3.

1*

abattit l'orgueil obstiné des cinq sens, de peur
que par eux la tentation pestilentielle ne l'in-
festât. Ne dût-il pas être marqué, selon le cœur
de Dieu, de l'onction de la grâce, et élevé aux
honneurs du royaume céleste, celui qui repous-
sait le plus possible, par ses victoires répétées,
les biens de la terre, en attendant comme récompense le trône du ciel ? Il avait la grâce de la
victoire comme S. Jean.

IV. — Charité parfaite et invariable.

Amour de Dieu et du prochain. — Guérison d'une malade.
Père des pauvres. — Il leur donne tout jusqu'à ses habits.
— Il les nourrit par milliers.

26. — Puisqu'il n'était pas brisé et ne sonnait
pas creux sous les coups de bâtons de ses mul-
tiples tentations, cela démontrait qu'il était
rempli de l'amour de Dieu, et non pas vide
comme un roseau ; il avait intérieurement la
moelle de la très douce charité, comme un bois
solide destiné à l'édifice céleste ; le vain souffle
d'aucune concupiscence, — méprisée par les
sages comme de la fumée, — ne pouvait péné-
trer, faute de place, dans un tel cœur. On se

demande parfois pourquoi « *les peuples désirent ces choses vaines* (1) », puisqu'en fin de compte « *tous les riches des biens de ce monde n'ont rien trouvé dans leurs mains* (2) ». Mais celui-ci aimait Dieu parfaitement et le prochain avec ordre et mesure, car il avait la sagesse de l'amour du prochain, laquelle ne doit excéder ni d'un côté ni d'un autre.

27. — Lorsqu'il résolut d'entrer dans l'Ordre des Frères Mineurs, il résigna sa paroisse à son Evêque, qui l'aimait très tendrement et avec lequel il allait, — toujours nu-pieds, — dans les Visites des paroisses pour entendre les confessions, car il inspirait aux fidèles une grande confiance à cause de son éminente sainteté. Le prélat voulait donner cette paroisse au propre frère de notre saint, par égard et par amour pour lui. Mais celui-ci l'en détourna, selon la règle d'une charité bien ordonnée, à cause de certains défauts qu'il connaissait en son frère, et il les déclara à l'Evêque, ce que beaucoup d'autres n'auraient pas fait. Ainsi pour

(1) Psaume 2, 1.
(2) Psaume 75, 6.

l'amour de Dieu, afin qu'un prêtre indigne ne
fût pas commis à son service, et pour l'amour
du prochain, afin qu'il ne fût pas gouverné par
un pasteur inhabile et qu'un autre digne prêtre,
à lui étranger, ne fût pas privé d'un bénéfice
auquel il pouvait avoir droit, il avoua tout.
Selon le monde, ce n'était pas de l'habileté.

28. — Avant comme après son entrée dans
l'Ordre, quand il voyait quelqu'un dans l'afflic-
tion, il en éprouvait de la tristesse ; il visitait
personnellement les malades et les lépreux,
leur offrant l'or de la patience, et tous, chacun
suivant son état, infirmes ou bien portants,
éprouvaient une grande joie à recevoir sa visite
et à lui parler.

En effet, beaucoup de malades avaient le
ferme espoir de trouver un remède de santé
dans sa visite plus douce que le miel.

29. — Il y avait dans le diocèse de Rennes
une certaine demoiselle qui souffrait horriblement d'accès de goutte si aigüe, qu'elle en
avait perdu totalement la parole ; couchée dans
son lit, elle s'agitait anxieusement d'un côté et
de l'autre, et toutes les personnes présentes
croyaient qu'elle allait mourir. Alors survint

celui qui était le consolateur des affligés et des malades ; il était en train de quêter pour les frères, recueillant les biens temporels et donnant les spirituels, parcourant ainsi sa patrie avec un compagnon digne de foi, qui lui-même me raconta de vive voix les péripéties du miracle et le mit par écrit. Le saint arrive donc à la maison de la demoiselle si gravement malade. Les gens se réjouissent dans l'espérance d'un secours salutaire ; l'homme de Dieu est aussitôt reçu, et selon son habitude, stimulé par le trait de la compassion, il récita sur la malade l'Evangile selon saint Jean qu'on dit à la messe de Noël (1). Bientôt elle commença à aller mieux. Les personnes présentes demandèrent humblement qu'il recommençât la récitation de cet Evangile. Comme il le répétait sur elle pour la troisième fois, elle se leva si bien guérie qu'elle prépara le repas, de ses propres mains, au compagnon de l'homme de Dieu. Mais lui qui en ce temps, suivant son habitude, ne prenait que du pain et de l'eau, se retira promptement pour aller prier. A la

(1) *In principio erat Verbum.*

vue de ces choses, tous rendirent grâce à Dieu.

30. — Tout ce qu'il possédait, quand il était dans le monde, il le donnait aux pauvres, à part sa pauvre nourriture et son humble vêtement. Une des raisons, dit-on, qui le porta à écarter son frère du bénéfice de la cure, fut que, lorsqu'il demeurait avec lui, il le voyait négliger les pauvres et rechercher outre mesure les biens temporels.

Quand il fut religieux, s'il voyait des malheureux dans l'indigence, il pourvoyait à leurs besoins selon son pouvoir, et, avec la permission de ses Supérieurs, il faisait acheter du pain sur les aumônes qu'on lui avait données, afin de sustenter les pauvres. En plusieurs circonstances, beaucoup seraient morts de faim, si on n'avait pas eu recours à sa diligence pour subvenir à leur pénurie, surtout au temps de la grande famine qui éclata dans la Cornouaille (1), en 1346. Il préparait la soupe de ses propres mains, comme il pouvait, en se faisant aider par quelques personnes, et il fai-

(1) En marge du manuscrit : Eut lieu en 1346.

sait acheter du pain et de la graisse ; il quêtait
auprès de ses amis dévoués pour qu'ils vinssent
en aide, de peur que les pauvres ne mourus-
sent de disette et de faim. Parfois, en un seul
jour, il arriva à nourrir, avec l'aide de ses
frères les plus dévoués, un millier de pauvres.

31. — Les pauvres le regardaient comme
leur père et économe, et ils recouraient à lui
en demandant l'aumône avec une telle instance
qu'ils l'assiégeaient jusque dans sa cellule et
partout où il se trouvait. Parfois les pauvres
petites gens et les faméliques arrivaient à lui
tumultueusement et avec une grande véhé-
mence, comme s'il eût été leur mère, en lui
demandant du pain. En ville ils suivaient, en
pleurant, leur Père, le Père des pauvres. Une
fois une femme étrangère lui dit que s'il ne lui
donnait pas de quoi nourrir un enfant qu'elle
avait et qui souffrait de la misère, elle appor-
terait cet enfant au monastère, et s'enfuirait en
le laissant à sa charge pour le nourrir, qu'il le
voulût ou non.

De cette sorte et de beaucoup d'autres façons,
il montrait que les pauvres avaient un droit de
propriété sur lui ; le saint homme qui était

l'ami du Christ, ami des pauvres, les servait lui-même avec une sorte de charité obligée, comme un domestique et un inférieur. Il donnait aux indigents sa tunique et son manteau, et parce qu'il n'avait pas d'autre vêtement que sa robe, il s'en allait ainsi à moitié nu, comme s'il était enivré du vin de la charité, nouveau Noé, jusqu'à ce que quelqu'un revêtit ce pauvre religieux, ainsi dépouillé pour l'amour du Christ qui mourut nu sur la croix.

V. — Fécondité de ses œuvres de piété.

Prières et oraisons, nuit et jour. — Ses bonnes œuvres. — Il obtient de nombreuses grâces. — Confiance générale en ses prières.

32. — Ce saint et parfait religieux s'en allait donc visiter les orphelins et les veuves au milieu de leurs tribulations, l'auteur de la grâce lui ayant si particulièrement recommandé, comme sa mère, la charité compatissante, car « *Dieu est charité et celui qui demeure dans la charité demeure en Dieu et Dieu en lui* » (1). La

(1) S. Jean, 4, 16, épître 1re.

grâce du Christ fut en lui et lui-même dans la grâce du Christ, comme saint Jean.

Cet autre Jean qui avait aussi en lui intérieurement la douce moelle de la vivifiante charité, fut comme « *un arbre planté près du cours des eaux* » (1) de nombreuses grâces reçues de Dieu, et comme « *l'arbre de vie placé au milieu du paradis* » (2) de la vie religieuse ; au temps opportun il produisit les fruits des œuvres de sa sainte existence.

33. — Qu'il fût tout le temps dont il disposait occupé aux exercices spirituels, cela est certain pour tous ceux qui furent continuellement les témoins de son genre de vie ; il était appliqué sans relâche aux actes de piété, sauf pendant le temps du repas principal qu'il se permettait, et quand oppressé par le sommeil il dormait un peu de temps.

Bien longtemps avant l'heure de minuit, il se hâtait de se rendre à l'église avant les autres religieux, et là il veillait presque jusqu'au jour, ou autant de temps qu'il pouvait résister contre

(1) Psaume 1, 3.
(2) Genèse, 2, 9.

le sommeil, versant des larmes et poussant des gémissements. Parfois exténué par ses absti- nences et ses veilles, il fallait qu'on l'aidât pour le conduire dans la pauvre cellule où il couchait, à moins qu'il ne dût se rendre à d'autres occupations plus saintes.

Il était continuellement assidu aux offices du chœur et il était bien rare que chaque jour il ne célébrât la sainte messe ; il le faisait avec une grande dévotion et une véritable édifica- tion pour les autres, souvent en versant des larmes. Après la messe, il récitait ses prières et suffrages accoutumés, ou bien en cas de grande nécessité, il était occupé à entendre les confessions, ou bien encore il allait en ville visiter les malades et parfois les lépreux. Après avoir pris un peu de pain et d'eau, suivant sa convenance, il allait à l'église, mais aussitôt « *l'action de grâces dite, il se rendait au mont des Oliviers* » (1), c'est-à-dire auprès des pau- vres, pour exercer la charité, surtout au temps de la grande famine, et sans souper au retour.

34. — Ces saintes œuvres achevées, il priait

(1) S. Mathieu, 36, 30.

dans l'église jusque bien avant dans la nuit, jusqu'à ce que, vaincu par le sommeil, il ne pouvait plus y prier. Il avait l'habitude de dire deux fois par jour tout l'office canonial, une fois au chœur avec les autres, et une autre fois seul, ou avec quelque compagnon qui lui était plus dévoué et bienveillant. Il avait le capuce baissé sur les épaules, en disant les heures et autres suffrages accoutumés. Il priait avec tant d'attention et d'ardeur qu'on aurait dit que Dieu et les saints dont il implorait les suffrages se montraient à lui d'une manière visible. C'est ainsi que si quelqu'un, comme je l'ai moi-même expérimenté, voulait lui parler pendant qu'il priait, il devait forcément attendre longtemps pour avoir une réponse, parce qu'il était insensible extérieurement, comme cela paraissait probable, ou parce que son cœur, par un appétit avide, était retenu par la douceur de la dévotion.

35. — Avec cette dévotion, il récitait chaque jour l'office des morts, les quinze psaumes graduels, les sept psaumes de la pénitence avec les litanies, l'office de la Croix, ou bien du Saint-Esprit, quelques hymnes en l'honneur de la

Sainte Vierge, beaucoup d'introïts (1) et un grand nombre d'autres suffrages. Aucun jour pour lui n'était assez long pour combattre par la prière les ennemis de l'âme, et, si cela avait été en son pouvoir, il l'aurait prolongé, comme au temps de Josué. Mais parce qu'il parlait avec Dieu si prolixement et si favorablement, ses demandes étaient facilement exaucées. Dans toutes leurs tribulations, beaucoup de gens venaient implorer très humblement le bénéfice de ses prières, et ils ont avoué que bien des fois, ils avaient été consolés au temporel et au spirituel, par ses mérites et ses suffrages.

36. — Une femme, digne de foi, m'a rapporté ce fait. Comme elle se confessait au bienheureux chaque fois qu'elle avait besoin de recourir au bain de la pénitence, celui-ci l'engageait à faire tout son possible pour pratiquer de salutaires mortifications et surtout à s'abstenir complètement du vin ; il avait sans doute quelque raison particulière pour indiquer cela. Mais elle, habituée dès son enfance à boire du vin, s'excusait de ne pouvoir accomplir cette pénitence,

(1) Prières préparatoires.

bien que plusieurs fois il la lui eût demandée. Finalement, ce guide zélé des âmes lui promit de prier Dieu pour qu'il lui accordât la grâce en question. Or cette femme m'a dit à moi-même qu'elle l'obtint par les mérites du saint homme et que désormais elle ne se souciait nullement de boire du vin. Elle me pria humblement de raconter ce miracle, après la mort du saint.

37. — Cette même femme me dit qu'elle eut une fois une infirmité telle, qu'au jugement de tous ceux qui la connaissaient, elle ne pouvait garder le fruit de la maternité. Elle recourut donc promptement à l'homme de Dieu, comme à un nouvel Elisée, afin d'implorer son secours. Celui-ci promit humblement de prier pour qu'il plût à Dieu, si elle était mère, de préserver l'enfant de tout danger jusqu'à ce qu'il eût reçu le saint baptême. Il ajouta que si elle était exaucée, elle devait promettre de lui donner le nom de Jean, — si c'était un garçon, — en l'honneur de cette très gracieuse perle des saints. Cette femme toute confiante dans les prières du pieux religieux et soumise à la volonté divine, fut bien réconfortée. Elle mit au monde une

2

fille vivante, mais si petite, que selon les lois ordinaires de la nature, elle ne pouvait avoir la vie dans de telles conditions. Elle vécut cependant quelques heures, par la grâce de Dieu, afin qu'elle pût recevoir le baptême. Cette femme me supplia cependant plusieurs fois de ne pas publier ce notable miracle, dû à l'intercession du saint, avant qu'elle ne mourût (1).

38. — Un grand nombre d'autres personnes se recommandaient aux prières du saint religieux et croyaient obtenir beaucoup de grâces. Cette confiance fut plus vive après qu'il plût au Seigneur de rappeler de ce siècle son serviteur, car tous ayant respiré pendant qu'il vivait la bonne odeur de ses vertus, et voyant maintenant la splendeur des miracles dont Dieu le glorifie, attendent par ses mérites et ses prières d'être secourus dans leurs nécessités. Il n'est pas étonnant que la prière appuyée sur le jeûne et l'aumône, comme le fit Esther, soit montée vers Dieu et ait été exaucée. La piété de ce vertueux religieux croissait devant le Seigneur

(1) Sans doute à cause de la délicatesse du fait.

continuellement comme une vigne, dont les
trois branches étaient la prière, le jeûne et
l'aumône. Il pouvait donc verser le vin de la
contemplation dans le calice de la résignation
du roi de gloire. Quoi de surprenant que le
premier état auquel la nature intellectuelle
avait été principalement ordonnée (1), lui fût
restitué avec honneur, à lui qui reçut, comme
saint Jean, la grâce de travailler fructueuse-
ment aux bonnes œuvres et d'en répandre la
semence féconde ?

VI. — Mortifications corporelles.

*Il observe huit carêmes. — Autres austérités. — Le saint
toujours joyeux. — Très bon pour les autres. — Un clou
dans le pied. — Ses trois cilices.*

39. — Notre bienheureux Jean ne voulut pas
non plus se vêtir mollement, ni demeurer dans
les maisons des rois et des princes des ténèbres,
mais sa dévotion fécondée par la sainteté, aperçut le dragon entêté dans sa malice secrète, son

(1) L'homme fut créé dans l'état de grâce et d'innocence, avec les dons d'intégrité, de science, de félicité
et d'immortalité.

astuce et son orgueil, prêt à dévorer dans sa
cruauté le fruit du bon dessein qu'il portait
dans le fond de sa ferme volonté, c'est pourquoi
sentant qu'il avait les ailes des saintes prières
et des pieuses actions, il s'envola dans la solitude d'une âpre pénitence. Ce n'est pas là
un lieu convenable où pourrait rester le dragon
qui verse le venin des tentations.

Ce saint homme ayant salutairement et pru-
demment conduit à l'intérieur du désert, sous
une rigide discipline, le troupeau des sens
dont il avait la garde, vit la gloire de Dieu apparaître éclatante dans le buisson de la vie religieuse, et il enleva, sur le conseil de Dieu, les
chaussures faites de la peau morte de la concupiscence charnelle ou autre (1), se contentant
des choses nécessaires à la vie ; car il servait
Dieu « *dans la faim et la soif, dans le froid et la
nudité et de nombreuses veilles* (2) ».

40. — Quant à l'abstinence par laquelle il sou-
mettait, durant sa vie, la chair à l'esprit, il est
bien certain qu'il n'avait pas son pareil dans sa

---

(1) Allusion à la vision du buisson ardent, de Moïse.
(2) 2ᵉ Epître aux Corinthiens, 11, 27.

patrie. Chaque année il observait au moins
huit carêmes. Le *premier* commençait à l'Epiphanie et se poursuivait pendant quarante jours,
en mémoire du jeûne sacré que fit Notre-
Seigneur, et que le Bienheureux François, dans
sa Règle, a laissé à la libre volonté des frères,
en disant : « Que ceux qui veulent bien l'observer soient bénis du Seigneur. » Il l'observait le plus souvent au pain et à l'eau, rarement il prenait du pain et un potage, et jamais
de vin. — Le *second* était le carême de l'Eglise
qu'il faisait totalement depuis longtemps au
pain et à l'eau. — Le *troisième,* qu'il appelait
le carême de Moïse, commençait au lendemain
de Pâques, pendant quarante jours, au pain et
à l'eau, sauf trois jours de la semaine où il
prenait de la soupe, mais onze jours avant la
fête de la Pentecôte, il se mettait complètement
au pain et à l'eau. Le *quatrième* débutait quarante jours avant la fête de S. Pierre et de
S. Paul qu'il jeûnait parfois au pain et à
l'eau, en l'honneur des saints Apôtres. — Le
cinquième s'ouvrait aussitôt après la fête des
saints Pierre et Paul, il le faisait tout entier au
pain et à l'eau, en l'honneur de la glorieuse

Vierge Marie. — Le *sixième* commençait au lendemain de la fête de l'Assomption, jusqu'à la fête de la dédicace de la basilique de S. Michel. Il ne prenait encore que du pain et de l'eau en l'honneur de tous les saints Anges. — Le *septième* suivait, de la fête de S. Michel jusqu'à la Toussaint ; il jeûnait en grande partie au pain et à l'eau, en honneur et révérence de tous les saints. — Le *huitième* carême partait de la Toussaint pour finir à Noël ; tous les Frères Mineurs y sont tenus, mais lui l'observait complètement pendant ce temps au pain et à l'eau.

Le saint homme se mettait au pain et à l'eau, soit qu'il fût religieux, soit dans le monde, au moins trois fois par semaine, et il resta parfois l'espace de seize années sans prendre de vin et de viande, se trouvant en bonne santé, et si la santé lui manquait, ce qui était rare, c'était beaucoup de le voir user du vin ou de la viande durant une seule semaine.

41. — Il n'aurait jamais pris ni vin ni viande en temps de santé, si quelques personnes ne l'y eussent engagé par leurs pieuses et charitables instances, de peur qu'il ne parût trop dissemblable des autres dans sa nourriture,

pour ne pas sembler mépriser ceux qui en prenaient, et afin qu'on ne crût pas superstitieu-
sement qu'il jugeait que la nourriture créée
par Dieu pour les besoins de ceux qui en usent
bien, était chose défendue et honteuse. De même
il ne touchait au poisson que rarement, et il
passa plusieurs années sans y goûter, pas plus
que d'autres mets que tant de personnes trouvent délectables. Il mangeait habituellement
du gros pain fait avec du froment ou de l'avoine.
C'était pour lui un grand régal, quand, dans le
petit intervalle de ses carêmes, aux jours des
grandes solennités, il prenait du pain blanc,
des œufs ou des laitages. En tout temps, il ne
mangeait qu'une seule fois par jour. Parfois il
laissait son pain habituel rassir et vieillir pour
qu'il perdît toute saveur, afin de le manger en
certains jours de jeûne qui lui étaient plus
chers ; de même il mettait dans l'eau quelque
mixture amère pour la rendre plus âcre et il la
gardait longtemps dans un vase, ce qui la rendait si mauvaise que même un chien en aurait
eu du dégoût à sa seule vue. On voit par là que
cet ennemi de la chair ne cherchait pas à se
soigner et à se délecter dans le boire et le

manger, mais à s'affliger sous le cilice et à se sustenter dans la pénitence.

42. — Comme quelques-uns lui disaient que par ces sortes d'abstinences il exténuait trop son visage, il répondait en affirmant qu'il mangeait davantage et avec plus de plaisir que d'autres qui usaient de bons mets, et qu'il ne devait pas, comme ceux qui sont d'une condition plus élevée, prendre une nourriture délicate. Malgré toutes ces abstinences, il était joyeux et se portait bien.

43. — En maintes circonstances, lui parler était une vraie consolation ; alors, la figure calme et riante, il répondait si gracieusement et avec tant de douceur, que le sourire de son visage innocent et les paroles mellifices de sa bouche récréaient d'ordinaire ceux qui l'entendaient. Aussi nul ne se lassait de la société de cet homme pénitent si affable et si charmant, et beaucoup de gens ne peuvent se souvenir de sa douce présence sans un soupir de consolation. Son sourire révélait une simplicité toute joyeuse et une véritable innocence d'agneau ; les paroles qu'il adressait doucement répandaient le parfum de l'amour divin.

Bien qu'il fût rigide pour lui-même, il était pour les autres plus tendre que quiconque.

44. — Les religieux qui accompagnaient notre saint à la quête, rapportent qu'il jeûnait jusqu'à la tombée de la nuit, malgré un travail très fatigant, et qu'alors il prenait un peu de pain et d'eau comme réfection de son estomac épuisé. Ennemi de ses propres aises, il était l'ami le plus compatissant de son prochain ; aussi il s'appliquait à trouver chaque jour, à l'heure voulue, du bon vin et une bonne nourriture pour son compagnon, afin qu'il pût mieux supporter le travail ; s'il n'y arrivait pas, il s'en attristait et s'en plaignait beaucoup.

Il ne jugeait et ne méprisait personne, sauf lui-même, mais malgré l'opinion qu'il avait à son endroit, tous le jugeaient digne de tout bien. Il ne pouvait voir molester aucune créature, à part lui-même, et les macérations les plus fortes qu'il endurait, il les déplorait davantage s'il les voyait tomber sur les autres.

Notre bienheureux Jean, si aimable pour les autres, si rigide et si austère pour lui, n'avait qu'une « *nourriture, celle de faire la volonté du Père céleste* (1) », qui veut voir l'ânesse (2), (c'est-à-dire la nature) indépendante et rebelle, s'abaisser par la pénitence sous le joug de l'esprit.

45. — Il savait que la faim de l'estomac est la santé de l'esprit, que la réfection spirituelle est meilleure que la nourriture corporelle, pour laquelle parfois on vend le droit d'aînesse et on tombe dans l'esclavage d'Egypte (3), tandis que l'aliment spirituel nourrit jusque dans le désert et donne des forces pour monter jusqu'au

(1) S. Jean, 4, 24.

(2) Avant son entrée triomphale à Jérusalem, Jésus avait commandé qu'on lui amenât « une ânesse et son ânon (attachés à une ferme voisine de Bethphagé) sur lequel jamais personne n'était monté ». Jésus s'assit sur l'ânon ; l'ânesse avait souvent servi de monture. Les saints Pères ont vu là un instructif symbole. L'ânesse représente la synagogue juive abaissée et rejetée. L'ânon figure la loi nouvelle. — Notre auteur en parlant de l'ânesse désigne la nature rebelle qu'on doit soumettre au joug de la pénitence.

Dans ce sens, S. François appelait le corps « frère âne ».

(3) Esaü vendit son droit d'aînessse, par gourmandise, pour un plat de lentilles. Sa race fut réduite en esclavage en Egypte. (*Genèse* c. 24 v. 33.)

sommet de l'Oreb (1). Les rudes pénitences, avec la mortification de la gourmandise, sauvegardent une sainte vie et font marcher au-dessus de la terre, comme les sauterelles, car on est entraîné par les sauts ou vols des désirs spirituels.

46. — Il ne lui suffisait pas de mortifier son corps intérieurement, il voulait aussi l'affliger et le mâter extérieurement.

Avant même d'entrer en religion, quand il était prêtre et chanoine d'une église du diocèse de Rennes, et que cependant il allait avec l'Evêque dans les tournées de Visites, afin d'entendre les confessions de ceux qui le voulaient et en avait besoin, — lesquels le regardaient comme un exemple et miroir de sainteté, — il marchait complètement pieds nus (2), et tout le temps

(1) Le prophète Elie fuyant devant la colère de Jézabel, se retira à Bersabée de Juda, puis dans le désert où il pensait mourir de chagrin. Un ange lui apparut, lui remit du pain et un vase d'eau, et lui commanda de poursuivre sa route ; au bout de quarante jours, il parvint au mont Oreb. (Livre III des Rois, c. XIX, v. 2, et suiv.)

(2) Les Frères Mineurs ou Franciscains ont les pieds nus, mais portent des sandales. Notre saint n'avait pas de sandales, il marchait les pieds nus, même dans la boue.

de sa vie il chemina de même, bien qu'il parcourût la ville ou sa patrie pour quêter ou pour toute autre bonne œuvre.

47. — Quand ses pieds étaient blessés, il s'en réjouissait très fort. Certains témoins rapportent qu'une fois, un clou entra dans son pied et lui faisait grand mal. Ils lui disaient de le faire extraire et de mettre sur le pied un bon remède, mais, lui, ami de la souffrance, répondait, le visage joyeux, que ce clou lui faisait beaucoup de bien, et il ne permit de le tirer que lorsque la plaie du pied fut enflée et putréfiée.

Parfois, à cause de plus vives démangeaisons, il consentait à nettoyer ses vêtements de la vermine (1), mais la plupart du temps il se contentait de recueillir celle qui s'égarait sur sa figure ou extérieurement, et il la remettait dans son sein, dans la manche ou dans son capuce. C'est pour ce motif qu'il voulait célébrer la sainte messe avec des ornements à part. Il ne couvrait sa tête dénudée et ne mettait son capuce que bien rarement, jamais quand il

(1) Vers la même époque, S. Yves, S. Charles de Blois pratiquaient la même mortification, sans incommoder nullement les autres.

priait, à plus forte raison pendant le saint office (1).

Il portait une tunique, un habit et un manteau de drap grossier et rustique (2), et si des religieux, par compassion pour lui, ne l'eussent empêché de pratiquer d'autres nombreuses austérités qu'il désirait faire, souvent il n'aurait même pas porté de tunique intérieure.

48. — Il usait de trois sortes de cilices, suivant les divers temps, et il se les procurait très secrètement par des amis. L'un de ces cilices était fait d'une sorte de drap tissé avec de la grosse étoupe ; c'était le moins rude, bien qu'il eût incommodé le dos d'un cheval délicat, si un homme s'y était assis dessus. L'autre était un cilice ordinaire, mais le plus rude qu'il pût

(1) Par le froid, la pluie ou la chaleur, les Franciscains relèvent habituellement leur capuce sur la tête, et même durant certaines parties de l'office. Notre bienheureux restait tête découverte, avec la permission de ses supérieurs. On ne voit pas le sens précis des mots *caput nudum calvitio*, tête dénudée par la calvitie ou simplement par la tonsure monacale.

(2) S. Yves, tertiaire de S. François, portait un habit du même genre : *de panno grosso et rusticali ;* un cilice de grosse étoupe ou réparon, etc.

trouver. Le troisième était fait avec la peau de porc, qu'il tondait suffisamment, de manière que les pointes des poils rigides pussent péné-trer et piquer son corps innocent ; par ce moyen, le fil de la pureté entrait mieux en ses membres.

C'est ainsi que ce chevalier armé, intérieu-rement par les armes défensives de l'abstinence, et extérieurement par les armes des plus rigides austérités, combattait vaillamment sur la bête de somme (1) contre l'ennemi.

Prenons donc courage, nous tous qui sommes les soldats du Christ ; rejetons, à l'exemple de ce valeureux guerrier, les œuvres de ténèbres et revêtons les armes de lumière, et puisque ce sont les vêtements de notre frère, embaumés des parfums de l'aîné de la famille, nous pour-rons ainsi être reconnus et bénis par Isaac (2), si nous avons la grâce de l'austérité et de l'abstinence, comme saint Jean.

(1) Il s'agit ici encore de la nature rebelle, l'ânesse (asinina), dont il est parlé plus haut.

(2) Jacob en se couvrant des vêtements de son frère Esaü obtint à sa place la bénédiction d'Isaac, son père. (*Genèse*. c. 27.)

VII. — Limpidité lucide de son esprit.

Esprit de prophétie. — Il annonce en pleurant les calamités futures. — Il préserve la ville de Quimper. Ses larmes extraordinaires. — Il prévoit la mort de certaines personnes.

49. — Notre bienheureux Jean, comme Daniel et ses compagnons, purifia par la rigide mortification le miroir de l'âme et le garda très brillant. C'est pourquoi la divine sagesse s'y mira, et y déposa l'image de l'esprit de prophétie, comme on le remarqua plusieurs fois par des signes évidents. En effet, il prédisit plusieurs choses avant les événements.

A l'époque choisie — c'était en 1344 (1) — par le noble et illustre prince Messire Charles, duc de Bretagne, pour assiéger la ville de Quimper qui lui était alors rebelle, notre saint religieux qui parlait si familièrement et si respectueusement avec Dieu, l'illuminateur des cœurs, annonça tous les jours que la ville serait prise par ce noble prince, mais les habitants se confiant dans leur grande audace,

(1) En marge du manuscrit : *L'an du Seigneur 1344.*

n'en croyaient rien. Cependant le saint fit sa provision de pain, et il affirma humblement qu'avant la prise de la ville, il y aurait une grande cherté de pain. Tout ce qu'il avait prédit se réalisa.

50. — Quand aussi la même ville fut auparavant aussi assiégée par plusieurs vaillants princes et par la noble armée des anglais, et qu'un certain jour elle était si fortement et si efficacement investie par eux que dans six endroits les murailles furent rompues et ouvertes à l'aide de divers genres d'engins qu'ils avaient préparés depuis un long espace de temps avec une grande et active habileté, ceux qui donnaient l'assaut du dehors, leurs compagnons survenant, avec leurs bannières, croyaient obtenir infailliblement la reddition de la ville, tandis que ceux qui, en majeure partie, résistaient à l'intérieur éprouvaient une peine indicible et étaient presque désespérés de pouvoir tenir encore, à moins que Dieu ne vînt à leur secours par une grâce spéciale (1).

(1) La ville fut donc assiégée deux fois, à cette époque : en 1344, par l'armée de Charles de Blois ; en 1345, par

Pendant ce temps quelques personnes pieuses, pleines de confiance depuis longtemps dans la sainteté de notre bienheureux Jean, recouraient à lui, pour recevoir le sacrement de pénitence et le bienfait de la consolation, comme à un ami chéri de Dieu, sachant bien qu'il se reposait souvent sur le cœur de Notre-Seigneur, avec l'espoir aussi que Dieu lui révélerait la fin de l'assaut qui était si violent en ce moment. En effet, il les consolait efficacement, leur recommandait d'espérer dans le Seigneur, et il ajoutait qu'il ne croyait pas que la ville serait prise. Il arriva ce que le serviteur de Dieu avait prédit, et beaucoup attribuaient cette délivrance à ses prières et mérites (1).

51. — Il pleurait abondamment par compassion et piété, à cause du fervent désir de

les Anglais et Montfort. Nous savons par l'histoire impartiale que le Bienheureux Charles fut le plus humain, le plus doux, et le plus parfait des Princes : il n'a donc jamais ordonné de massacre. On ne peut en dire autant du parti adverse, du parti des anglais.

(1) Les saints sont les meilleurs des bienfaiteurs et des protecteurs de leur patrie. S. Jean Discalcéat est le *libérateur* de Quimper, comme sainte Claire fut la libératrice de la ville d'Assise.

son salut et de celui des autres, particulièrement quand quelqu'un lui parlait pour se confesser, ou par simple dévotion, ou bien pour changer de vie, surtout si le pénitent montrait de grands signes de regrets, ou se trouvait dans une maladie extrême. Alors il pleurait si fort, que celui qui lui parlait ou se confessait aurait eu un cœur bien dur s'il n'eût purifié sa conscience par l'eau de ses larmes. C'est pour cela que beaucoup de personnes venaient avec joie recevoir ce baptême de la pénitence dans le fleuve des larmes du Jourdain (1). Parfois il pleurait avec tant de désolation, sans pouvoir se cacher, que ceux qui le voyaient, de n'importe quelle condition qu'ils fussent, en concevaient une vraie douleur, tenant pour certain que c'était le signe de quelque grande calamité. C'est ce que j'ai moi-même vérifié plusieurs fois de mes propres yeux.

52. — A une certaine époque, un peu avant

(1) S. Jean Baptiste baptisait dans le Jourdain du baptême de la pénitence, afin de préparer au sacrement du baptême, conféré avec l'eau, que Notre-Seigneur devait instituer. Le premier fut le symbole du second.

que la guerre, qui est maintenant en France, fût si violente (1), je le vis se mettre à table avec les autres frères à l'heure du dîner. Mais quand il voulut prendre sa nourriture, il en eut assez avec le pain des larmes, à ce point qu'il dut se lever de sa place, et ce jour-là il ne retourna pas à table. Nous pensâmes, nous tous qui étions présents, que quelque malheur lui avait été révélé.

53. — Souvent aussi on le vit pleurer plus abondamment qu'à son habitude, avant quelques événements malheureux, lesquels se réalisaient dans la suite, comme cela advint avant le grand carnage qui eut lieu d'une manière lamentable lors de la prise de la susdite ville de Quimper, racontée plus haut (2).

54. — De même encore, avant que n'éclatât la terrible peste ou mortalité de la ville de Quimper, il commença à pleurer et à gémir si fort pendant les vêpres de l'Octave de S. François, qu'il dût tourner son visage du

(1) Notre auteur a donc écrit la vie du bienheureux Jean Discalcéat aussitôt après sa mort arrivée en 1349, en pleine *guerre de succession* qui finit en 1364.

(2) En marge du manuscrit : A° 1344.

côté de la muraille ; nous tous, ses frères, qui étions en grand nombre au chœur, avec beaucoup de nobles séculiers, nous pûmes facilement le voir et l'entendre. Il pleura ainsi jusqu'à la fin des vêpres et plusieurs jours à la suite ; il ne pouvait dire un mot sans verser des larmes. En le voyant ainsi fondre en tant de larmes et de sanglots, nous avions compassion de lui, et nous étions tous très effrayés, dans l'attente de quelque malheur, bien qu'il nous fût inconnu. Ce que le serviteur de Dieu avait vu arriva assez promptement. Car peu de temps après, une si grande mortalité se déclara dans chaque maison et dans la ville, que les vivants pouvaient à peine suffire pour ensevelir les morts. Je n'omettrai pas de dire qu'il faisait l'office d'hebdomadier (1) à son tour, et qu'il *jeûna* chaque jour au pain et à l'eau, jusqu'au moment où la peste se déclara, un peu après Pâques. C'est ce qui fait croire, avec plus de probabilité que de telles larmes mon-

(1) On appelle *hebdomadier* le religieux qui préside l'office du chœur ; « faire sa semaine » est une expression équivalente.

traient qu'il avait eu cette terrible révélation de la peste (1).

55. — Avant de se confesser une fois au saint, un de ses amis bienveillant et dévoué, lui demanda humblement pour quel motif il avait versé tant de pleurs ces jours-là, si Dieu lui avait révélé telle grande calamité que plusieurs redoutaient comme imminente pour la ville de Quimper. Il répondit en pleurant qu'il n'avait pas vu ce dont on s'informait, mais qu'il croyait qu'un grand mal arriverait bientôt. Il se prosterna alors par terre, en versant beaucoup de larmes, et il commença à dire certaines prières entrecoupées de longs sanglots, mais incomprises du témoin, car c'est un frère lai qui rapporte ce fait. Ayant peur pour lui-même, celui-ci se retira de là promptement, plein de compassion pour ce charitable Moïse, qui répandait les larmes de ses yeux pour le salut du peuple (2). Les pleurs du saint homme ne

(1) Le saint jeûnait avant que la peste ne se déclarât, pour se préparer à cette terrible épreuve qui devait l'atteindre et l'enlever de ce monde.

(2) Pendant que Josué combattait dans la plaine contre les Amalécites, Moïse priait les bras en croix sur la montagne (*Exode* 17 v. 11).

coulèrent pas toutefois inutilement pour sa patrie, car ses concitoyens qui voyaient cela, ou entendaient le récit de terribles rumeurs, en furent tout épouvantés et prièrent non sans mérite, en attendant très bien dans la crainte de Dieu ce qu'il lui plairait d'envoyer à leur patrie. Par là il eut la grâce de voir la cognée placée près de la racine de l'arbre, et de faire puiser aux sources du Sauveur les eaux de la sagesse prophétique, comme S. Jean (1).

56. — Des témoins oculaires rapportent qu'il pleurait plus que d'habitude en voyant certaines personnes qui devaient mourir sous peu, et qu'il en visitait d'autres plus attentivement en les exhortant sagement de mettre ordre à la demeure de leur conscience. Peu de temps après, elles passèrent de vie à trépas. Par ces faits et bien d'autres, il apparaît évident que la vue de la cognée posée à la racine de l'arbre fait rentrer en soi-même.

(1) « La cognée est déjà placée à la racine de l'arbre. » (S. Mathieu, 3, 10).

Epilogue.

Résumé de sa vie.

57. — D'après tout ce que je viens de rapporter, il est bien certain que le bienheureux Jean put dire en toute confiance, à la fin de sa course et du terme louable de sa vie : « *J'ai combattu le bon combat, j'ai achevé ma course, j'ai gardé la foi, reste la couronne de justice qui m'est réservée, que le Seigneur, juste juge, me rendra en ce jour* (1). » Il courut en effet, dans la carrière de sa louable et austère vie, comme je l'ai décrite plus haut. Après avoir passé sa jeunesse digne aussi de toute louange et de mérite, il avait progressé dans cette étroite pénitence et admirable sainteté. Nul ne peut douter de sa rare perfection, en considérant l'ensemble de son existence ; tous au contraire le tiendront en grande vénération comme un saint, qui persévéra dans la perfection durant l'espace de quarante-six ans, et peut-être ce nombre d'années renferme une raison mystique, car il désigne

(1) 2e Epitre à Timothée, 4, 7.

les dignes fruits de pénitence et la perfection des œuvres de miséricorde qu'il accomplit durant sa vie (1).

58. — En effet, avant d'être religieux, il régit sa paroisse comme prêtre et curé durant l'espace de treize ans, et déjà tous le regardaient comme un saint ; il vécut ensuite trente-trois ans dans l'Ordre des Frères Mineurs, en avançant toujours de vertus en vertus plus élevées, mais toujours dans l'un et l'autre état, avec tant de dévotion digne d'éloge, que ceux qui se rappellent un tel modèle de perfection dans la pénitence, soit au commencement, au milieu et à la fin de sa vie, peuvent à peine trouver de différence, tout bien considéré, dans les degrés de perfection de sa pénitence du commencement à la fin de sa vie.

(1) En marge du manuscrit : *Curé 13 ans ; 33 ans religieux de l'ordre des Frères Mineurs.*

Le nombre mystique est ici le nombre 13, qui loin de « porter malheur » désigne les douze apôtres (S. Mathias substitué à Judas), S. Paul étant le 13e. Dans l'Ordre franciscain, le chiffre 13 est celui de S. Antoine de Padoue, mort le 13, fête le 13 juin, avec la dévotion des 13 mardis en son honneur. — Le nombre 33 est le nombre de l'âge parfait, l'âge de N.-S. mourant sur la croix.

Sa mort.

Meurt de la peste. — Concours du peuple. — Funérailles.

58 [bis]. — C'est ainsi que plein de jours, il entra
dans la voie de toute destinée humaine et fut
appelé vers Dieu, l'année du Seigneur 1349,
suivant la manière de compter de l'Eglise
romaine qui part du commencement de l'année
de l'Incarnation. Alors brilla pour lui l'année
heureuse de sa naissance, alors l'héritage de la
céleste patrie lui fut rendu au milieu d'une
allégresse véritable ; des signes évidents me
permettent de le voir ainsi et de le dire.

Avant la fin bienheureuse de sa vie, l'épi-
démie de la peste s'étant horriblement aggravée
cette année en Bretagne, il n'avait pas peur de
visiter, sans craindre la contagion, ceux qui
étaient gravement atteints par le mal, mais il
parcourait la ville partout où il pouvait en
trouver, entendant les confessions, indifféremment des pauvres et des riches ; il ne craignait
pas la dissolution de son corps, car il espérait
bien vite être uni au Christ, délivré surtout par
la charité qui animait son âme à l'égard de ses
amis, dont il cherchait le salut au détriment

2 ·

de sa vie corporelle, ce qui ne diffère guère de l'héroïsme du martyre. Dieu permit donc son immolation, sans qu'il eût à recourir au glaive de la persécution, mais avec les gages promis au soldat spirituel ; il fut frappé par la contagion du mal dans son corps innocent. En demandant, suivant son droit, la fin de sa sainte vie et en remerciant Dieu, car il savait que ce jour même il aurait en échange une vie indéfectible, il s'endormit paisiblement dans la paix du Seigneur.

59. — Celui qui persévéra jusqu'à la fin dans la perfection de la profession religieuse dut bien être sauvé. Alors qu'il était à l'agonie et qu'il n'avait que deux oboles qu'il pût offrir en ce moment à Dieu, c'est-à-dire son cœur et sa langue, il ne cessait de lui offrir le pur sacrifice de sa prière. Tant qu'il le put, il pria et alors que sa voix s'éteignait, ses lèvres remuaient encore ; personne n'entendait plus son accent, mais il parlait quand même avec Dieu. Il pouvait dire en vérité : « *J'ai trouvé celui que mon âme aime tant* » (1). Près de recevoir sa récompense,

(1) *Livre des Cantiques,* 3, 1.

il pouvait s'écrier contre ses ennemis : « *Fuyez,
partis adverses,* » ce n'est pas ici la maison que
vous pouvez rechercher, car l'austérité en garde
la porte, la sainteté orne la cellule, la pauvreté
règne dans la cuisine, la charité y exerce ses
œuvres. Ce n'est pas ici la maison où on ne
trouve rien. C'est un asile de charité qui doit à
bon droit vous frapper de terreur ; vous ne
pouvez approcher de ma tête, car elle est arrosée
par l'eau bouillante des larmes qui vous brû-
lerait, ni de mes pieds à cause du froid excessif
qui vous glacerait, ni de mes mains armées du
bâton des bonnes œuvres qui vous frapperait ;
vous ne pouvez toucher mon corps couvert de
cilices dont les pointes vous piqueraient. Que
cette âme épouse du Christ s'élève donc librement vers lui, comme l'aurore, purifiée sacra-
mentellement de toute souillure mortelle dont
l'ennemi du genre humain veut charger la conscience des pécheurs.

En effet, 1) sa *Pauvreté* volontaire, 2) son
Humilité si exquise, 3) sa *Force* généreuse et
constante, 4) sa *Charité* parfaite et invariable,
5) la fécondité de ses œuvres de *Piété*, 6) ses
Mortifications corporelles, 7) la *Limpidité* lucide

de son esprit, qui ont brillé en ce saint à un degré supérieur, le lavent de toute tache mortelle et manifestent son angélique pureté.

60. — Alors que son âme très pure fut montée vers son Créateur, il se fit un grand concours de fidèles pour voir, toucher et baiser ce corps dans lequel, comme dans un temple, son âme avait servi Dieu et opéré le bien.

61. — Beaucoup de personnes coupèrent des morceaux de l'habit qui le recouvrait, d'autres prirent des cheveux. Il fut porté au tombeau par quelques hommes de la noblesse, et enseveli avec tous les honneurs. Tous ceux qui l'avaient connu pendant sa vie tenaient pour certain que sa sainteté lui mériterait de jouir de l'immortalité et de la grâce du ciel, comme saint Jean.

Conclusion.

Imitation de ses vertus. — Quimper ne l'oubliera jamais. — Motifs d'élection et de béatification.

62. — D'après tous les faits que je viens de raconter, on voit qu'il mena une vie angélique,

réglant « *sa voie devant la face du Seigneur* (1) »,
se purifiant par le baptême de la pénitence et
l'abondance des larmes dans le fleuve du Jourdain, combattant l'esprit du siècle, car le
royaume divisé de ce monde périra et « *le glaive
du Seigneur a déjà frappé* (2) » ceux qui en
viennent et qui ne veulent pas se convertir.

Ce nouveau Jean-Baptiste, « *la voix qui crie
dans le désert* (3) », avait enseigné, par la parole
et l'exemple, à tous ceux qui l'approchaient
familièrement, à « *faire de dignes fruits de pénitence* (4) ». Et ceux-ci baptisés par ces salutaires avertissements, se retirèrent dans le
désert de la pénitence. C'est ainsi qu'un grand
nombre de fidèles excités par lui à la pénitence,
se munirent d'âpres cilices, jeûnèrent au pain
et à l'eau, et firent d'autres rudes et austères
mortifications.

Les sages, tant réguliers que séculiers, ont
couru et courent encore avec ardeur après le

(1) S. Luc, 1, 76.
(2) Psaume 7, 13, « *Nisi conversi fueritis, gladium
suum vibrabit.* »
(3) S. Mathieu. 3, 3.
(4) S. Mathieu, 3, 8.

parfum de ses actions saintes, lequel s'exhale suave devant Dieu et les hommes, et ils s'efforcent d'atteindre jusqu'à la palme de son immortelle sainteté. C'est ainsi que par un seul homme angélique beaucoup ont été bien disposés et instruits, soit par le désir et la dévotion de se confesser à lui ou de le consulter pour la direction de leur conscience, soit en se confessant, suivant ses saints conseils, plus souvent qu'on n'avait l'habitude jusqu'alors de le faire, comme le demande l'exigence de l'état religieux (1).

63. — Quant à sa patrie (la ville de Quimper, la Bretagne), encore tout embaumée de la douceur de sa vie, elle en gardera pour toujours le parfum, par la grâce de Dieu, « *jusqu'à ce que vienne ce temps comme on n'en vit depuis que le monde a commencé* » (2), « *alors que l'iniquité abondera et que la charité de beaucoup se refroidira* (3). » « *Mais celui qui aura persévéré jusqu'à*

(1) S. Jean Discalcéat porta donc les religieux et les fidèles à la confession plus fréquente, et par conséquent à la *communion fréquente*. On voit, d'après cette biographie, qu'il fut surtout confesseur et directeur des âmes.

(2) Daniel, 12, 1.

(3) S. Math., 24, 12.

la fin, celui-là sera sauvé (1) » comme notre bienheureux.

64. — Il n'est pas étonnant que ce bon serviteur, qui fut revêtu des vêtements de lin de l'angélique pureté, qui se blanchit par la pénitence et l'innocence dans le sang de l'Agneau, il n'est pas étonnant, dis-je, qu'il ait été élu, comme saint Jean, pour révéler les secrets de Dieu.

En effet, trois choses donnent dans le *ciel* le témoignage de son élection : 1) la puissance de faire des miracles, 2) la sagesse de la parole, pour révéler les mystères cachés, 3) la grâce du Saint-Esprit dans l'exercice des œuvres de piété.

Trois choses aussi donnent ce témoignage sur la *terre* : 1) l'espérance certaine de sa vie céleste, 2) l'eau des larmes de sa pénitence, 3) le sang de sa charité compatissante (2).

FIN DU MANUSCRIT INÉDIT

(1) S. Mathieu, 10, 22.
(2) L'auteur indique tous les signes d'élection et de béatification : les miracles, les prophéties, l'héroïcité des vertus.

CHAPITRE II

LES PRINCIPAUX TRAITS
DE LA VIE DE SAINT JEAN DISCALCÉAT
D'APRÈS SON BIOGRAPHE

Trame historique.

I. — Physionomie morale.

*Le Pauvre de Jésus-Christ. — Le zélateur de la Règle
séraphique. — Le Précurseur.*

La vie que nous venons de lire, écrite par un
Frère Mineur contemporain du saint, vivant
avec lui dans le couvent de Quimper, par conséquent témoin de son existence et de sa mort,
est un vrai chef-d'œuvre de spiritualité, déduite
de ses vertus insignes, et toute tissée de textes
scripturaires. C'est un vrai régal offert aux
âmes pieuses, qui cherchent dans ces sortes
de récits, non pas tant des traits historiques

qu'un enseignement moral, destiné à leur
montrer les voies de la perfection chrétienne et
religieuse, et à les élever vers Dieu, à l'exemple
des héros parfaits de l'Eglise catholique.

L'auteur écrit à la fois et pour l'édification
des simples fidèles et pour l'instruction des
religieux de l'Ordre de S. François. Il se réjouit
vivement de pouvoir leur présenter une vraie
copie, un compagnon véritable du séraphique
Père, le fils de son esprit, qui est celui de
Jésus-Christ, pauvre, humble, pénitent, crucifié.

Au début de ses prédications évangéliques,
le Sauveur du monde, qui était né dans la pauvreté de la crèche, dévoilait à la foule avide de
l'entendre les secrets de la vie divine. Il pro-
clamait la première des béatitudes en ces termes : « Bienheureux les pauvres en esprit, parce
que le royaume des cieux leur appartient (1). » Un
peu plus tard, initiant ses apôtres aux pratiques
de leur laborieux ministère, il leur disait :
« N'ayez ni or, ni argent, ni monnaie dans vos
bourses, ni provisions pour le voyage, ni deux

(1) S. Mathieu, 5, 3.

vêtements, ni souliers, ni bâton (1). » Enfin, dans une autre circonstance, il adressait à un jeune homme, désireux de mener une vie parfaite, ce conseil : « *Allez, vendez tout ce que vous avez, donnez-le aux pauvres, et suivez-moi* (2). »

Ces paroles de la Sagesse éternelle étaient une semence confiée aux âmes de bonne volonté, jetée dans les sillons du champ du Père de famille, et destinée à porter des fruits innombrables, dans toute la durée des siècles, au sein de l'Eglise catholique. Adoptées, soit en partie, soit dans toute leur rigoureuse acception, elles sont devenues la base de la vie parfaite au temps des Apôtres et des persécutions suscitées par le paganisme, comme aussi la base des Ordres religieux répandus, presque dès les premiers temps, dans toutes les contrées du monde chrétien, et plus les disciples de Jésus les ont prises à la lettre, plus ils se sont élevés dans les voies de la sainteté.

Au moment où François d'Assise cherchait sa voie et priait avec ardeur aux pieds du cru-

(1) S. Mathieu, 10, 9.
(2) S. Mathieu, 19, 21.

cifix de la chapelle de S. Damien, il reçut pour réponse les enseignements du renoncement et de l'apostolat. Il les accepte pour lui-même ces conseils évangéliques, les propose à ses disciples, en fait le point de départ de sa règle, ne reculant devant aucune des conséquences qu'ils entraînent : pratique parfaite des autres vertus, abnégation personnelle, mortification du corps, dévouement sans réserve à la cause de Dieu et à la croix de Jésus-Christ.

Cette parole évangélique est créatrice ; elle suscite d'abord, en 1208, l'Ordre des *Frères Mineurs*, appelés aussi *Franciscains* du nom de son saint fondateur, Ordre vraiment apostolique, destiné à la prédication de l'Evangile dans les contrées assises à l'ombre de la mort, comme dans les pays catholiques, à l'exaltation de la foi en tout lieu, comme à la sanctification personnelle de chacun de ses membres.

Un second Ordre éclot peu après, sous le souffle puissant de cette sublime pauvreté qui gagne les cœurs et enthousiasme les âmes. Claire d'Assise, suivie de sa jeune sœur Agnès, est entraînée dans les voies de l'abnégation évangélique par l'exemple fécond du pauvre d'Assise qui lui donne ses conseils, puis une règle. L'Ordre des *Pauvres-Dames* ou *Clarisses* fut dès lors fondé en 1212.

Mais le monde avait besoin aussi de pénitence et de détachement, et tous les hommes ne pouvaient renoncer à leur demeure et à leur famille, ni quitter effectivement leurs biens ; des lois saintes et sacrées s'y opposaient. Aussi, dit Léon XIII dans sa lumineuse encyclique *Auspicato :* « François institue le troisième Ordre pour recevoir toutes les conditions, tous les âges et les deux sexes, sans que pour cela les liens de la famille et de la société soient rompus. » L'*Ordre de la Pénitence* ou de la Croix, appelé maintenant vulgairement le *Tiers-Ordre,* est ainsi formé, en 1221, et Dieu le destine à maintenir l'esprit de l'évangile dans la famille et la société.

Le but du Poverello était de donner à l'Eglise des enfants dévoués, et au ciel des saints. Ce but a-t-il été atteint ? L'histoire est là pour le démontrer. Les trois Ordres franciscains n'ont pas seulement défendu les droits et les intérêts du christianisme, ils ont encore suscité des

3

héros dont le Saint-Siège a proclamé les miracles et les vertus, et auxquels il a décerné l'honneur des autels. Ces saints ont été la gloire de la famille franciscaine, ils en sont les protecteurs, et leur nombre, déjà si considérable, va toujours grandissant.

S. Jean Discalcéat fut la primeur de sainteté de l'Ordre séraphique en Bretagne, et notre biographe montre avant tout comment il s'est sanctifié, par la voie de la pauvreté, en marchant sur les traces du Sauveur et du Patriarche d'Assise. C'est dans ce sens qu'il a pu être appelé par les chroniqueurs de l'Ordre : *Sancti Francisci socius* (1), « le compagnon de S. François » ; non point parce qu'il vécut avec lui et de son temps, mais parce qu'il fut le *socius*, le compagnon fidèle, l'imitateur parfait de sa vie et l'observateur rigide de sa règle, jusqu'à un *iota*.

Le compagnon de S. Jean au couvent de Quimper explique donc, dans sa biographie,

(1) Gonzaga, Wading, Huebert. — S. François naquit en 1182 et mourut en 1226. S. Jean Discalcéat est né vers l'an 1279 et mourut en 1349.

que la pauvreté fut la *racine* de la perfection
de l'humble Frère Mineur qu'il a si bien connu,
qu'il a tant admiré et aimé. Il le voit attiré dans
l'Ordre par cet amour de dame Pauvreté que le
séraphique Père avait déjà épousée avec tant
d'ardeur, et dont il avait célébré la beauté et les
charmes, avec une poésie si intense qu'elle
émeut encore les blasés de notre siècle de jouissances, et jusqu'aux romanciers contemporains
les plus sceptiques. Le modeste Recteur de
Saint-Grégoire deviendra encore plus détaché,
quand il sera revêtu d'une sorte de sac rapiécé,
de couleur grise, et ceint d'une corde, en guise
de ceinture. Il s'abaissera devant le monde pour
grandir dans l'humilité. Il est tout petit, on
l'appelle le petit Jean, *Jannic* ; on le tutoie
familièrement. C'est un va-nu-pieds, *Discalcéal* ;
et, comme le dernier des mendiants, il jette le
bissac sur ses épaules, pour remplir le rôle de
frère quêteur des pauvres de Jésus-Christ.

Cet homme si miséreux, si humble, est aussi
très mortifié. Mais où trouver les forces et les
grâces nécessaires pour la pratique de l'héroïque
abnégation ? Dans la prière, l'office divin, le
saint sacrifice de la messe et toutes les bonnes

œuvres de piété. Détaché de tout ce qui est de cette terre, il s'attachera à Dieu seul, il l'aimera de tout son cœur, et cet amour débordera sur le prochain, surtout sur les pauvres, les petits, les humbles. Il sera la providence des déshérités de ce monde.

Aimant Dieu d'un cœur pur, il le voit ; et Dieu vient l'illuminer des rayons de sa céleste lumière. S. Jean a désormais la limpidité, la *lucidité* de l'esprit. Il révèle l'avenir, il est prophète, c'est-à-dire la colonne lumineuse qui conduira le peuple dans les droits sentiers. Le Très-Haut permet toutes ces merveilles pour augmenter la foi des faibles et les encourager dans la pratique des vertus chrétiennes.

Qu'on ne s'y trompe pas, le divin Maître a révélé la première béatitude, non seulement aux apôtres, mais à la masse des fidèles et des croyants. Il a enseigné avec force la nécessité du détachement des biens de ce monde à tous les hommes qui vivent sur le globe terrestre ; il a montré les dangers des richesses et instruit ceux qui les possèdent, comme les dépositaires de la Providence, sur la manière dont ils doivent en user. « *Malheur aux riches !* » malheur aux mauvais riches, « *ils entreront difficilement dans le royaume des cieux.* » Quelle parole terrible ! Et Jésus, pour mieux se faire comprendre, cita l'exemple de Lazare et du mauvais riche. La porte du ciel est étroite ; les pauvres, les petits et les humbles pourront la franchir.

Dieu a créé l'homme avec le libre arbitre, nécessaire pour mériter ou démériter la récompense finale à laquelle il est destiné ; il lui a concédé, comme domaine passager, le globe terrestre qu'il devra conquérir par son travail et son industrie, et qui sera bientôt inégalement partagé. Une loi morale lui est imposée en même temps, ayant pour base la charité et la justice, afin de replacer dans son axe ce qui pourra être déplacé par le jeu fatal des forces matérielles ou des passions humaines : Que celui qui a trop, donne à celui qui manque, car nous sommes tous frères. Le riche est la Providence du pauvre. Il y a des obligations strictes d'aumône, de charité et de justice. Ainsi se trouvent admirablement conciliés les droits du libre arbitre, du travail, source de la richesse, et la coéquation de la diversité fatalement nécessaire des biens terrestres et des classes sociales.

Aucune législation humaine, aucune loi dite humanitaire et sociale ne pourra suppléer totalement à la loi divine, parce que celle-ci est déposée dans la *conscience* de l'homme, foyer de tout bien, tandis que l'autre, s'appuyant uniquement sur des moyens extérieurs coercitifs, pourra un moment peut-être adoucir les maux, mais restera finalement inefficace. L'expérience du reste le démontre.

Il faut donc faire l'éducation de la conscience, il faut moraliser le peuple, les pauvres comme les riches. La religion seule donne la solution de toutes les questions, et la loi du détachement des biens de ce monde est une des plus importantes du christianisme.

Le monde actuel, matérialiste, s'agite presque uniquement autour de ce qu'on appelle la *question sociale*, c'est-à-dire d'un système qui assurerait l'égale répartition des biens. Le communisme partageux tue le travail, imposé par Dieu à l'homme, source du développement humain, et il est irréalisable. Le socialisme étatiste, de l'Etat possédant et distribuant les biens, est une utopie monstrueuse qui aboutirait, si on le réalisait, à l'esclavage le plus honteux, et il serait la négation du droit de propriété, inscrit dans le décalogue, qui rend l'homme libre. Il dissoudrait également la famille, noyau de la société.

La vie religieuse est une association de personnes s'unissant pour mieux servir Dieu et mettant en commun les biens matériels, mais ces biens sont limités par le vœu de pauvreté. Ce n'est pas le communisme grossier qui veut posséder le plus possible, ce n'est pas la suppression du travail, ni du droit de propriété dans la société. Parfois elle-même ne pourrait subsister, si les secours matériels venaient à manquer. Le religieux de l'Ordre de Saint-François — le seul qui ne possède rien en propre — laisse sa part de biens matériels au monde qu'il quitte, pour mieux s'occuper des intérêts spirituels, mais, en échange, il lui demandera l'aumône, si par son travail il ne peut trouver une subsistance suffisante, ainsi que le fit saint Jean Discalcéat.

Que les chrétiens comprennent donc, à son exemple, que le détachement est obligatoire pour tous ; le détachement affectif du cœur et de l'esprit, pour les simples fidèles ; le déta-

chement effectif et réel, pour les religieux. Que
le pauvre travaille, et s'il manque du nécessaire
et parfois de l'utile, qu'il ait recours au riche.
Que le riche travaille aussi, suivant la situation qu'il occupe, qu'il se dépouille du superflu,
qu'il secoure le pauvre.

Pourquoi l'horrible soif de l'or et de l'argent
aiguise-t-il l'appétit déréglé des humains ? Parce
que la richesse est la clef des plaisirs matériels,
du luxe, des honneurs, l'aliment de l'orgueil,
etc., et c'est ce qui la rend dangereuse. Malheur aux mauvais riches ! Bienheureux les
pauvres en esprit !

La pauvreté — qui n'est pas la misère, et
celle-ci n'est nullement voulue par Dieu — la
pauvreté, entendue dans le sens du détachement opposé à la cupidité et à l'avarice, conduit
les fidèles à la pratique des plus belles et plus
nécessaires vertus du christianisme, elle mène
directement à la charité.

C'est ce que le lecteur aura compris en lisant
la biographie de saint Jean Discalcéat, qui
est, à proprement parler, le panégyrique de la
pauvreté.

L'auteur s'attache ensuite à montrer comment

l'humble Frère Mineur observa la règle de saint François, dans tous ses détails, avec une héroïque et austère rigidité. Loin de rester en deçà, il alla au-delà, ce qui marque une vertu éminente et héroïque. « La règle et la vie des Frères Mineurs, est-il dit en tête de cet admirable code, consiste à observer le saint Evangile de Notre-Seigneur Jésus-Christ, en vivant dans l'obéissance, sans propriété, et en chasteté. » C'est le point culminant de la pratique littérale des conseils évangéliques. Aussi le célèbre docteur Navarre estime cette règle si sublime, qu'il n'hésite pas à regarder comme martyr de tous les jours celui qui l'observe à la lettre, selon la volonté du saint fondateur. Saint Vincent Ferrier n'a pas craint de dire : « Quiconque observe fidèlement cette règle est un saint ; s'il persévère jusqu'à la mort dans cette fidélité, il peut être canonisé. » Cette appréciation fut celle d'un pape illustre, Grégoire IX, l'ami de saint François.

Notre biographe suit pas à pas frère Jean Deschaux dans le chemin des observances franciscaines, et il constate avec une joie indicible que ce saint fut une étoile qui a brillé

lumineuse au firmament de l'Ordre séraphique.

Il cherche et il trouve dans l'Écriture sainte,
qu'il cite presque à chaque alinéa, des comparaisons symboliques, parfois très originales, mais
toujours édifiantes, entre la vie de son héros
et les modèles qui nous sont offerts par Dieu
dans l'ancien et le nouveau Testament. C'est
ainsi qu'il nous montre Moïse tirant ses chaussures pour s'approcher de Dieu, et notre saint
marchant nu-pieds pour mieux fouler sous ses
pieds les biens terrestres et s'attacher à Jésus
Crucifié.

La règle permet les sandales, mais il veut
l'observer encore plus parfaitement ; il sera
complètement déchaussé.

Elle impose deux carêmes ; il en observe huit.

Il reçoit des aumônes ; il les fait distribuer
de suite, sans souci du lendemain.

Il porte un vêtement rude et grossier ; il y
ajoute le cilice.

Il doit réciter l'office divin une fois ; il le
répète une deuxième fois, de peur de n'avoir
pas assez bien rempli cette obligation.

Oh ! la vie admirable ! Avec toutes ces pratiques de piété et de pénitences effrayantes pour la pauvre nature humaine, il est le religieux le plus charmant, le saint joyeux par excellence.

Oh ! le vrai Frère Mineur (1).

Le biographe établit une analogie ou comparaison entre S. Jean-Baptiste et S. Jean Discalcéat, à cause de la similitude du nom, et il la poursuit d'un bout à l'autre de son récit moral, avec une ingéniosité surprenante, à l'aide des textes scripturaires. Sa conclusion favorite et triomphante arrive, à la fin d'une ressemblance

(1) Grâce à Dieu, la génération des vrais Frères Mineurs n'a pas disparu, même à notre époque de relâchement général dans le monde. En lisant la *Vie de S. Jean Discalcéat*, notre souvenir se reportait ému vers le *Père Arsène-Marie de Servières*, provincial des Franciscains de la Province de France, mort à Paris, en odeur de sainteté, le 10 avril 1898, dont nous avons écrit la Vie, après avoir été le compagnon, bien indigne, de sa vie religieuse. (Un vol. in-8º, 323 pages, J. Mersch, imprimeur, 4 bis, Avenue de Châtillon, Paris.) Ce sont les mêmes traits et les mêmes vertus, à part l'éclat des miracles et la mission de S. Jean Discalcéat. La vie franciscaine du P. Arsène fait revivre, à cinq cents ans de distance, et savourer la vie franciscaine de S. Jean.

démontrée exacte, comme une flèche qui marque le point signalé : *Ut Joannes ! Comme saint Jean !*

C'est qu'en effet, il y eut une ressemblance frappante entre les deux saints, surtout quant aux vertus de pauvreté, de pénitence et d'humilité, et, d'une certaine façon, quant au rôle et à la mission que la divine Providence leur départit. Cette mission fut assurément différente dans les personnes et son objet immédiat et le plus prochain, mais elle tendait au même but : préparer les hommes à la pénitence.

II. — L'Enfant du Léon, Clerc et Recteur à Rennes.

Le nom patronymique. — Le lieu, l'année de la naissance. Ses études. — Fut-il maçon ? — Aspirant franciscain. — Départ pour Rennes. — Clerc et prêtre. — Recteur-chanoine de S. Grégoire de Rennes. — Missionnaire. — Causes de la guerre de succession.

Après avoir souligné les traits caractéristiques que l'auteur contemporain du saint nous a dépeints, avec tant de force et de charme, après avoir envisagé sa physionomie morale, dont le ton dominant fut la pauvreté unie à la pénitence, s'épanouissant dans la charité, nous devons rechercher la *trame historique*, à proprement parler, de sa vie, que le biographe néglige presque complètement, car son but unique est de retracer les sept vertus du bienheureux, sans souci des détails matériels de son existence, par exemple de sa famille, du lieu de sa naissance, etc. Cependant il nous donne quelques indices précieux qui nous permettront de reconstituer à peu près cette trame, en la plaçant dans le milieu où vécut le saint, dans le cadre qu'il dut occuper. Si l'on songe que ce manuscrit est le seul document que nous possédons, en tenant compte en plus de quelques traditions, on comprendra la difficulté de la tâche.

Tout d'abord, quel est le *nom patronymique* de notre saint breton ?

On l'ignore complètement. On ne connaît pas son nom de famille, chose assez curieuse assurément, car il y a bien peu de saints, à partir du moyen-âge, honorés d'un culte public, dont le nom propre soit inconnu, ainsi que celui des parents. C'est le comble de l'humilité religieuse qui supprime tout ce qui est du monde (1).

Il s'appellera frère Jean, ou petit Jean, tout court. Voilà tout.

Le peuple lui donnera un surnom qui deviendra pour ainsi dire son nom propre : *Discalcéal* ou *Deschaux*, à cause d'une particularité rare de son genre de vie.

Le Précurseur baptisait, dans les eaux du Jourdain, du baptême de la pénitence. Il reçut lui aussi un nom distinctif : *Baptiste*. Il s'appellera Jean-Baptiste.

(1) Les religieux et les religieuses prennent un nom de religion et généralement n'y ajoutent pas leur nom de famille, afin de mieux marquer l'esprit d'égalité et de fraternité qui doit régner entre eux. Les distinctions de classes et de famille disparaissent ainsi. Jusqu'en ces derniers temps, l'usage le plus suivi dans l'Ordre de S. François était d'ajouter au nom de religion celui du pays natal. C'est ainsi qu'on dit S. François d'Assise. S. Bernardin de Sienne, etc. Cependant, en plusieurs Provinces de l'Ordre, on conservait le nom de famille, pour éviter les confusions, et cette pratique est devenue maintenant générale parmi les Frères Mineurs.

Quel est le *lieu de naissance* de notre religieux breton ?

On ne le connaît pas avec certitude. Le lieu de son berceau a été contesté comme celui du saint Précurseur (1). Mais la tradition indique Saint-Vougay comme le pays natal du saint Frère Mineur, commune située à moitié route de Lesneven à Saint-Pol-de-Léon, à trois lieues précises de chacune de ces deux villes. On y trouve une chapelle dédiée à Saint Jean-Baptiste, et le pardon de ce saint y est encore très populaire.

L'histoire de cette paroisse ne nous est connue qu'à partir de l'année 1426, époque où elle avait vingt manoirs ou maisons nobles. Le plus ancien de ces manoirs était celui de Kérénec, habité alors par Tangui du Châtel et par dame Sybille Le Veyer. Un siècle plus tard, on y vit s'élever le magnifique château de Kerjan construit par « les seigneurs Barbier, sembla-

(1) La véritable critique historique a démontré indubitablement que le lieu de naissance du saint Précurseur, est bien l'endroit appelé maintenant *Saint-Jean-in-Montana,* et non pas Hébron.

bles aux géants qui bâtirent la tour de Babel ».
Louis XIII déclare, dans les lettres-patentes
érigeant la terre de Kerjan en marquisat, que « le
chasteau de Kerjan est de si belle et si magnifique structure, qu'il sera digne de son recueil
et séjour, si ses affaires l'appellent en Bretagne. »

Le premier Recteur connu de cette paroisse
— qui compte actuellement un millier d'habitants — vivait en 1506 ; c'était Messire Hervé
de Dourgy, sieur du Mouster-Paul. Située au
cœur du Léon, le pays des croyants par excellence, elle se fit toujours remarquer par la
piété, le dévouement et la vaillance de ses
enfants. Les noms de plusieurs d'entre eux sont
parvenus jusqu'à nous, avec l'auréole de la
vénération. C'est ainsi que dame de Coastan-
coure a laissé à Saint-Vougay un souvenir impérissable, par suite des prodiges de sa bienfai-
sance, de son amour de Dieu et des pauvres.
Dénoncée par les révolutionnaires, elle périt
sur l'échafaud, le 27 juin 1794 (1).

(1) *Vies des saints de Bretagne*, édition de M. de Kerdanet (1837, pages 301 et suivantes.)

Le souvenir de S. Jean Dicalcéat, après tant
de siècles et de vicissitudes, a pu s'affaiblir
graduellement à Saint-Vougay. Peut-être quitta-
t-il sa paroisse natale dès sa tendre jeunesse.
Tout porte à le croire, puisque son biographe
assure, sans toutefois préciser l'époque, qu'il
alla demeurer, après la mort de sa mère,
avec un de ses parents du côté maternel.
Mais le même historien affirme positivement
qu'il naquit de parents *habitant le diocèse
de Léon*, d'où ils étaient eux-mêmes originaires (1).

La statue de saint Jean, si vénérée à Quimper
depuis des siècles, exécutée sans doute d'après
« le *portrait* du saint en un tableau bien travaillé » offert par Blanche de Lohéac, nous
donne une physionomie typique du bas-breton
du Léon. La donatrice du tableau était unie par
les liens du mariage à messire Guy Autret,
seigneur de Missirien et de Lézergué, celui-là
même qui publia, en 1659, la seconde édition

(1) *Parentes enim ejus, nati, et commorantes in Bri-
tannia minori et in diocesi Leonensi.* — Après la grande
Révolution, le diocèse de Léon fut uni à celui de
Quimper.

des Vies des Saints de Bretagne d'Albert Le Grand (1).

Ajoutons qu'aucune autre paroisse du Léon et de la Bretagne n'a revendiqué l'honneur d'avoir possédé le berceau de notre saint frère quêteur (2), et le fait probable qu'il parlât l'*idiome breton*, semble bien indiquer qu'il n'était pas originaire du diocèse gallo de Rennes, mais bien de la basse Bretagne (3).

Si un doute plane sur le lieu de naissance de Jannic, il en est de même sur *l'année de sa nais-*

---

(1) Gui Autret, naguère vaillant chevalier, fut un chercheur patient, érudit, écrivain de mérite, breton passionné pour les gloires de son pays. Missirien est en Kerfeunteun, près Quimper. Les Lohéac sont originaires du diocèse de Rennes ; une branche de cette famille s'établit dans le Léon.

(2) La chronique de Jean Beaujouan, citée plus loin, dit bien que « Jean naquit dans une paroisse du diocèse de Rennes, de parents originaires du Léon », mais il ne nomme pas cette paroisse, et cette assertion, dépourvue de toute preuve, contredit formellement le texte de la Vie écrite par le compagnon du saint.

(3) *Faciebat sibi loqui et se vocari in illo idiomate « Ioanninum »*. *Manuscrit*, nᵒ 19.

sance. Cependant, sans crainte de nous écarter beaucoup de la vérité, nous pouvons la fixer en 1279, car il mourut en 1349 (cette date est certaine), et probablement, comme nous le verrons plus loin, dans sa soixante-dixième année d'âge.

Il paraît avoir été ordonné prêtre à l'âge de vingt-quatre ans accomplis (1), et cette même année, en 1303, il fut certainement curé d'une paroisse du diocèse de Rennes, comme le dit notre biographe.

Ses parents possédaient une maison et une certaine somme de biens qu'ils auraient délaissés, après le miracle de l'oiseau, et donnés aux pauvres ou en bonnes œuvres, s'ils n'avaient eu à élever deux enfants, qui tous les deux devinrent prêtres.

Jannic fit sans doute ses premières études

---

(1) Il est difficile d'avancer plus tôt cette ordination, à cause de certaines circonstances de la première partie de sa vie.

Depuis le Concile de Trente, la vingt-cinquième année est l'âge canonique de la prêtrise. Précédemment, il n'y avait pas de règle fixe, mais des usages et des pratiques similaires, sauf dispenses.

aux écoles du pays ; les plus notables étaient
alors celles de Lesneven et de Saint-Pol. Mais
nous n'avons sur ce point aucune donnée précise (1).

Entre temps, dans sa prime jeunesse, il
s'adonna aux bonnes œuvres spirituelles et temporelles, suivant le goût et les besoins de
l'époque. Par esprit de dévotion, il prenait un
plaisir extrême à ériger des croix aux carrefours des chemins (2), à jeter des ponts et
passerelles sur les deux bords des ruisseaux
pour la commodité du public, à se rendre aux

(1) Nous lisons dans la Vie du saint innocent Salaün,
contemporain de notre bienheureux, originaire d'un
village d'auprès de Lesneven, lequel devait provoquer
après sa mort, l'érection de l'église de Notre-Dame du
Folgoat, que « ses père et mère, qui vivaient dans
l'amour et la crainte de Dieu, eurent soin, dès son
enfance, de l'envoyer aux écoles ». — *Le dévot Pèlerinage
de Notre-Dame du Folgoat*, par le P. Cyrille Pennec, 1634.

La fin du XIIIᵉ siècle vit la fondation de collèges à
Paris « pour aider les pauvres écoliers bretons qui
n'étaient pas en état de se soutenir dans l'Université »,
qui attirait alors des milliers d'étudiants, dont saint Yves.
Mais notre bienheureux n'alla pas à Paris.

(2) En 1677, fut érigée à Saint-Vougay l'*ancienne*

assemblées religieuses ou *pardons*, alors comme aujourd'hui, si fréquentés et si populaires (1).

On ne peut lire ces brefs détails, sans une vive émotion, en constatant que notre bienheureux fut un vrai breton, le véritable celte, continuateur des traditions religieuses ancestrales sur cette terre de granit, recouverte de chênes et parsemée de calvaires ; dans cette région si bien conservée dans sa foi première

croix du cimetière, avec cette inscription : *O vos omnes qui transitis per viam attendite et videte si est dolor sicut dolor meus.* — Le pays du Léon est le pays des calvaires, comme du reste la Bretagne tout entière. Rolland de Neuville, évêque de Léon, mort en 1613, avait fait planter plus de 5.000 croix dans les chemins et carrefours de son diocèse, afin, disait-il, que les fidèles rencontrassent partout les signes augustes de notre rédemption.

Les plus beaux calvaires de Bretagne sont ceux de Guimiliau, Saint-Thégonnec, Le Folgoat, Tronoën, Plougonven, Pleyben, et surtout celui de Plougastel-Daoulas.

(1) Le mot *concilia* du manuscrit inédit, ne peut que signifier *assemblées*, et, d'après le contexte, « assemblées religieuses » ou « pardons. »

et qui possède encore, à l'heure actuelle, de si beaux pardons, comme ceux du Folgoat et de Saint-Pol-de-Léon.

Parce que Jannic érigea des croix et fit des ponts de pierre ou de bois, après la mort de son père, cela ne signifie nullement qu'il exerça réellement un métier, le métier de maçon ou de charpentier, comme l'ont cru quelques auteurs. En agissant ainsi, il obéissait à un mouvement de piété et se conformait à l'une des dévotions les plus populaires de ces siècles de foi. Depuis bien longtemps déjà, des caravanes de fervents chrétiens, érigées en une sorte d'association pieuse, s'en allaient à travers la France construisant églises et cathédrales. Il y avait un siècle que Dieu avait suscité saint Bénézet, lequel devait construire le pont d'Avignon, et l'Eglise avait donné l'approbation à un Ordre religieux, celui des *Frères-Pontifes*, qui par charité construisaient des *ponts* pour faciliter la marche des pèlerins et des voyageurs.

En ce temps-là, une tradition bien accréditée disait qu'il fallait prendre à la lettre ce que le prophète Isaïe avait annoncé de saint Jean-

Baptiste : *Parate viam Domini, rectas facite
semitas ejus. Préparez le chemin par où passera
le Seigneur, rectifiez les sentiers* (1). Le saint
précurseur aurait ainsi aplani les lieux au sens
moral et matériel. Notre pieux et jeune breton
aurait donc suivi aussi l'exemple de celui dont
il avait reçu le nom au baptême.

Le Crucifix de saint Damien parlant à Saint
François, lui avait dit textuellement : *François,
va, répare ma maison, car tu le vois, elle tombe
en ruines.* Et le jeune Assisien, interprétant ces
paroles à la lettre, avant de fonder ses trois
Ordres, commença par réparer trois chapelles
délabrées, celles de Saint-Damien, de la Portioncule et de Saint-Pierre, toutes situées dans
son pays natal. Le Pape Innocent III avait vu
lui-même, dans un songe mystérieux, l'église
de Latran pencher sur elle-même ; sa ruine
semblait imminente, quand un homme pauvre,
sans apparence et méprisable, vint se placer
contre la muraille chancelante, et par son appui
seul l'empêcha de crouler. Il reconnut bientôt
dans ce pauvre le Poverello d'Assise.

(1) Saint Mathieu, 3, 3.

Jannic fut maçon comme saint François, se préparant déjà à la restauration des âmes. « Encouragé donc, dit notre biographe, par les exemples et les vertus de ses parents, ce bon fils cédait aux inspirations de la grâce, qui élevaient son âme au-dessus des désirs des choses terrestres. Il repassait dans son cœur ce que déjà il avait pris l'habitude de dire, afin d'entraîner les autres dans cette voie : « Mettez toutes les préoccupations de votre esprit dans le Seigneur et lui-même vous nourrira. »

C'est alors, à la mort de son père et de sa mère (1), qu'il dut renoncer à ses biens, et qu'il se retira chez un de ses cousins du côté maternel (2), qui déjà était fort riche, par suite de son active industrie. Il n'est dit nulle part

---

(1) D'après le contexte du manuscrit, on peut déduire que le père de Jannic mourut le premier, alors le fils, plus pieux et détaché, érigea des croix et fit des ponts ; sa mère mourut ensuite, il donna sa part d'héritage aux pauvres, et se retira chez son riche cousin, pour se préparer à l'état ecclésiastique et religieux.

(2) Le mot *cognatus* signifiait, au XIIIe siècle, cousin du côté maternel, « cousin remué de germain ».

que notre bienheureux travaillât avec lui du métier de maçon, alors même que ce cousin aurait été constructeur ou entrepreneur, ce que rien n'indique ; et surtout il n'est pas dit « qu'il fit un gain considérable dans sa profession (1) ». Le texte affirme justement le contraire. Logé chez ce parent, il méprisait l'or et l'argent ; il n'avait qu'un désir et qu'une seule étude, « épouser la Pauvreté », dont il était déjà le fiancé. Il se préparait donc dès ce moment à la vocation ecclésiastique et religieuse (2).

Le séjour dans cette maison ne dura qu'un peu de temps (3). En effet, cet avare et riche cousin se livra contre Jannic à des railleries et à des vexations telles que celui-ci se vit obligé de quitter le pays (4). C'était peut-être son tuteur, choisi après la mort de sa mère, son père étant déjà décédé ; il n'avait pu sup-

---

(1) Le P. Albert Le Grand a tout-à-fait mal compris ces divers passages de la vie manuscrite : la chose est évidente.

(2) *De voluntaria paupertate, quam studebat assumere sibi sponsam.*

(3) *Aliquam traxit moram.*

(4) Il est bon de noter que le pays était souvent

porter l'abandon des biens aux pauvres, de la part de ce fils adoptif qui lui était confié.

Tel Bernardone, père de François, le riche et avare marchand d'Assise, lequel entra en fureur à la vue de son fils donnant tout aux pauvres. Celui-ci lui remit alors ce qu'il possédait, jusqu'à ses vêtements, et, plein de joie, il s'écria : « Maintenant, je puis dire en vérité : « Notre père qui êtes aux cieux ! » Dépouillé des biens de ce monde, il aura toutes les qualités requises pour épouser dame Pauvreté.

Notre jeune breton imitera le Père séraphique dont il aspire à devenir le fils. Bientôt il se rendra à Rennes pour achever ses études et réaliser ses désirs et ses vœux.

Comment et pourquoi Jannic quitta-t-il son pays pour aller à Rennes ?

Est-ce que déjà il connaissait l'Ordre des Frères Mineurs ? Est-ce que déjà il aspirait à la vie franciscaine ? Oui, le fait semble maintenant probable, et nous allons le démontrer.

troublé par les excursions des anglais. C'est ainsi qu'en 1295, ils entrèrent dans le golfe de Brest et pillèrent dans la région.

Saint François était mort le 4 octobre 1226, et le pape Grégoire IX l'avait inscrit au catalogue des saints le 16 juillet 1228.

Le corps du séraphique père était à peine refroidi, que ses enfants prenaient la route de la Bretagne et venaient s'établir, en 1230, à *Quimper*, et la même année à *Rennes*. En 1250, ils étaient à Nantes, en 1260 à Vannes, en 1261 à Dinan, en 1283 à Guingamp, un peu plus tard à Saint-Brieuc.

La caravane des va-nu-pieds suscitait partout un profond étonnement et un vif enthousiasme. « Les Frères Mineurs, dit le cardinal de Vitry (1), qui sont, par le mépris du monde, par le dépouillement et par l'habit, les plus petits et les plus humbles de tous les religieux de notre temps, s'efforcent de ramener la pauvreté et l'humilité de la primitive Eglise. Ils puisent avec tant d'ardeur dans la source de l'Evangile qu'ils en accomplissent non seulement les préceptes, mais encore les conseils, et imitent parfaitement la vie des apôtres. Ils renoncent à leurs biens

_____

(1) Jacques de Vitry, cardinal, historien, et prédicateur de la croisade contre les Albigeois ; mort en 1240.

et ne possèdent rien au monde, en sorte qu'il
n'y a ni maison, ni terre, ni bestiaux, ni autre
chose, pas même une pierre où reposer la tête,
qu'on puisse appeler leur propriété. Nus, ils
suivent Jésus-Christ nu, renoncent à eux-
mêmes, portent leurs croix, veillent exactement sur leur propre conduite, et ne cessent
point d'avancer dans le chemin de la perfection.
On les envoie prêcher deux à deux, et, dans
leurs voyages, ils ne portent ni sac, ni pain,
ni argent, ni chaussure. Si on les invite à
manger, ils prennent ce qui leur est présenté ;
si on leur donne quelque chose par aumône, ils
n'en gardent rien pour le lendemain. Leur prédication, et surtout leur exemple, inspirent le
mépris du siècle. Les riches laissant leurs villes,
leurs terres et tous leurs biens, se réduisent à
l'habit de Frère Mineur, c'est-à-dire à une
pauvre tunique et à une corde pour ceinture.
Ces religieux se sont *tellement multipliés* en peu
de temps, qu'il n'y a point de province en la
chrétienté où ils n'aient de leurs frères, pour
représenter au monde, comme dans un miroir
très pur, le néant de ses grandeurs. Ils ne refu-
sent l'entrée de leur Ordre à personne : ils

reçoivent d'autant plus facilement qu'ils se reposent sur la Providence divine du soin de leur subsistance. Le Seigneur donne à ses serviteurs, dès cette vie, le centuple d'une manière si sensible que ceux-là s'estiment heureux qui peuvent leur accorder l'hospitalité. Les Sarrasins mêmes admirent leur humilité et leur perfection, les reçoivent avec joie et leur fournissent les choses nécessaires, quand ils vont chez eux prêcher l'Evangile. »

Ce qui se passa dans les diverses provinces de la France et à l'étranger, même parmi les turcs, s'accomplit dans un pays de foi comme la Bretagne, avec un élan plus grand encore, ainsi que nous l'attestent les vieilles chroniques. En ces temps-là, on voyageait moins vite que maintenant, mais on voyageait beaucoup et avec plus de profit. On trouvait les moines sur tous les chemins, jusqu'à Rome où ils se rendaient avec une facilité étonnante. Ils allaient de village en village, le chapelet à la main, en pèlerins, parfois en troubadours. Ils apportaient des nouvelles des pays parcourus, ils en récoltaient d'autres prises sur place, la plupart du temps contrôlées avec soin (1). Revenus au moustier, ils écrivaient leurs mémoires et chroniques, ces mémoires que nous lisons encore — ceux du moins qui sont parvenus jusqu'à nous — avec une sorte de délectation intellectuelle et spirituelle.

Les frères quêteurs de l'Ordre de Saint-François couraient les routes et parcouraient les bourgades avec modestie et humilité, mais avec ardeur, car il fallait vivre et ils n'avaient rien en propre.

Jannic en rencontra-t-il sur son chemin ? Nous l'ignorons. Nous savons que saint Antoine de Padoue dut sa première connaissance de l'Ordre franciscain à deux frères quêteurs du couvent d'Olivarez, qui venaient demander l'aumône aux Augustins de Sainte-Croix de Coïmbre en Portugal, où il se trouvait alors. Ceux-ci, pour ne pas manquer un sujet si remarquable, l'attirent à leur monastère et vivement lui font imposer le saint habit (2).

(1) Les agences contemporaines, salariées et affiliées à des partis politiques, sont loin d'avoir l'exactitude réclamée par l'honnêteté, aussi la plupart de nos feuilles publiques fourmillent d'erreurs.

(2) ... « *Facto mane conveniunt et religionis suæ*

C'était en 1220, du vivant même de saint François.

En Bretagne, la rumeur publique était certainement saisie par les faits et gestes des Frères Mineurs. Mais il nous faut quitter le domaine des suppositions pour étreindre des réalités certaines, en ce qui concerne notre bienheureux.

A Quimper, un Evêque franciscain et breton, de la paroisse de Plounévez, frère Guy, occupait le siège de saint Corentin, dès 1262.

A Rennes, le couvent des Franciscains était alors dans toute sa splendeur première et son renom s'étendait au loin, grâce surtout à la science et sainteté de frère Raoul, et à l'éminente dignité de frère Jean de Samois, tous deux Frères Mineurs. L'un était professeur d'Ecriture Sainte, l'autre, Evêque de Rennes.

Le couvent de Rennes fut donc fondé, nous l'avons dit, vers l'année 1230, dans un local donné par les ducs de Bretagne, qui servait d'hospice pour les pèlerins se rendant à Saint-

habitum in monasterio viro Dei citius imponunt ». — S. Antonii legenda prima, p. 31. Cet épisode charmant est digne des Fioretti.

Jacques de Compostelle ; les Frères Mineurs en furent d'abord les aumôniers. Le monastère acquit bientôt une grande importance. En 1242, Mathieu de Laval fut enterré dans l'église conventuelle (1). En 1252, le chapitre provincial se tint à Rennes.

Au moyen-âge, les chapitres et les monastères avaient ordinairement des écoles où l'on apprenait aux clercs, avec les sciences humaines, la science de la piété. Pendant le cours de leurs études, les élèves servaient leurs maîtres à l'autel et assistaient avec eux au chant de l'office divin. Les scholastiques ou chanoines finirent aussi par avoir un théologal chargé de donner des leçons d'Ecriture Sainte et de théologie, deux ou trois fois par semaine.

Le couvent de Rennes eut une de ces écoles ; frère Raoul y enseigna l'Ecriture Sainte avec un si grand éclat qu'il attira de toutes parts de nombreux élèves, parmi lesquels il eut l'honneur de compter saint Yves, vers 1280. Après avoir achevé ses études de philosophie et de théologie

(1) *Martyrologium franciscanorum Redonensium.* Bibl. Nat. Baluze, XLI, 29.

à l'université de Paris, et de droit civil à Orléans, Yves de Kermartin vint, en effet, étudier l'Ecriture Sainte à Rennes (1).

« A Rennes, dit Albert Le Grand, il fréquenta les écoles d'un docte et pieux religieux de l'Ordre de Saint-François, sous lequel il ouït le quatrième livre des sentences (lequel traite des sacrements) et l'interprétation de la Sainte Ecriture, enflammant sa volonté en l'amour de Dieu, à mesure que son jugement le lui faisait connaître, et, par la familière fréquentation qu'il avait avec ce Père Cordelier qui était tenu en réputation de grande sainteté, il conçut un saint mépris du monde. » — « Il apprit et retint moult de vertueuses doctrines, et oncques puis ne fut curieux des plaisances mondaines », ajoute Alain Bouchard.

Quelques années après, saint Yves était reçu du Tiers-Ordre de Saint-François, au couvent des Frères Mineurs de Guingamp, en 1291, et

(1) Pour ce qui concerne le couvent des Frères Mineurs de Rennes, voir le *Pouillé historique de l'Archevêché de Rennes*, par l'abbé Guillotin de Corson (*t. III, p. 131 et suiv. Rennes, 1882*).

il porta extérieurement la robe grise de l'Ordre (1).

Le siège épiscopal de Rennes fut occupé, vers cette époque, par frère Jean de Samois. Il était né dans le village du diocèse de Sens, dont il portait le nom, et embrassa l'institut des Frères Mineurs. Son prédécesseur, Guillaume de la Roche-Tangui, mourut le 29 septembre 1297, suivant le nécrologe de son Eglise (2). Frère Jean fut nommé évêque de Rennes, dit Eubel, le 28 mars 1298, *rejectis Guidone Cantore et Guillelmo Scholastico ecclesiæ Rhedonensis ;* il occupa ce siège l'espace de deux ans seulement, car le pape Boniface VIII le transféra à Lisieux, en 1299.

(1) Nous avons écrit la *Vie de saint Yves de Bretagne, prêtre, du Tiers-Ordre de Saint-François. (Un vol. in-8º, 347 p , Paris, 1892.)* On y trouvera toutes les preuves de la qualité de Tertiaire attribuée à ce grand saint. M. Arthur de la Borderie qui avait d'abord contesté ce fait, dut s'incliner finalement devant l'évidence des documents. La lutte fut dure, puis homérique... l'illustre champion se trouvant enlacé avec le cordon porté par le saint !

(2) Nous ignorons de quel pays était originaire cet Evêque, mais nous savons que les *Tangui du Châtel* avaient leur manoir de Kérénec à Saint-Vougay.

Nous devons saluer avec la plus grande vénération cet illustre Franciscain qui fut un des plus éminents personnages de son temps, pourtant si fécond en hommes remarquables par leur savoir et leur sainteté (1). Il fut nommé plusieurs fois nonce apostolique par les Souverains Pontifes, et il dut faire de nombreux voyages pour remplir les légations qui lui étaient confiées.

En 1289, Nicolas IV l'envoya négocier les affaires de la Terre-Sainte auprès du roi de France, Philippe-le-Bel, celui-là même auquel résista saint Yves à propos d'impôts vexatoires levés sur les biens ecclésiastiques. Frère Jean alla demander au roi des subsides pour la Palestine et son appui pour la pacification des

(1) L'Annaliste de l'Ordre de Saint-François, Wading, nous dit qu'à cette époque il y eut une floraison de pieux Frères Mineurs, et que plusieurs furent choisis comme Evêques. — C'est ainsi que Jean Rigault, franciscain, fut Evêque de Tréguier, de 1317 à 1323. Il composa une *Vie de saint Antoine de Padoue*, fort intéressante, qui a été inopinément retrouvée et publiée, il y a peu de temps, par le P. Ferdinand d'Araules, Frère Mineur.

querelles qui s'étaient élevées entre les Templiers et les chrétiens d'Orient (1).

Il fut le confesseur de Boniface VIII.

Mais son plus beau titre de gloire fut d'avoir travaillé avec une ardeur indéfectible à la glorification de saint Louis, roi de France, Tertiaire de saint François, en vue d'obtenir sa canonisation. Après bien des travaux et des démarches, qui durèrent seize ans, le but fut atteint. Le Pape Boniface VIII publia le décret de canonisation de saint Louis, à Rome, dans l'église des Frères Mineurs, le 15 août 1297 ; dans son allocution, il fit une mention spéciale de frère Jean de Samois, pour rendre hommage à son zèle en faveur du saint roi (2).

Il est impossible de révoquer en doute la qualité de Frère Mineur de cet éminent religieux ; les Annales de l'Ordre en font mention bien des fois, et Wading affirme qu'il fut Evêque

(1) *Annales Minorum* (t. IV. p. 230, an. 1289-1290, Romæ, 1731).

(2) « Insuper per illos sexdecim annos continue aliqui ex parte regis Franciæ, necnon prælatorum et principum, et *specialiter frater Joannes de Samesio continue* institerunt. » Ibid. p. 364.

de Rennes après la mort de Guillaume de la Roche-Tangui (1). Frère Jean mourut à Lisieux, le 5 décembre 1302 (2).

(1) Joannes de Samesio « ille est *Minorita* quem supra diximus missum a Nicolao IV, ad Philippum Pulchrum, Galliæ regem, tractaturum de subsidio Terræ-Sanctæ, qui et aliis inter supremos principes functus est legationibus ; tandem ad Episcopatus Redonensem et Lexoviensiem assumptus. Hunc vero præcipue præ cœteris continuo promovisse sancti viri (Ludovici) canonizationem, etc. »

Ibid. anno 1297. Wading montre que frère Jean s'occupa avec tant de soin de promouvoir la canonisation de saint Louis, parce que ce grand roi avait reçu l'habit du Tiers-Ordre de saint François. Ce point historique a été encore contesté, mais sans succès. Dans sa magnifique encyclique *Auspicato*, du 17 septembre 1882, Léon XIII s'exprime ainsi : « Des rangs les plus bas jusqu'aux plus élevés, il y eut un empressement général, une généreuse ardeur à s'affilier à cet Ordre des Frères franciscains. Entre tous les autres, Louis IX, roi de France, et Elisabeth, fille des rois de Hongrie, recherchèrent cet honneur ; dans la suite des temps, on compte plusieurs papes, des cardinaux, des évêques, des rois, des princes, qui ne trouvèrent pas indignes de leur qualité les insignes franciscains. »

(2) *Gallia christiana nova* (t. 11, 1759). — Voir encore sur frère Jean de Samois : *Nécrologe* de l'église de Rennes, et de Lisieux. — *L'Eglise de Bretagne*, par

4

Ce fut vers 1298 que Jannic, l'aspirant franciscain, dut venir à Rennes, sous le patronage
de ce prélat. Il devait être alors dans sa
vingtième année. Comme il avait renoncé à son
patrimoine, l'Evêque (ainsi que le firent ses
successeurs) le prit à sa charge, à titre de
familier, *titulo famulatûs et mensæ*, et le plaça à
l'école du chapitre de l'église cathédrale, pour
y parachever ses études. Plus tard il dut suivre
le cours d'Ecriture Sainte de frère Raoul,
lequel mourut en 1303, l'année de l'ordination
sacerdotale de notre saint (1).

l'abbé Tresvaux (Paris, 1839, p. 20). L'abbé Tresvaux est
le premier auteur breton qui ait donné quelques détails
précis sur frère Jean de Samois. Albert Le Grand dit
qu'il fut sacré en 1297, qu'il gouverna l'église de Rennes
durant cinq ans et mourut en 1302 ; il prétend qu'il
avait été « tiré du monastère de Saint-Melaine-lez-
Rennes ». C'est une erreur, provenant peut-être de ce
fait, que beaucoup d'Evêques de Rennes, suivant l'usage,
prenaient possession de leur siège et faisaient leur entrée
en ville en partant processionnellement de l'abbaye de
Saint-Melaine, où ils allaient loger la veille de la cérémonie.

(1) Nous n'avons pas beaucoup de documents sur la
vie de frère Raoul, parce qu'un incendie consuma,
dans le XVIe siècle, la sacristie où était le dépôt des
archives conventuelles.

Nul doute qu'il n'avançât rapidement, à l'exemple de saint Yves, dans les sciences humaines et théologiques, et surtout dans la piété et la sainteté. Dans la dévote maison des Franciscains de Rennes, où florissaient la pauvreté et l'humilité bien-aimées de Saint François, il put découvrir, en écoutant les divins enseignements d'un saint Frère Mineur, les sommets éblouissants de la perfection à laquelle il était appelé.

Jean de Saint-Vougay était mûr pour le sacerdoce : ordre sublime qui participe à la grandeur de Celui qui l'a institué, et auquel nulle autre dignité ne peut être comparée. Quel est le lévite, le diacre de la sainte Eglise qui n'a pas senti son cœur étreint par la crainte et l'amour aux approches de l'ordination à la prêtrise ? Notre pieux cloarec breton tremblait, comme tous les saints, à la pensée de recevoir le sacerdoce. Il dut obéir aux conseils de ses maîtres et aux ordres d'Yves, alors son Evêque, qui l'ordonna prêtre en l'année 1303. Il était dans sa vingt-cinquième année. Un mois après (1), puisqu'il

(1) Notre bienheureux fut ordonné au titre de fami-

était *familier*, il obtint un bénéfice, et parce qu'il était attaché au Chapitre de l'église cathédrale, ce fut celui de la cure de Saint-Grégoire, paroisse suburbaine de Rennes, qui dépendait du Chapitre. Il reçut aussi le titre de Chanoine (1).

Cette année même, le 19 mai 1303, à l'âge de 50 ans, mourait au Minihy-Tréguier, saint Yves, Recteur de Louannec. Il pouvait s'endormir heureux et tranquille dans la paix du Seigneur ; il avait un successeur, un remplaçant, un digne émule de ses vertus dans la personne de son frère spirituel, le Recteur de Saint-Grégoire. Elie transmettait son manteau à Elisée. Que de points de ressemblance on pourrait établir

lier, *ratione famulatûs*, puisqu'il n'habitait pas son diocèse d'origine et qu'il n'avait pas de patrimoine. D'après le droit canon, l'Evêque peut ordonner un candidat qui a été son familier et dont il a payé les dépenses, soit au palais épiscopal, soit dans un lieu voisin, mais à condition qu'il conférera un *bénéfice* à l'ordonné, *infra mensem*, dans le délai d'un mois.

(1) La cure de Saint-Grégoire *dépendit du Chapitre*, du XIᵉ au XVIᵉ siècle. Ce point historique est certain, par conséquent très important pour fixer la situation de notre saint. Il fut donc attaché au Chapitre, d'abord pendant ses études, puis après son ordination, puisqu'il fut nommé de suite Recteur-chanoine de saint Grégoire.

entre les deux saints ; tous les deux amateurs de la pauvreté et de la pénitence, pères des pauvres ; tous les deux Recteurs, l'espace de plusieurs années, tous les deux affiliés à l'Ordre de Saint-François, l'un dans le troisième, l'autre dans le premier Ordre.

Sans doute, Jean de Saint-Vougay aurait voulu de suite entrer dans « l'humble crèche des Frères Mineurs », car dès ce moment il avait dit : « *Je l'ai choisie, c'est là que j'habiterai* », mais Dieu l'appelait à exercer un grand bien dans le ministère paroissial, et il avait une dette de reconnaissance à payer à l'égard du diocèse qui l'avait instruit et élevé. Mais, dès cette époque, il observa, on peut le dire, la règle séraphique. Il prit le vêtement le plus pauvre, comme saint Yves, de sorte qu'aucun ecclésiastique n'en portait de plus misérable ; il donnait tout son casuel et ses revenus aux indigents ; à partir du jour de sa nomination au rectorat, chose caractéristique, il se déchaussa et alla nu-pieds, suivant le chapitre deuxième de la règle, prise à la lettre : « Que ceux qui n'y sont pas forcés par la nécessité, ne portent pas de chaussures. »

Il restera, l'espace de treize ans, dans le ministère ecclésiastique, peut-être pour tenir un engagement pris. Nous l'ignorons. Son biographe passe sur cette période avec une brièveté singulière ; il signale son détachement, et en outre, *amplius*, son désir formel de devenir Frère Mineur.

La paroisse de Saint-Grégoire, située à une lieue de la ville, est très ancienne ; elle remonte au moins au XIe siècle.

Le nécrologe de la cathédrale de Rennes nous apprend qu'à cette époque un chevalier, nommé Halenald, *donna au Chapitre de la cathédrale* l'église de Saint-Grégoire pour obtenir de Dieu le salut de son âme (1).

En 1250, Hervé, abbé de Saint-Melaine, fait mention de cette église dans un acte d'afféagement. Le seigneur de la Sauldraye, en 1261, y avait des prééminences, et Raoul du Tronchay, en 1484, y possédait un enfeu. De nombreuses fondations furent faites en faveur de la paroisse.

Le Recteur de Saint-Grégoire, présenté par

(1) *Diurnal des obits de la cathédrale de Rennes.* — *Pouillé historique de l'archidiocèse de Rennes*, par l'abbé Guillotin de Corson, (tom. VI, paroisse Saint-Grégoire).

le Chanoine de Rennes, occupant la onzième prébende (1), et nommé par l'Evêque, recevait du Chapitre une pension congrue. Jusqu'à la Révolution, La Chapelle-des-Fougeretz fut considérée comme une trêve de Saint-Grégoire. En 1785, les Chanoines payaient 500 livres de pension au Recteur et 250 livres à son Vicaire.

Le patron de l'église est S. Grégoire-le-Grand, Pape. Le 3 septembre, jour de sa fête, il y avait une nombreuse assemblée. Une chronique du xvie siècle nous apprend que, « ce mesme jour aulcuns Chanoines et des musiciens vont à Saint-Grégoire répondre la grand'messe qui se dit par le Recteur. »

Une confrérie de Saint-Grégoire y fut érigée ; nous la voyons enrichie d'indulgences, en 1685.

L'église actuelle diffère en grande partie du vieil édifice ; l'abside romane fut détruite en 1836. On y remarque un bénitier qui semble avoir été primitivement un tronc en pierre, œuvre du xve siècle.

L'abbé Brune signale, dans son répertoire archéologique d'Ille-et-Vilaine, en cette paroisse,

(1) Nous ne savons à partir de quelle époque.

sur le bord de la route de Saint-Malo, les débris
d'une croix en pierre sculptée, d'une haute anti-
quité ; un morceau du pied mieux conservé que
le reste, représente d'un côté l'image de S. Nicolas, et de l'autre un prédicateur en chaire (1).

S. Jean Discalcéat fut bien Curé-chanoine de
Saint-Grégoire de Rennes, car aucune autre
paroisse, aux portes de la ville, ne dépendait
du Chapitre, et notre biographe l'appelle justement *Curé* et *Chanoine :* « *curatus* » « *canonicus* » (2).

Le Chanoine-curé était à la fois rattaché au
Chapitre et avait charge d'âmes dans la paroisse
où il habitait ordinairement ; il était bien dis-

(1) *Pouillé historique.* ibid. — L'abbé Guillotin de
Corson compte le Bienheureux Jean Discalcéat au nom-
bre des Recteurs de Saint-Grégoire. « Le Bienheureux
Jean Discalcéat, dit-il, est regardé comme ayant été Rec-
teur de Saint-Grégoire de 1303 à 1316 ; il se fit ensuite
Cordelier et mourut au couvent de son Ordre à Quimper.
Il est encore fort honoré en Cornouaille. » (*Tom. VI,
p. 69.*)

(2) Il est prêtre « *presbyter* » nos 21, 46, 58. — A
cause de ses mérites, il est « *curatus* » nos 21, 58 ; il
est curé d'une paroisse au diocèse de Rennes, nos 10,
46, et « *canonicus* » no 46. *Manuscrit inédit.*

tinct du Chanoine capitulaire, ou ancien, ayant voix au Chapitre, et menant la vie commune avec ses confrères. On appelait Chanoine forain celui qui ne résidait pas dans son canonicat ou église (1).

Notre bienheureux avait avec lui son propre frère, qui était prêtre, et peut-être Vicaire de la Chapelle-des-Fougeretz, chapelle tréviale ou succursale de Saint-Grégoire ; en cas d'absence, le cher Recteur trouvait en lui un remplaçant assuré. Nous savons pour quel motif il ne désira pas l'avoir pour successeur à la cure de Saint-Grégoire, lors de son entrée dans l'Ordre.

Ainsi donc la paroisse de Saint-Grégoire peut jouir en toute sécurité de la tradition constante qui lui attribue l'honneur d'avoir été régie par un saint ; cette tradition a pu s'affaiblir, à la suite des bouleversements survenus en Bretagne, mais elle tend actuellement à se raviver

(1) Canonicus curatus, qui simul canonicus est et curatus seu parochus. « Ita tamen quod canonicus curatus dicti loci curam animarum recipiet a nobis », ab episcopo. (*Charta anni 1200, Hist. Meld. t. 2, p. 85.*) Canonicus capitularis, seu senior, jus habet capituli ; forensis, qui non residet in sua canonica seu ecclesia. V. du Cange, au mot *canonicus*.

avec un éclat nouveau (1). Du reste aucune autre église du diocèse n'a revendiqué cette gloire et ne peut faire valoir de titres positifs ou traditionnels à l'exclusion de celle de Saint-Grégoire.

S. Jean Discalcéat exerça le ministère pastoral sous la Juridiction de plusieurs évêques de Rennes : *Yves, Gilles, Guillaume, Alain de Châteaugiron*, « qu'il assista dans leurs visites, dont il était comme le précurseur », dit Dom Lobineau, et aussi l'ami et le conseiller (2).

L'évêque *Yves* occupait le siège épiscopal en 1304, suivant un acte du chapitre, car il

(1) La paroisse de Saint-Grégoire compte actuellement 1300 habitants. Le vénérable Recteur, M. l'abbé Jean-Baptiste Garnier, et son zélé Vicaire, M. l'abbé François Brassier, n'attendent que le décret de reconnaissance du culte immémorial rendu à saint Jean Discalcéat pour propager sa dévotion avec un nouvel élan. Un beau calvaire est érigé dans le cimetière, à l'abside de l'église, en souvenir du saint constructeur de calvaires. Sa statue sera posée sur un autel. Le cercle catholique porte déjà le titre de *Cercle Saint-Jean Discalcéat ;* ses images sont répandues dans toutes les familles. Une notice sur le saint a paru dans le *Bulletin paroissial de Saint-Grégoire* et de *La Chapelle-des-Fougeretz*, etc.

(2) Yves serait mort, d'après Grams, en 1307.

confirma, à cette date, la fondation faite par
Messire Robert Raguenel, seigneur de Chastel-
longer, en Saint-Herblon, d'une chapellenie en
son église cathédrale, qu'on appelait la chapellenie de Notre-Dame du Pilier, bien pourvue
de revenus (1).

(1) Le catalogue chronologique des Evêques de Bretagne offre de grandes difficultés historiques qui n'ont
pas été résolues toutes jusqu'ici, ni par le travail annoté et
complété d'Albert Le Grand, ni par le grand ouvrage
du P. Eubel, frère mineur conventuel : *Hierarchia
catholica medii ævi*, édité en 1898, d'après les archives
vaticanes, et celui du P. Gams, bénédictin : *Series épis-
coporum* (1873), etc. En ce qui concerne les Evêques de
Rennes de l'époque qui nous occupe, il est bien difficile
d'en dresser la série.

Albert Le Grand dit que frère Jean de Samois fut
évêque de Rennes de 1297 à 1302. En ce cas, quoique
transféré à Lisieux en 1299, il serait resté administrateur du diocèse de Rennes, puisque Yves, son successeur, ne fut nommé qu'en 1302. M. Guillotin de Corson signale entre Jean de Samois et Yves, un Evêque
de Rennes, du nom de *Gilles*, dont mention expresse
est faite au nécrologe de Saint-Pierre de Rennes. Cet
Evêque est omis par Gams, et Eubel n'en a pas trouvé
trace aux archives vaticanes. D'autre part, le *Pouillé de
Rennes* marque bien le nom d'un Evêque nommé *Guillaume*, comme ayant occupé le siège de Rennes après
Gilles. Est-ce le même qui précéda Yves, se retira et

Gilles n'exerça pas longtemps le ministère épiscopal. Jean II, duc de Bretagne, étant mort à Lyon, écrasé par une muraille qui s'écroula sous le poids du peuple regardant l'entrée solennelle du pape Clément V, son corps fut rapporté à Rennes, où ce prélat fit ses obsèques, en 1305.

Ce fut un des princes de son temps qui eut le plus d'honneur et de droiture. Il avait été chargé, avec le duc de Bourgogne, de trancher les différends qui divisaient Philippe-le-Bel et Boniface VIII. Il laissa un trésor considérable évalué à dix-neuf millions de notre monnaie, dont trois millions et demi étaient destinés, d'après son testament, à la Terre-Sainte. Il disposa de ses meubles pour en relever les villes et les forteresses « pour ce que toujours j'ai eu grande affection à la Sainte Terre d'Outre-mer, et grand désir de la visiter, et je me suis appliqué de tout mon pouvoir à réunir le plus de biens que j'ai pu, pour venir en aide à cette Sainte Terre ».

fut remis en place ? A sa mort, son temporel fut saisi. Avait-il encouru quelque disgrâce ou sentence, et son nom fut-il effacé des dyptiques ecclésiastiques ? On l'ignore.

Le bon Duc, qui régna de 1286 à 1305, avait donc entendu l'appel de frère Jean de Samois en faveur de la Palestine, et y avait répondu avec la plus grande générosité.

Entre autres, il avait nommé l'abbé de Prières et les gardiens des Frères Mineurs de Nantes et Vannes, « mes amés en Dieu », ses exécuteurs testamentaires, et laissé des legs importants aux couvents de Saint-François de Quimper, Rennes, Nantes, Dinan, Guingamp, Vannes, Angers, Tours, Le Mans, Chartres, Saumur, Châteaudun.

Nous voyons que l'évêque Gilles fit serment de fidélité au nouveau duc, Arthur II, au mois de mars 1306. Il mourut quelques mois après ; son temporel, saisi par les officiers du duc, fut affermé en 1307 pour la somme de mille francs.

Alain de Châteaugiron, fils de Geoffroy, seigneur de Châteaugiron, était trésorier de l'église de Rennes et secrétaire du duc Arthur II, Comte de Richemont, lorsqu'il fut désigné, en 1306. Mais il est probable que son élection se trouva défectueuse et que l'archevêque de Tours, métropolitain de la Bretagne, y suppléa par la nomination d'un autre sujet. En effet, le pape

Clément V écrivit, en 1310, au duc de Bretagne pour lui recommander *Guillaume*, évêque de Rennes ; et ce Guillaume conféra, la même année, la chapellenie de saint Louis (1).

Alain de Châteaugiron ne fut réellement élu qu'en 1311 et il occupa le siège de Rennes jusqu'à sa mort, arrivée le 12 avril 1327.

Cet illustre prélat, qui aima tant le cher Recteur de Saint-Grégoire, fut extrêmement zélé pour l'honneur du clergé, auquel il procura plusieurs privilèges pendant son épiscopat. Mais il n'oublia pas les besoins du peuple, pas plus que son prédécesseur, d'abord comme secrétaire du Duc, puis comme Evêque. Sous le gouvernement d'Arthur II, un accord pacifia enfin la longue querelle du Tierçage et du Past nuptial, c'est-à-dire des lourds impôts perçus par le clergé, qui pesaient sur la nation bre-

---

(1) *L'Eglise de Bretagne,* par l'abbé Tresvaux, (Paris, 1839, p. 21).

Gams et Eubel, d'accord ici avec Albert Le Grand, ne donnent pas le nom de l'Evêque Guillaume. Sa nomination exceptionnelle explique peut-être l'absence de son nom sur les registres des archives vaticanes.

Eubel constate cependant qu'Alain de Châteaugiron ne fut Evêque qu'en 1311.

tonne. A la requête des vrais amis du peuple
— notre saint en fut toujours le défenseur —
le Pape Clément V, par une bulle datée du
27 juin 1309, réduisit ce premier droit du tiers
à la neuvième partie des biens meubles, quand
ceux-ci excèdaient une valeur de quarante sols,
soit environ de 250 à 300 francs de notre
monnaie ; au-dessous de ce chiffre, les succes-
sions furent désormais exemptes et nul droit
n'était dû aux Recteurs. La dîme sur les fruits
de la terre fut toutefois confirmée aux ecclésiastiques.

Quant au Past nuptial ou manger des noces
donné au prêtre qui célébrait le mariage, on en
exempta ceux qui n'auraient pas la valeur de
trente sols en meubles ; ceux qui en auraient
cinquante et au-delà, furent taxés à trois sols,
et ceux qui en auraient moins, à deux sols :
sommes qui seraient payées à la commodité
des nouveaux mariés.

La coutume de donner quelque chose aux
Recteurs après l'Extrême-Onction, fut tolérée ;
mais il fut réglé que ceux-ci ne pourraient
exiger plus de huit deniers des riches, et qu'ils
ne prendraient rien aux pauvres.

Au surplus, le Pape révoqua tous les privilèges antérieurs, imposa silence aux ecclésiastiques par rapport au passé, et leur défendit d'exiger des arrérages.

Le droit du neuvième ou Neume subsista longtemps en Bretagne ; les habitants de certaines villes prenaient un abonnement fixe payé au Chapitre pour se libérer individuellement de cet impôt. C'est ainsi que Saint-Malo prit, en 1572, un abonnement ferme de trois cents livres payable annuellement au Chapitre.

On peut deviner facilement la satisfaction qu'éprouva le bon Recteur de Saint-Grégoire à l'égard des décisions pontificales, lui qui remettait à ses paroissiens tous ses revenus et émoluments, et se contentait de sa pauvre subsistance (1).

(1) On ne saurait nier l'influence exercée par saint Yves et saint Jean Discalcéat pour obtenir les réformes des abus de leurs temps. — A propos de la « Très-Ancienne Coutume de Bretagne » qui fut rédigée vers 1312, M. R. du Cleuziou consacre un chapitre, dans son beau livre *La Bretagne*, à l'influence de saint Yves dans la rédaction de cette coutume, et cependant, dit-il, les preuves nettes, précises, manquent.

Les ordonnances furent publiées à l'assemblée du « parlement général du duché » tenue à Ploërmel, en 1309, où pour la première fois l'on trouve les représentants du peuple ou Tiers-Etat réunis avec ceux du Clergé et de la Noblesse. Comme le droit du Tierçage était plus onéreux au peuple qu'à la noblesse (celle-ci en fut exemptée), on ne pouvait se dispenser d'écouter les remontrances des villes sur cette matière, et c'est ainsi que le peuple fit son ascension au parlement. Désormais on convoqua les trois Etats de Bretagne. On sait du reste que les communes avaient été admises dans les parlements de France et d'Angleterre sur la fin du treizième siècle.

Les parlements généraux de Bretagne étaient le tribunal souverain de la nation ; on y jugeait en dernier ressort toutes les affaires générales et particulières, et l'on ne pouvait appeler au parlement de France, avant d'avoir passé par ce tribunal (1).

Le duc Arthur qui favorisa de tout son pou-

(1) *Histoire de Bretagne*, par Dom Morice, (t. 1. p. 227 et suiv.)

voir la réforme ecclésiastique, était un bon
prince, « bénin, gracieux, homme de justice et
droiturier ». Il était le grand ami des Frères
Mineurs, lesquels avaient une réelle influence
à sa cour. Parmi ses exécuteurs testamentaires, il nomma les Pères gardiens des Franciscains de Nantes et de Vannes. Il mourut au
château de l'Isle, près de la Roche-Bernard, le
27 août 1312. Son *cœur* et ses entrailles furent
déposés dans l'église des Frères Mineurs de
Vannes, où fut élevé son tombeau (1).

Son frère, Pierre de Bretagne, mourut à Paris

(1) Le couvent des Frères Mineurs ou Cordeliers de
Vannes, ruiné pendant la Révolution, fut complètement
rasé en 1808. La rue Saint-François traverse actuellement l'emplacement occupé par le monastère. La statue
de marbre du duc, retrouvée et déposée à la préfecture,
fut en 1848 jetée sur la route d'Auray, parmi les matériaux destinés à la construction du pont du Pargo. Ses
débris, recueillis par un archéologue breton qui les
obtint de l'ingénieur chargé des travaux, se composent
de deux grands morceaux donnant le buste et la taille
jusqu'au-dessus du genou ; ils sont déposés au musée
de Vannes. — V. *La Bretagne, de l'origine à la Réunion,*
son histoire, ses coutumes, ses mœurs, par M. Alain Raison
du Cleuziou. (Saint-Brieuc, imprimerie-librairie de René
Prud'homme, 1909, p. 270.)

la même année, et lui aussi voulut que ses restes mortels fussent déposés dans une église franciscaine.

Arthur II avait épousé en premières noces Marie de Limoges, dont il eut Jean de Bretagne, qui lui succéda sous le nom de Jean III, *Gui de Bretagne, Comte de Penthièvre*, et Pierre de Bretagne, mort sans postérité. Il s'était remarié avec Yolande de Dreux, dont il eut Jean de Bretagne comte de Monfort-l'Amaury, celui-là même qui disputa le duché au Bienheureux Charles de Blois.

Gui de Bretagne se maria, en 1318, avec Jeanne d'Avaugour, fille de Henri d'Avaugour, seigneur de Penthièvre. Jeanne mourut en 1327, et Gui en 1331 ; ils ne laissèrent qu'une *fille* nommée aussi Jeanne de Bretagne, née en 1319, Comtesse de Penthièvre, dite la Boîteuse, qui épousa, le 4 juin 1337, Charles de Blois, dit le Saint.

La querelle ou guerre de succession au duché allait s'ouvrir à la mort de Jean III, en 1341, lequel, de ses trois mariages avec Isabelle de Valois, Isabelle de Castille et Jeanne de Savoie, ne laissait pas d'enfants.

Si Gui de Bretagne, comte de Pentièvre, avait eu de son mariage un garçon au lieu d'une fille, cet enfant mâle devenu homme aurait succédé sans conteste à Jean III, en 1341, à l'exclusion de Jean de Bretagne, Comte de Montfort-l'Amaury, *mi-frère* du duc.

Or, d'après le droit incontestable et la *Coutume de Bretagne*, les filles avaient les mêmes privilèges que les garçons au point de vue de la succession ducale ; elles avaient le *droit dit de représentation*, ou de suppléance, à défaut d'héritier mâle. La Coutume de Bretagne admettant le droit de représentation, ce droit régissait tous les fiefs du duché. Elle réglait aussi la succession d'un grand nombre de seigneuries relevant de la couronne de France, à l'exception de la royauté qui admit la loi salique en 1316 (1).

Jeanne de Penthièvre réclamera donc le

(1) Le *droit de représentation* a été ainsi défini : « La fiction légale qui fait revivre au profit des enfants les droits de leur père prédécédé et leur fait ainsi primer les frères puinés de celui-ci. » — *La Bretagne aux grands siècles du moyen-âge*, A. de la Borderie. (Rennes, 1892, p. 144.) — La loi salique n'existait pas en Bretagne, mais au mariage de l'héritière, l'époux devenait duc.

duché par droit de *représentation* de son père
Gui, qui, s'il eût vécu, eût succédé sans contestation à son frère le duc Jean III, et comme
il transmettra son apanage et ses droits à
Charles de Blois, son époux, celui-ci sera le
duc légitime, suivant la législation bretonne.

Cette sage Coutume de Bretagne obviait aux
inconvénients du régime héréditaire, sans offus-
quer les hommes qui ne voulaient pas obéir à
une femme. Grâce à cette disposition, deux
siècles plus tard, la duchesse Anne donnera,
librement et avec le consentement de la nation,
au roi de France, avec sa main, sa magnifique
dot : la Bretagne (1).

Jean de Bretagne, Comte de Montfort-l'Amaury,
prétendait au contraire recueillir la succession
de son mi-frère en s'appuyant sur le droit
français et la Coutume de Paris favorable à la
loi salique, parce que, disait-il, la Bretagne
était un fief de la couronne de France, surtout
depuis son érection en pairie. Et pour ce faire,
voyant que la Cour des Pairs avait rejeté

---

(1) La duchesse Anne avait fondé l'ordre de *la Cordelière* en l'honneur de saint François d'Assise.

cette interprétation, il s'allia aux Anglais, au moment où la France était en pleine guerre — la guerre de cent ans — avec l'Angleterre qui prétendait au trône de France par le rejet de la loi salique !

On sait comment un article de la *loi salique*, excluant les femmes : *In terram salicam mulieres ne succedant*, fut invoqué par les légistes en faveur de la couronne de France, une première fois, en 1316, à la mort du roi Louis X, le Hutin. C'était la *première fois* que l'héritier direct du trône de France était une fille. Dans ce temps, où l'on recourait sans cesse au plus fort, il répugnait aux hommes de penser qu'ils allaient être exposés à obéir à une femme. Le frère du roi, accouru de Lyon où il était à l'occasion de l'élection du successeur du pape Clément V, se fit sacrer à Reims roi de France, au mois de janvier 1317, sous le nom de Philippe V. Un mois après, une nombreuse assemblée de barons, de prélats, de bourgeois, approuva à l'unanimité son couronnement, en vue des intérêts supérieurs de la nation, et le pape Jean XXII ratifia ce suffrage général.

Philippe V ne laissant que quatre filles

comme héritières (1322), la loi salique fut de nouveau invoquée, et le trône échut à son frère Charles.

Charles IV mourut à son tour sans héritier mâle (1328) ; il avait demandé la couronne pour messire Philippe de Valois, son cousin germain. « Les douze pairs et hauts barons de France, dit Guillaume de Nangis, lui donnèrent le royaume, de commun accord ; et par là alla le royaume, ce semble, à moult de gens, hors de la droite ligne ». Ainsi s'éteignit la branche des Capétiens directs et se forma la dynastie des Valois qui régnèrent en France pendant 261 ans (1328-1589), donnèrent treize rois, dont les cinq premiers, Philippe VI, Jean II, Charles V, Charles VI, Charles VII, firent la guerre de cent ans, engagée surtout contre l'Angleterre.

La loi salique avait un but principal, celui de sauver la nationalité française, en empêchant la France de suivre les destinées du roi d'Angleterre, Edouard III, qui était monté sur le trône en 1327, et qui prétendait à celui de France, comme petit-fils de Philippe IV par sa mère Isabelle. L'alliance ou réunion des deux couronnes était impossible, et cependant on trouva de nombreux partisans de cette combinaison.

La période du gouvernement des Valois fut la plus triste de notre histoire ; elle s'ouvrit par la guerre de Cent ans (1337-1453) et fut entrecoupée de trêves et de guerres civiles. C'est alors que Dieu suscita Jeanne d'Arc (1412-1431) pour sauver la patrie française, contre les envahisseurs anglais.

Le Bienheureux Charles de Blois fut le précurseur de la Bienheureuse Jeanne d'Arc, et le Bienheureux Jean Discalcéat fut le précurseur du Bienheureux Charles de Blois. C'est ce que nous verrons un peu plus loin. Mais dès maintenant, à propos de la mort d'Arthur II, nous avons tenu à signaler la cause du différend qui s'éleva parmi ses succeseurs et fit engager la cruelle mais héroïque guerre de succession de Bretagne qui dura vingt-trois ans.

Le Bienheureux Jean Discalcéat gouverna donc sa paroisse de Saint-Grégoire l'espace de treize ans, sous l'autorité de quatre évêques de Rennes.

Qui dira le bien qu'il y opéra, pendant ces longues années, par son bon exemple et par les soins paternels qu'il rendit à son peuple ? On peut se le figurer facilement en se reportant, — puisque les détails manquent, — au ministère exercé par saint Yves à Louannec, et à notre époque, à celui du Bienheureux Jean-Baptiste Vianney, curé d'Ars. Tous les trois, du reste, furent en butte aux assauts du démon, furieux de voir les grands fruits de conversion et de sanctification qu'ils accomplirent : preuve manifeste de la perfection de ces serviteurs de Dieu.

« Un homme aussi austère, dit dom Lobineau, et d'aussi peu de dépense que le Recteur de Saint-Grégoire, aurait pu mettre de l'argent en réserve, si l'avarice eût eu le même empire sur lui, qu'elle n'a que trop souvent sur tant d'ecclésiastiques d'une vie dure et d'un extérieur réglé ; mais il se regardait comme le moindre d'entre les pauvres de sa paroisse ; et persuadé que le bien de son église était à eux, il le leur donnait tout, et libéral envers eux, il s'oubliait souvent lui-même (1). »

(1) *Vies des Saints de Bretagne* (Rennes, 1724, p. 259).

Son ministère n'était pas limité à ce petit troupeau de fidèles, il l'exerça dans tout le diocèse, car les Evêques, trop heureux d'avoir auprès d'eux un prêtre si saint, le modèle et l'oracle du clergé et du peuple, le prenaient dans leurs visites et tournées pastorales. Il les précédait même, toujours fidèle à son rôle de précurseur, en allant devant eux à pied, pour disposer les populations, par ses prédications et l'audition des confessions, à recevoir le sacrement de confirmation et les enseignements des Pontifes. On juge par là de l'influence qu'il dut exercer, malgré sa modestie, auprès de ceux-ci, et de la vénération dont il était l'objet dans tout le diocèse. Il fut un véritable missionnaire apostolique, dans toute l'acception du mot.

Chose singulière, nous devons encore le noter, saint Yves remplit un rôle semblable. Non seulement il annonça la parole de Dieu dans la paroisse dont il fut Recteur, mais encore dans tout le diocèse de Tréguier, et cela pendant treize ans, comme le fit saint Jean Discalcéat. Sur les ordres de son Evêque, Alain de Bruc, il devait l'accompagner dans ses tournées pastorales, afin de prêcher aux fidèles et de préparer les enfants à la réception des sacrements. Le bon Curé trécorrois faisait toutes ses courses à pied, mais chaussé, et, quand le prélat lui envoyait un cheval, il le faisait monter par son clerc et lui marchait à côté, afin de pouvoir parler de Dieu aux gens qu'il rencontrait le long du chemin (1).

Après avoir gouverné sa paroisse jusqu'en 1316, le Recteur de Saint-Grégoire jugea que sa tâche était achevée au milieu du clergé séculier, et qu'il devait enfin avoir la joie d'entrer dans l'Ordre des Frères Mineurs auquel il appartenait de cœur depuis longtemps.

Il alla donc remettre sa cure entre les mains de son Evêque, Alain de Châteaugiron, et lui demanda la permission de se retirer dans le cloître franciscain. Comment refuser un tel désir exprimé avec une conviction et une émotion profondes ? On ne peut éteindre la flamme ardente qui jaillit d'un cœur brûlant de l'amour de Dieu, à moins d'arracher ce cœur !

Le prélat toutefois ne put recevoir sans larmes

---

(1) Saint Yves avait un vicaire, nommé Geoffroy Jupiter, qui le remplaçait pendant ses absences.

une démission qui le privait d'un sujet d'un mérite si extraordinaire, et n'ayant pu le détourner de sa résolution, il l'embrassa et le bénit.

Muni de la bénédiction de son Evêque, Jean partit pour Quimper, le cœur en fête. C'est là qu'il habitera, sans changement d'obédience, l'espace de trente-trois ans.

CHAPITRE III

___

LE FRÈRE MINEUR A QUIMPER

—

I. — Rôle religieux, patriotique et social du Saint.

Frère quêteur et apôtre. — Père des pauvres.
Directeur des consciences.

Pourquoi Jean de Saint-Vougay se rendit-il à Quimper, ville relativement éloignée de Rennes?

Evidemment, parce que le noviciat de la Custodie franciscaine de Bretagne se trouvait alors dans la capitale de la Cornouaille. D'après la tradition constante de l'Ordre, les postulants sont dirigés habituellement vers le noviciat de la contrée dont ils sont originaires, surtout s'ils parlent l'idiome particulier des habitants du pays. Or, notre pieux aspirant était léonard, breton bretonnant ; il était tout naturel qu'il

fût envoyé dans sa patrie, et non pas au noviciat de la Province de Touraine, dont dépendait alors la Custodie de Bretagne.

Il avait trente-sept ans. Pour tout autre, à un
âge où les habitudes sont prises et où le corps
même n'a plus la souplesse de l'adolescence,
il aurait été dur de se plier à la vie de novice,
dans un couvent où régnait la ferveur des
premières années de la religion séraphique,
mais celui-ci était depuis longtemps déjà un
profès, au sens large du mot, de la Règle de
S. François. La transition de l'état séculier à
l'état régulier ne fut pour lui qu'un changement
de milieu.

Il garda en religion son nom de baptême,
son prénom de Jean-Baptiste qui lui était si
cher, car alors, loin d'être d'un usage général
dans la famille franciscaine, le changement de
prénom semble y avoir été une exception.

Par une coïncidence heureuse, l'église du
couvent des Frères Mineurs ou Cordeliers de
Quimper avait été dédiée à S. Jean-Baptiste, et
une image très ancienne du saint Précurseur,
religieusement conservée, y était placée, contre
le mur oriental, du côté de l'épitre. Frère Jean

put donc contempler longuement les traits de
son glorieux patron. Nous savons comment il
reproduisit ses héroïques exemples, sans oublier ceux de son séraphique Père François.

Ce monastère, le premier de l'Ordre franciscain établi en Bretagne (1), était primitivement
une maison de Templiers de S. Jean de Jérusalem ; voilà pourquoi leur église était placée
sous le vocable de ce saint. C'est aussi ce qui
explique sa situation auprès des remparts de
la cité de S. Corentin, sur le fief épiscopal, et
non loin de l'emplacement de l'ancien château
de Grallon, fondateur de la ville, auprès de
l'Odet. Ces chevaliers, ceints du baudrier et
de l'épée, gardaient la ville, mais, infidèles à
leur mission religieuse, ils furent remplacés
par des hommes ceints de la corde et n'ayant
qu'une arme, le crucifix.

A cette époque, un illustre disciple de l'Ordre
des Frères Mineurs, français de nation, nommé
Raynaud, occupait le siège de Quimper (1219-
1245) ; tous les historiens reconnaissent qu'il
fut un des plus remarquables successeurs de

(1) Dom Maurice (I, p. 165).

S. Corentin. *Le Cartulaire de Quimper* nous donne un grand nombre d'actes de son long épiscopat. Ce fut lui qui, en 1223, porta à quinze le nombre des prébendes canoniales qui jusqu'à cette époque n'avait été que de douze. Il entra en accord, la même année, avec les seigneurs du Pont et avec l'abbé de Rhuys, touchant les prébendes de Saint-Tudy. En 1228, sur le point de faire un voyage en Italie, il fonda un anniversaire à la cathédrale, vieille église romane décrépite et que le Chapitre avait de la peine à réparer. Bientôt il entreprendra d'en commencer une autre, du style ogival, et, pour solder ces grandes dépenses, il accordera, en 1239, le droit d'annate au Chapitre pour les paroisses à sa collation. Il put achever l'abside et le chœur, de son vivant.

L'évêque Raynaud, comme tout Frère Mineur, brûlait de zèle pour la défense de la Terre-Sainte (1). Il avait fait vœu de partir pour la

(1) En 1219, S. François partit pour l'Orient avec onze compagnons et rentra en Italie l'année suivante. Il avait fondé un couvent à Jaffa, un autre à Antioche, et probablement un trcisième à Jérusalem, et érigé la

croisade, mais Alain, le comte de Bretagne, qui avait fait la même promesse, ne voulait l'accomplir que si l'Evêque de Quimper consentait à se charger de la garde de ses terres. Le pape Grégoire IX, consulté, répondit le 21 octobre 1237, qu'il dispensait pour cet objet l'Evêque de son vœu et que, cependant, il pourrait gagner l'indulgence, comme s'il l'avait accompli effectivement.

Mais pourquoi Raynaud allait-il en Italie, en 1228 ? Pour visiter le tombeau de S. Nicolas de Bari, et surtout celui de S. François, son père bien-aimé.

Le 16 juillet de cette année, le Pauvre d'Assise avait été canonisé par son ami, le cardinal Ugolin, devenu pape sous le nom de Grégoire IX. L'Italie venait de voir, non pas l'*éclosion*, mais l'*explosion* de son Ordre dans l'Europe entière... « Assise, dit M. Trévédy, était presque

Province de Terre-Sainte, qui eut pour premier ministre Fr. Elie de Cortone. Les Croisés ayant abandonné les Lieux Saints, les Franciscains en prirent possession au nom de l'Eglise et en sont encore les gardiens. En Bretagne, nous voyons que Raynaud et Jean de Samois secondèrent le zèle de leurs frères et celui des Princes.

sur la route de Raynaud. Comment n'aurait-il pas suivi la foule se précipitant vers la colline sur laquelle François avait voulu reposer ? Comment n'eût-il pas prié avec les pèlerins dans la basilique qui couvrait déjà le glorieux tombeau ? Comment, témoin des merveilles de foi et de charité accomplies par les humbles frères, l'Evêque de Cornouaille n'aurait-il pas souhaité de les établir en son diocèse ? »

C'est, en effet, ce qu'il fit dès son retour. Il est même probable qu'il avait ramené avec lui les premiers religieux. Il les installa dans la maison abandonnée par les Templiers, vers 1230, profitant d'un moment de calme survenu pendant le règne agité de très illustre prince Pierre de Dreux, dit Mauclerc, qui exerça l'autorité ducale jusqu'à la majorité de son fils Jean Ier. Il dédia l'église restaurée, en 1232, à Sainte Marie-Madeleine. Malgré ce titre, le nom de couvent de *S. François* de Quimper prévalut dans la suite.

Le P. Raynaud, membre de l'Ordre des Frères Mineurs (1), est donc, sans contestation

(1) La qualité de Frère Mineur attribuée par les Annalistes à Raynaud, a passé inaperçue des historiens bretons

possible, l'introducteur des Franciscains et le fondateur, au sens canonique, du couvent de Quimper.

et a donné lieu à des erreurs et controverses singulières. Le savant auteur de la *Monographie de la cathédrale de Quimper*, M. Le Men, sachant que ce prélat était le reconstructeur de cette église, a voulu à tout prix qu'il y fût enterré, et non pas au couvent de son Ordre... M. Trévédy, dans le *Bulletin de la Société Archéologique du Finistère* (1890, t. XVII, 6e livr.) a longuement réfuté cette erreur, mais il en a commis d'autres, surtout en traduisant *« alumnus hujus conventus »*, « nourri dans ce couvent », au lieu de « disciple de ce couvent », c'est-à-dire membre du même Ordre que les religieux de ce couvent. *Alumnus conventus, alumnus Ordinis,* est une expression courante dans les annales franciscaines et monastiques. L'annaliste P. Gonzaga l'appelle ainsi dans son Histoire si renommée de l'Ordre de S. François : *De Origine Seraphicæ religionis (De conventu S. M. Magdalenæ Corizopiti,* XXI, Venetiis, 1580). Wading le répète dans les *Annales Minorum* (t. II, p. 307, Romæ, 1732). L'expression *Minorita,* au lieu de *Frater Minor* ou *Minorum,* signifie également *Frère Mineur.* Le 2e successeur de Raynaud fut Guy de Plounévez, *Minorita,* disent Gonzaga et Wading, c'est-à-dire *Franciscain.* On ne l'a pas compris. Il fut enterré au couvent de *son Ordre* à Quimper, à côté de Raynaud, comme furent plus tard ensevelis là même, Bernard II et Alain de Lespervez : en tout, quatre Franciscains, anciens évêques de Quimper.

Mais sa pauvreté ne lui permettait pas de payer les frais de l'établissement. Il eut recours à la charité publique.

« Le très illustre et généreux baron de Pont, qui aimait beaucoup l'Ordre », s'en chargea et devint « le *fondateur* (temporel) du couvent ». C'est un fait, dit le P. Gonzaga, « universellement reconnu de tous ». C'est lui qui restaura et aménagea la maison, et acquit par là des titres impérissables à la reconnaissance des frères.

Le baron de Pont (l'Abbé), le plus grand seigneur de Cornouaille avec le vicomte du Faou, fut enseveli dans le sanctuaire de l'église conventuelle, un peu plus bas que Raynaud, « en une grande tombe élevée joignant le balustre » et « ses armes furent placées en supériorité » dans un vitrail (1).

(1) Aveu de la baronnie de Pont-l'Abbé, fourni au roi le 29 septembre 1732, mentionnant les titres anciens présentés aux ducs en 1480, 1494, 1538. — *Archives du Finistère* (fᵒ 19, Vᵒ).

La tombe de Raynaud, basse et non élevée, placée devant le grand autel, était formée d'une pierre plate, avec l'image gravée en creux de l'Evêque, l'inscription

Cet illustre prélat eut pour successeur, sur le siège de Quimper, Hervé de Landeleau, mort en odeur de sainteté en 1260. Guy de Plounévez, Franciscain, le remplaça jusqu'en 1267. Après Yves Cabellic et Even de la Forest, Alain Morel de Riec fut évêque de la ville. Il est appelé « *humilis frater* », sur l'inscription de sa pierre tombale, mais on ignore à quel Ordre il appartenait.

C'est sous son épiscopat que frère Jean Discalcéat était venu au couvent de Quimper et y fit profession.

de son nom et l'épitaphe : *Hic sunt in terrá Reverendi Præsulis ossa ; huic requiem dones ; hunc tecum, Christe, corona.* Le *Nécrologe* du couvent mentionne sa mort, en mai 1245, en ces termes : *III nonas Maii anno Dⁱ 1245, obiit Reverendus Pater et Dominus Rainaldus Episcopus Corisopitensis, Fundator hujus conventus, Pater et amor Fratrum, sepultus coram majori altari sub capsa lignea* (Texte donné par Dom Taillandier dans son Catalogue des Evêques de Quimper, différant de celui d'Albert Le Grand). Raynaud est appelé « Révérend Père » et seigneur Evêque, titre autre que celui de *Reverendus Pater in Christo ;* il est *Pater* et *amor Fratrum (Minorum).* Ce prélat fut enterré sûrement en l'église du couvent, et non pas en la cathédrale, parce que franciscain, et, à ce titre, placé dans un pauvre cercueil de bois, en une tombe basse et humble.

Il émit ses vœux de religion avec une ardeur séraphique. Plus que jamais il appartenait à Dieu seul, et, docile à ses volontés, il saura parfaitement accomplir la mission qu'il lui destine.

Son rôle religieux fut d'abord celui de l'édification dans la communauté. On ne saurait imaginer l'élan que la vue permanente d'un saint imprime dans un couvent. C'est une grâce ineffable. Les tièdes eux-mêmes sortent de leur torpeur, les fervents deviennent plus parfaits. Les fidèles accourent au monastère qui possède un tel trésor, et la communauté tout entière, grâce à un seul, acquiert un renom de bon aloi.

Pourquoi les saints sont-ils si rares de nos jours ?

La sainteté déjà connue de frère Jean lui attira la confiance du peuple et de la noblesse. Son nom fut vite connu jusqu'au fond des campagnes. Ses supérieurs lui donnèrent tout d'abord l'office très humble, mais si méritoire, de *frère quéteur*, car en ces temps troublés par les pillages, la communauté devait parfois manquer de ressources. Notre bon religieux accepta cette charge avec joie, car la grande mission de S. François au sein du peuple chrétien, nous l'avons déjà dit, était de faire estimer et aimer la pauvreté évangélique. « Que les Frères, dit-il dans sa Règle, n'aient rien en propre, ni maison, ni terrain, ni quoi que ce soit ; mais, se regardant comme des voyageurs et des étrangers en ce siècle, qu'ils aillent avec confiance demander l'aumône, et qu'ils se gardent d'en rougir, parce que Notre-Seigneur s'est fait pauvre pour nous en ce monde. Telle est, mes très chers Frères, l'excellence de cette très haute pauvreté, qui vous a institués héritiers et rois du royaume des cieux, vous a dépouillés de tout bien terrestre et vous a élevés en vertu. Qu'elle soit votre partage, elle qui conduit à la terre des vivants. Attachez-vous à elle de toute votre âme et ne consentez jamais à autre chose sous le ciel. » Les Frères Mineurs ne peuvent posséder, soit en particulier, soit même en commun, ni biens, ni revenus, qui assurent leur subsistance, et quand par leur travail ils n'ont pas le nécessaire, ils recourent à la quête. Ainsi dégagés de toute préoccupation terrestre, ils peuvent librement vaquer à la contemplation des choses célestes et au ministère apostolique.

Notre-Seigneur qui n'avait rien en propre, pas même une pierre où reposer la tête, vivait des aumônes des fidèles, en particulier des saintes femmes qui le suivaient dans ses courses évangéliques et « *lui donnaient de leurs biens* » (1). Les oblations en argent étaient remises à Judas, l'économe du collège apostolique. On sait comment l'amour de l'argent lui fit commettre le plus grand des forfaits.

Comment notre bienheureux n'aurait-il pas marché en tout honneur sur les traces du divin Maître, avec d'autant plus de zèle, que pénétrant dans la plupart des maisons et chaumières, il pouvait donner à tous une bonne parole, un pieux conseil, une fervente exhortation ? Cette prédication obscure, appropriée à chaque âme, a bien son mérite, et nous ne saurons jamais les fruits de salut qu'il accomplit par là. « *Qu'ils sont beaux les pieds de ceux qui évangé-*

---

(1) « *Quæ ministrabant ei de facultatibus suis.* » S. Luc, VIII, 3.

lisent la paix et les biens » (1), s'écriait le grand
S. Paul. Les apôtres faisaient la plupart de leurs
courses à pied, s'en allant de bourgade en bourgade, de maison en maison, pour y rompre le
pain de la parole divine, après y avoir souhaité
la paix. S. François avait encore relevé ce détail
de l'Evangile et il avait écrit dans sa Règle :
« Lorsque mes Frères vont dans le monde, je
leur conseille, je les avertis et les exhorte en
Notre-Seigneur Jésus-Christ d'éviter les démêlés
et les discussions et de ne pas juger les autres ;
mais d'être doux, paisibles et modestes, pleins
de mansuétude et d'humilité, parlant honnê-
tement à tout le monde, selon les convenances.
En quelque maison qu'ils entrent, qu'ils disent
d'abord : « *Paix à cette maison* » (2).

Nous voyons frère Jean porter ses pieds
poudreux jusque dans le diocèse de Rennes,
où il *évangélisa* et guérit une demoiselle malade.
A combien d'autres personnes il souhaita et
procura la paix ! Que de fatigues il endura pour

---

(1) « *Quam speciosi pedes evangelizantium pacem, evangelizantium bona* ». Epître aux Romains, X, 15.

(2) « *Intrantes autem in domum, salutate eam, dicentes :
Pax huic domui* ». S. Mathieu, X. 12.

les pauvres du Christ, combien d'âmes il ramena dans le droit sentier, « *en leur prêchant fami-lièrement par la parole et l'exemple* », ainsi que s'exprime son biographe (1).

Sa compassion pour les malheureux ne l'avait pas quitté en embrassant la vie religieuse. Fidèle aux traditions primitives de l'Ordre, ce pauvre fut le meilleur. bienfaiteur des pauvres. Il mérita ce nom si beau de « Père des Pauvres », *Pater Pauperum*. Quand il rencontrait quelqu'un plus pauvre que lui, il s'en faisait des re-proches, comme s'il avait commis une faute. Quant il n'avait rien autre chose, il n'hésitait pas à se dépouiller de son manteau, et même de sa tunique. Durant la grande famine qui sévit, en 1346, dans la Cornouaille, il arriva à nourrir jusqu'à un millier d'affamés par jour. N'est-ce pas merveilleux ? N'est-ce pas, sous une autre forme, le miracle de la multiplication des pains ? Le saint homme avait le don de susciter les charités des fidèles. Il allait de maison en maison exhorter les familles à

---

(1) *Verbo et exemplo prædicabat omnibus qui ad ejus familiarem notitiam veniebant.* » Manuscrit inédit, n° 162.

gagner le ciel par leurs aumônes, et personne ne voulait lui refuser.

Ses amis de prédilection étaient, à l'exemple de S. François, les pauvres lépreux (1). Il les servait, buvait dans le même vase et mangeait avec eux avec une grande joie, se rappelant les paroles inscrites en tête du Testament du séraphique Père : « Le Seigneur m'a fait la grâce à moi, Frère François, de commencer ainsi à faire pénitence ; lorsque j'étais dans un

(1) La lèpre est fort ancienne parmi les races bretonnes, puisqu'il en est plusieurs fois question dans les lois d'Hoël-Da ; dès la première moitié du XIIᵉ siècle, les léproseries étaient organisées, et, le plus souvent, près d'un monastère. Une ordonnance de Jean III ordonna leur séquestration, loin des lieux habités, et bientôt tout métier autre que celui de cordier fut interdit aux lépreux, maladres et caqueux ou caquins. Les institutions charitables, si admirablement organisées dans les XIIᵉ et XIIIᵉ siècles, sombrèrent au milieu des discordes du XIVᵉ. Alors la société ne voulant plus soigner les maladies contagieuses, les repoussa, et avec d'autant plus de dureté que la peste vint bientôt mettre en coupes réglées la société de ce temps.

La léproserie de Quimper était située à l'extrémité de la rue Neuve, au lieu dit Penn-ar-Stank, où l'on voyait encore, il y a quelques années, une chapelle dédiée à la Magdeleine.

état de péché, il me semblait extrêmement amer de voir des lépreux ; mais le Seigneur lui-même me conduisit parmi eux et j'exerçai la miséricorde à leur égard. Et en les quittant, je sentis que ce qui m'avait paru si amer, s'était changé pour moi en douceur pour l'âme et pour le corps. Et ensuite j'attendis peu et je sortis du siècle, et le Seigneur me donna une telle foi dans les églises, que je l'y adorais simplement et je disais : Nous vous adorons, ô très saint Seigneur Jésus-Christ, ici et dans toutes les églises qui sont dans le monde entier, et nous vous bénissons d'avoir racheté le monde par votre sainte Croix. »

C'est aussi dans l'église conventuelle que frère Jean allait chercher force et courage. Au milieu d'une existence si occupée, on se demande comment il pouvait arriver à dire tant de prières ! C'est qu'il prenait la plus grande partie de l'oraison sur le sommeil. *La nuit s'illuminait comme le jour, parce que Dieu possédait son cœur depuis sa tendre enfance* (1). Il

---

(1) « *Et nox sicut dies illuminabitur... quia tu possedisti renes meos ; suscepisti me de utero matris meæ* ». Psaume 138, 12-13.

avait, en quelque sorte, une existence double. Après avoir célébré la sainte messe, dès la pointe du jour, et entendu les confessions, il visitait les malades, consolait et secourait les affligés et les malheureux.

Par esprit de mortification et pour l'amour des pauvres, frère Jean accepta d'être un *pouilleux*, comme l'avait fait S. Yves, comme le fit le B. Charles de Blois. Il ne nettoyait pas ses habits de la vermine. Il respectait le doigt de Dieu dans ces petits bourreaux domestiques, et loin de les détruire, il s'en regardait comme le berger, et remettait dans le bercail ceux qui étaient en danger de s'égarer ou bien de se perdre. Ceci déconcerte notre délicatesse, mais les saints ont des inspirations singulières, qui leur sont personnelles et ne sont nullement proposées à notre imitation. Ils n'incommodaient pas leurs voisins, et la vue de ces insectes était souvent pour eux, non point un sujet de dégoût, mais d'édification. Tout change avec la personne qui accepte cette humiliation par vertu, et se modifie par les circonstances qui accompagnent cet acte, surtout quand il est surnaturalisé par une permission des supérieurs (1) qui savent apprécier les inconvénients et les avantages.

Le saint mendiant Benoît-Joseph Labre pratiqua, au siècle dernier, ce genre de mortification, et son directeur, l'abbé Marconi, n'eut jamais la pensée de le lui interdire. Il constata même que les insectes parasites dont le cher pélerin était couvert, ne le quittaient jamais pour adhérer aux vêtements d'autrui. Nous sommes portés à croire qu'il devait en être de même autour du B. Jean Discalcéat, le Père des Pauvres, qui expiait et réparait le sensualisme des mondains, par les morsures de ce cilice vivant.

Frère Jean fut un incomparable *confesseur* et un admirable *directeur des consciences*. Il avait la confiance universelle, la science théologique, le discernement des esprits, l'expé-

---

(1) Albert Le Grand dit « qu'il ne se trouvait jamais avec les autres frères à la *secotte* qu'ils appellent ». La secotte était un exercice tout à fait moyen-âgeux, qui consistait à secouer les vêtements au-dessus d'un grand feu, pour y brûler les parasites!... Frère Jean était dispensé de cet exercice. Il avait même la permission de célébrer la sainte messe avec des ornements à part.

Saint Jean Discalcéat

Guérit les malades. *Evangélise les ignorants.*

rience des voies spirituelles. Est-il étonnant
qu'on s'adressât à lui, avec une sainte avidité,
comme à un homme de Dieu, à un prophète,
illuminateur des cœurs ? L'élan que suscita, à
une époque peu éloignée de nous, le B. Jean-
Baptiste Vianney, peut nous donner une idée
du mouvement spirituel que provoqua notre
héros. Il arriva à déterminer un courant plus
régulier et plus fréquent vers le tribunal de la
pénitence et la table sainte. Longtemps après
sa mort, les fidèles profitèrent de ses saints
enseignements.

Son biographe, toujours bref et concis, ne
donne pas de grands détails sur ses prédications.
Mais nul doute qu'il n'ait prêché avec succès,
soit comme Curé et Chanoine, soit comme Frère
Mineur. Il dut sans doute éviter les sermons de
parade pour s'adonner à la prédication vraiment évangélique, dans la chaire de vérité et
dans ses courses apostoliques à travers la
Bretagne, ainsi que nous le disons plus haut.
Le cours résumé de sa vie de ministère, inséré
au n° 62 du manuscrit, est de toute beauté et
supplée à tous les détails.

II. — Précurseur du Bienheureux Charles de Blois. — La guerre de Succession. — Libérateur de la ville de Quimper.

S. Jean Discalcéat joua un véritable rôle patriotique et social; il fut même le Libérateur de la ville de Quimper, Dieu lui ayant confié une véritable mission spéciale à l'époque de la guerre de Succession. C'est ce rôle qui doit le mettre le plus en relief dans les annales bretonnes et en fait une grande figure historique.

Quiconque veut porter un jugement équitable sur les graves événements qui ont bouleversé notre patrie, doit les examiner à la lumière de la raison et de la foi, en historien et en chrétien. La guerre est un fléau et l'Eglise adresse au ciel des prières spéciales pour en préserver les nations, comme de la peste et de la famine : *A fame, peste et bello libera nos, Domine.* Elle est souvent un châtiment des désordres des dirigeants ou des sujets, la conséquence des passions humaines qui violent la justice et le droit. Aucun Etat ne peut attaquer sans une cause juste et grave, après avoir épuisé les

moyens de conciliation et de paix, afin d'éviter
l'effusion du sang humain; celui qui est lésé
dans son droit, doit le maintenir, pour qu'il n'en
résulte pas de graves préjudices pour le pays.
La justice fait la force des nations; la force ne
doit jamais primer le droit.

Nous savons aussi que la réunion des familles
en sociétés et en nations, avec limites et frontières, est conforme à une loi providentielle;
que l'amour de la patrie, inné au cœur de
l'homme, est légitime et sacré. L'unité nationale
française, circonscrite dans ses frontières na-
turelles, s'est formée peu à peu, au cours des
temps, sous l'égide des rois, après la période
féodale qui eut sa raison d'être et sa valeur,
tant que la possession des terres et des châteaux
dépendait des seigneurs. Mais que de luttes
pour arriver à l'affranchissement des communes et à l'unité de la patrie! La France
chrétienne reçut de Dieu une grande mission à
remplir parmi les autres peuples, et elle y fut
fidèle pendant des siècles. Le ciel intervint
maintes fois en sa faveur, notamment à l'époque
de Jeanne d'Arc.

Il est permis de croire que ce n'est pas sans
un dessein de la divine Providence qu'un
prince de la célèbre famille des Châtillon, neveu
du roi, portant déjà sur son front la couronne
de la sainteté, fut amené en Bretagne, en la *ville
de Notre-Dame de Bon-Secours*, et unit sa main
à la main de l'héritière du duché, Jeanne
d'Avaugour, comtesse de Penthièvre et du
Goëlo, au moment où S. Yves illustrait cette
contrée, son pays natal, de l'éclat de ses miracles, et à une époque où la France passait par
une crise redoutable qui pouvait amener sa
déchéance.

Dans la pleine lumière de l'histoire vont se
dérouler les événements les plus graves. C'est
l'avenir du pays qui est en jeu. Une question se
pose : la Bretagne sera-t-elle fief anglais ou fief
français ?

Autour de S. Charles de Blois, placé entre
S. Yves et S. Jean Discalcéat, gravite la pléiade
des grands hommes du duché, avec Bertrand
du Guesclin, Beaumanoir, Olivier de Clisson et
tant d'autres, et se déroulent les plus chevale-
resques prouesses, les plus beaux faits d'armes.
« Le merveilleux illumine toutes les pages de

cette histoire de la succession », a écrit Siméon Luce, l'écrivain qui a peut-être le mieux étudié le xive siècle.

Les saints obéissent aux mêmes inspirations et s'attirent.

L'humble Frère Mineur de Quimper, caché au fond de son monastère, eut la claire vision des « *desolabilia* », des désolations qui allaient fondre sur la Bretagne, avec l'invasion anglaise; il en connut les causes et proposa les remèdes. Au moment de prendre son repas, il éclata en sanglots et pleura amèrement et si fort, en présence de tous ses frères, qu'il dut se retirer pour donner un libre cours à ses larmes et lamentations. Le prophète avertisseur des événements futurs ne cessa dès lors d'exhorter le peuple à la pénitence, afin de détourner le courroux du ciel. Combien de gens se moquèrent de ses conseils! D'autres en profitèrent, à la vue de la cognée qui allait frapper dans l'arbre chargé de mauvais fruits.

« Il y aura plus de place au soleil », s'était écrié un jour, dans un autre sens, le fameux Bertrand du Guesclin.

La paix, une paix apparente, régnait en Bre-

tagne et rien extérieurement ne semblait devoir
la troubler, lorsque le duc Jean III, en cours de
voyage, mourut à Caen, le 30 avril 1341. Afin
d'éviter tout trouble après sa mort, il avait
marié, en 1337, Jeanne de Penthièvre, *héritière
du duché* (1), avec Charles de Blois, du consentement du roi (2) et après avoir assemblé les
Etats de Bretagne (3). Celui-ci avait pris « le
nom, cri et armes de Bretagne » et était reconnu
par tous les barons comme l'héritier.

Jean de Montfort avait eu simplement en partage, de son père, la terre de Guérande, et de
sa mère, Yolande de Dreux, le comté de Montfort
l'Amauri. La guerre allait s'allumer du seul
fait des prétentions de ce dernier, mais il existait des éléments de discorde prêts à s'allumer.
Elle subit, l'espace de vingt-trois ans, diverses

(1) Edouard III, roi d'Angleterre, l'appelle ainsi dans
la lettre remise à ses délégués chargés de demander sa
main, en 1336, pour son frère Jean d'Angleterre, comte
de Cornwales. Ce témoignage irrécusable a une force
singulière.

(2) V. *Lettres du contrat de mariage de Charles de Blois*,
dans du Chesne. *Hist. de la maison de Chastillon.*

(3) Le Baud, *Hist. de Bret.* (p. 267).

péripéties, que nous ne pouvons raconter ici en détail.

Nous signalerons simplement les faits qui se rapportent à l'histoire de notre B. Jean Discalcéat.

Après les funérailles de Jean III, Charles de Blois retourna à Paris, sans crainte aucune de compétition, afin de faire hommage du duché au roi. Jean de Montfort, au contraire, en compagnie de deux cents hommes d'armes, se rendit à Nantes et essaya de gagner ses habitants par promesses et fêtes. Puis il courut à Limoges s'emparer du trésor ducal ; c'est là que Jean III l'avait déposé, car la vicomté de Limoges appartenait à Jeanne de Penthièvre. Montfort employa l'argent au recrutement de gens de guerre, de *soudoyers* ou mercenaires, comme on les appelait alors, toujours prêts à louer leurs bras et leurs lances au plus offrant. Il racontait que le duc défunt l'avait nommé son héritier au moment de mourir (1).

(1) Les droits de Jeanne de Penthièvre sur la vicomté de Limoges furent reconnus, en 1345, par l'arrêt de la cour des pairs, et par Montfort lui-même (le fils) après

De retour à Nantes, où il avait convoqué les principaux Seigneurs et les Evêques de Bretagne, il ne trouva pas un seul Evêque, et en fait de barons, un seul, Hervé VII de Léon, criblé de dettes, qui l'abandonna quelques mois après pour servir Charles de Blois (1). Néanmoins, les Nantais, ébranlés par les dires de Montfort, lui firent hommage, mais *sous condition*, ainsi qu'ils le lui rappelèrent lors du siège par l'armée franco-bretonne : « Nous ne ferons jamais la guerre contre Charles de Blois, si le roi de France nous l'envoie comme seigneur » (2).

Le compétiteur, suivi de sa troupe armée,

la victoire d'Auray, au traité de Guérande, en 1366! Quant au testament, il avait disparu, mais le vicomte Alain de Rohan, qui était un des exécuteurs testamentaires, se déclara ouvertement pour Charles de Blois...

(1) Hervé de Léon quitta Montfort, à la prise de Nantes, et devint un des grands admirateurs de Charles de Blois. Il fut fait prisonnier à Trégarenteuc et envoyé à Londres.

(2) *Burgenses civitatis ei dixerunt quod, cum sibi facerunt homagium, dixerunt quod numquam facerent guerram contra Karolum Blesensem, dum tamen mitteretur a rege Francie tanquam dominus.* » Chronogr. reg. Franc., (*t. II. p. 193*).

arrivant inopinément dans les villes et sans
trouver d'opposants préparés à l'attaque, se fit
reconnaître en plusieurs endroits, comme à
Brest et à Rennes. Hennebont lui fut livré par
la trahison des deux frères Spinefort. Vannes
et Carhaix se rendirent sans coup férir. La
partie n'était pas égale.

La présence momentanée de Hervé de Léon
avec les soldats du comte exerça une réelle
influence. Une autorité plus grande, celle d'un
prélat, vint fortifier le parti. Montfort en arrivant
à Carhaix y trouva Alain Le Gal de Riec, évêque
de Quimper, probablement rendu là dans le
cours de ses visites pastorales. Le comte et
Hervé entraînèrent son adhésion. Le prélat
reconnut, dit Froissart, le comte de Montfort
pour duc de Bretagne, *jusqu'à ce qu'il en vînt
un autre, qui eût meilleur droit au duché et en
donnât de bonnes preuves* (1).

---

(1) Voici la succession des évêques de Quimper
depuis Alain Morel de Riec, mentionné plus haut :
Thomas d'Anast, mort en 1322; Fr. Bernard II, franciscain, transféré à Nîmes en 1324 ; Guy de Laval, mort
en 1326; Fr. Jacques de Corvo, dominicain, transféré

Nous signalons ce détail important pour montrer l'influence considérable déterminée par l'Evêque de Quimper sur les habitants de la ville et du diocèse de Cornouaille qui embrassèrent bientôt le parti montfortiste.

Montfort passa alors en Angleterre pour y trouver un appui, et, dit Froissart, il fit hommage de la Bretagne au roi Edouard III, lequel ne tarda pas de venir à son secours avec de nombreuses armées. Une étroite *Alliance* les unissait désormais.

Cependant Charles de Blois, informé de ce qui se passait, implora une décision de la Cour des pairs du royaume; son adversaire en fit autant et exposa ses raisons.

L'arrêt de Conflans du 7 septembre 1341

à Toulon en 1330; Yves de Boisboissel, transféré à Saint-Malo en 1334; Alain Gontier, mort en 1335.

Alain Le Gal, de Riec, fut évêque de Quimper de 1335 à 1352. Riec est une paroisse de la Cornouaille, non loin de Pont-Aven. Il eut un long procès avec le seigneur de Névet, au sujet du droit de bail qu'il prétendait sur ladite seigneurie de Névet, qui relevait de l'Evêque. C'est sous son épiscopat que la ville de Quimper fut prise par Charles de Blois et que mourut le B. Jean Discalcéat.

rejeta les prétentions de Montfort. Sur son refus de se soumettre, une armée franco-bretonne fut formée. Elle s'empara de Châteauceaux et de Nantes (novembre 1341), où **Montfort** fut fait prisonnier, et de là envoyé à la **Tour du Louvre**, à Paris, où il resta captif jusqu'à la trêve de Malestroit, en 1343, époque à laquelle il fut remis en liberté, sous la foi du serment de ne plus reparaître en Bretagne et de ne pas rallumer la guerre.

Mais, pendant la captivité de son époux, Jeanne de Montfort, dite *la Flamande,* rallia ses partisans et alla s'enfermer avec eux au châteaufort de la ville d'Hennebont. Pierre, Evêque de Léon, adhérant à la cause montfortiste, était dans la place.

Charles de Blois, après avoir pris Rennes, vint mettre le siège devant Hennebont et la réduisit à la dernière extrémité. L'Evêque en négociait déjà la reddition, quand la flotte anglaise demandée par la comtesse, arriva à son secours sous les ordres de Gautier de Manny. L'armée franco-bretonne, ne pouvant lutter contre ces nouveaux et nombreux ennemis, leva le siège, en juin 1342, et porta ailleurs ses efforts. En moins de trois mois, elle soumit Auray, Vannes, Guérande, Carhaix, et une grande partie de la Bretagne.

Mais les Anglais arrivaient de plus en plus nombreux ; trois expéditions se succédèrent en cette année 1342.

La première avait eu lieu, vers le 20 mai, sous la conduite de Gautier de Manny, originaire du village de ce nom, près Douai.

La seconde arriva le 18 août, commandée, hélas ! par Robert d'Artois, beau-frère du roi de France qu'il combattit avec rage. « La honte, dit Dom Morice, d'avoir eu recours à une fourberie, et le chagrin d'en avoir été convaincu, l'engagèrent dans la révolte contre son prince. Il satisfit sa vengeance en inspirant au roi d'Angleterre le dessein de renverser la monarchie française, et il fut un des principaux auteurs de tous les maux qui affligèrent la France pendant cent ans. » Il tomba mortellement frappé au siège de Vannes, sous les coups des soldats français.

La troisième expédition aborda le 30 octobre à Brest, sous les ordres d'Edouard III, roi d'Angleterre, en personne.

Ce fut pendant cette année 1342, que les Anglais firent leurs terribles excursions en Cornouaille pour achever de la gagner; en particulier au Conquet, où la garnison fut passée au fil de l'épée, et à Quimperlé, où l'armée de Louis d'Espagne, du parti de Blois, surprise par eux, fut massacrée. Au dire de Froissart, de 6.000 hommes (!) qu'il avait mis à terre, il n'en demeura que 300 après lui : tout le reste fut tué dans le combat ou *assommé par les paysans*.

Quimper s'était déjà soumis aux anglais, sans résistance. La trêve de Malestroit avait été signée en janvier 1343, mais le roi d'Angleterre la rompit ouvertement, en envoyant de nouvelles troupes en Bretagne.

Il nomma d'abord Jean de Gatesden, capitaine de Brest et gouverneur du Comté de Léon. Il écrivit ensuite à Alain Le Gal de Riec, évêque de Quimper, pour le féliciter sur son attachement au Comte de Montfort et pour l'assurer d'un prompt secours. On trouve de pareilles lettres pour le sire de Pont-l'Abbé, Jean, son fils, Guillaume de Cornouaille, Yves de Trésiguidi et Olivier de Spinefort, pour les capitaines et communautés de Quimper, de Quimperlé, d'Hennebont, etc., les priant d'imposer les marchandises et denrées pour lui fournir de l'argent (1).

Les troupes arrivèrent sous les ordres du célèbre Thomas de Dagworth, mais leurs exploits furent peu considérables pendant cette année 1344, si bien que la comtesse Jeanne de Montfort qui était passée en Angleterre, s'en plaignit au roi et demanda des forces plus considérables.

Edouard III la retint prisonnière à Tykhill, dans le nord de l'Angleterre, et en divers lieux, depuis cette année jusqu'en 1374, époque où elle mourut. Elle n'avait plus revu la Bretagne. Tel fut le sort de cette infortunée, captive et peut-être folle (2).

(1) Rymer (t. 5, p. 397 et suiv.).
(2) La découverte aux archives d'Angleterre des comptes du règne d'Edouard III a révélé récemment la réalité de cette captivité. M. de la Borderie veut y voir la preuve de la folie de Jeanne de Montfort. C'est possible. Mais aucun des documents cités ne le dit. Les deux enfants de la comtesse, Jean et Jeanne de Bretagne, étaient retenus, eux aussi, sous la garde d'un clerc et au gré du roi, au château de la Tour de Londres, et ils n'étaient pas fous ! En 1353, le roi les abandonna pour reconnaître

Nous arrivons maintenant à la prise de Quimper par le Bienheureux Charles de Blois, la ville étant déjà occupée par la garnison anglaise et les partisans de Montfort (1). Du succès ou de la défaite dépendra la cessation ou la continuation de la guerre civile entre bretons des deux partis.

Nous devons rapporter les faits avec une grande précision, car le siège de Quimper a été raconté avec confusion et aussi avec passion par les auteurs montfortistes. Nous devons nous en tenir aux pièces diplomatiques, avant tout, à l'enquête si précise de canonisation, au manuscrit inédit de notre auteur, témoin de ce

Charles de Blois comme duc de Bretagne, et négocier le mariage de sa fille Marguerite avec Jean, fils de Charles de Blois. Il rompit ensuite l'accord, dit l'*Enquête de canonisation du Bienheureux Charles,* juré sous la foi du serment. Cela prouve qu'Edouard III n'avait qu'une politique : rançonner la Bretagne et briser la monarchie française.

V. *Histoire de Bret.*, par la Borderie (t. III, p. 487 et suiv.), « la folie de Jeanne de Montfort » (p. 534 et suiv.) ; « Charles de Blois reconnu duc de Bretagne par le roi d'Angleterre, 1353. »

(1) « *Tunc occupatam per anglicos et alios adversarios suos.* » *Enquête,* tém. de Thibaud.

qu'il raconte. Le couvent des Franciscains était, en effet, situé auprès des remparts, au pied du château de Quimper qui fut ensuite compris dans son enclos (1).

Il faut bien comprendre tout d'abord qu'il y eut deux sièges de la ville ; l'un en 1344, par les Français ; l'autre en 1345, par les Anglais, lesquels ouvrirent six brèches dans les murailles, à cette époque.

Albert Le Grand et la plupart des historiens après lui, confondant les deux sièges, montrent les Français envahissant la ville par les six brèches et se livrant au massacre. Mais non, ce furent les Anglais qui firent ces brèches, l'année suivante (2) !

Au premier siège, eut lieu le miracle de la marée retardée, à la prière du Bienheureux Charles de Blois, lui permettant de donner

(1) V. *Monographie de la cathédrale de Quimper,* par Le Men, p. 150.

(2) La confusion a pu provenir du mot *prius obsessa.* La ville fut auparavant (tout d'abord) assiégée, puis envahie : tel est le sens de la phrase. Les Anglais ne pouvaient faire brèche, en 1344, et ouvrir les remparts, puisqu'ils se trouvaient dans la ville et la défendaient.

l'assaut ; au second siège, se produisit le miracle du débordement des eaux, empêchant l'assaut des Anglais.

Deux miracles en faveur du saint Prince et de son ami saint Jean Discalcéat... réfutent d'avance les calomnies des adversaires !

Le premier est raconté dans l'*Enquête* de canonisation ; le second, dans les chroniques contemporaines, les *Annaulx* de l'Eglise de Cornouaille.

L'auteur de notre manuscrit signale l'intervention, dans les deux cas, de S. Jean Discalcéat, sans spécifier toutefois le genre de miracle opéré pour délivrer Quimper ; l'accord est donc complet parmi les témoins. Bien mieux, comme il est impartial, il affirme que l'éclatante victoire des Français fut « un grand carnage » d'Anglais : conséquence fatale de la guerre, de cette guerre déplorable, « digne de faire verser des larmes ». Mais à qui la responsabilité ? Le Bienheureux Charles de Blois n'avait-il pas employé tous les moyens en son pouvoir pour l'éviter? S. Jean Discalcéat n'avait-il pas conjuré ses concitoyens de ne pas résister ?

Donc, au mois d'avril 1344, le Bienheureux Charles de Blois, à la tête d'une belle armée franco-bretonne, vint mettre le siège de la ville de Quimper, déjà occupée par les Anglais.

Tout d'abord une première et sanglante bataille eut lieu sous les murs de la cité.

Jean de Hardshill, lieutenant général en Bretagne du roi d'Angleterre, apprenant que l'armée française assiégeait Quimper, accourut avec ses troupes. Les deux armées française et anglaise s'entre-choquèrent. Les Anglais furent complètement battus et périrent en grand nombre. C'était dans la semaine de Pâques, vers le 10 avril.

Qui nous raconte cette victoire française ?

C'est un chroniqueur anglais, Knighton (1).

« Le seigneur de Hardshill, dit-il, fut fait prisonnier (par Charles de Blois) et conduit à

---

(1) « *Anno gratiæ 1344, dominus Carolus de Bloys venit cum fortitudine grandi in Britanniam.... cepit dominum de Hardeshill, et duxit eum Parisiis ; et occisus est ibidem filius ejus Johannes, et multi de sagittariis nostris ibidem perierunt* ». Knighton, dans Twynden, col. 2584. La défaite eut lieu dans la semaine de Pâques ; cette fête tombait le 4 avril, en 1344.

Paris ; son fils Jean fut tué là, et un grand nombre de nos archers y périrent. »

Charles de Blois, délivré des attaques du dehors, fit la circonvallation de la ville et la serra de près, en détruisant les travaux et postes avancés des ennemis. L'opération dura une vingtaine de jours, car la résistance des assiégés fut très rude et très énergique. « Ils se confiaient dans leur grande audace. » La ville ne pouvant plus finalement se ravitailler, il y eut une grande cherté de pain, comme l'avait annoncé le Bienheureux Jean.

Le moment de l'assaut définitif arriva. C'était le 1er mai. Il eut lieu par escalade, car aucune brèche ne fut pratiquée dans les murailles, et les machines de guerre des Français avaient été détruites au siège d'Hennebont.

Quimper était alors divisée en deux parties distinctes : la Cité de S. Corentin, fief de l'Evêque, ayant la cathédrale comme centre, du côté de l'Odet ; la ville au duc, du côté supérieur.

Le saint Prince, considérant que la partie supérieure de la ville était trop solidement fortifiée, avait ordonné l'attaque décisive de la place du côté de la rivière de l'Odet, dans laquelle la mer remonte à toutes les marées.

On lui représenta que ce jour-là la marée monterait dans la rivière dès six heures du matin et qu'il exposerait son armée à un péril évident en faisant livrer l'assaut en cet endroit. Il répondit simplement : « A présent que nous l'avons choisi, nous ne le changerons pas, et par la grâce de Dieu la mer ne nous fera aucun tort. » On commença donc l'attaque sur sa parole. Elle fut très violente de part et d'autre, et dura de six heures à midi et plus. Finalement la cité de S. Corentin fut prise par les Français. Or, le reflux de la mer fut arrêté miraculeusement et n'eut lieu qu'à midi, après l'entrée des troupes (1).

(1) Sur le miracle de la marée, lire le témoignage, à l'enquête de canonisation, de Jean du Plessis, écuyer (témoin 41e) et de Gilles de la Berrechière (t. 91e). Celui-ci nous donne des détails très touchants. Le Bienheureux Charles appelle Olivier de Tinténiac dans une maison délabrée, ferme la porte, et demande à ce chevalier de lui enlever ses genouillères et brassières. Là, à genoux, les bras et les mains levés au ciel, il prie disant : « Seigneur, je vous supplie de vouloir bien m'accorder que cesse le cours de la mer durant le

Celles-ci durent ensuite déloger les Anglais et leurs partisans de leurs positions dans la ville au duc, jusqu'à ce qu'ils eussent déposé les armes. La victoire fut complète ; l'ennemi avait perdu environ 1.400 hommes, au dire de certains chroniqueurs.

Aussitôt que la résistance eut cessé, le Bienheureux Charles se rendit à la cathédrale, comme le raconte à l'Enquête de canonisation, Olivier Thibaud, qui assistait à l'assaut. Voici en quels termes il s'exprime : « J'ai connu et j'ai vu, parce que j'étais présent, qu'un jour de mai 1344, le seigneur Charles, avec son armée, prit par assaut et par la force des armes la ville de Quimper, alors occupée par les Anglais et ses autres ennemis. *Aussitôt que lui-même entra dans ladite ville, il se rendit à l'Eglise*, où il fit assembler l'Evêque et tous les ecclésiastiques. Il les prit sous sa protection, eux et

temps qu'il faudra pour achever mon entreprise. » Cette prière faite, il fait jurer au chevalier de ne rien dire à personne de ce qui vient de se passer.

Des témoignages de Thibaut, du Plessis et Guillaume Anseau, il résulte que l'assaut de Quimper eut lieu le 1er mai.

l'église avec les reliques, les ornements et les autres biens, et il défendit à ses gens, sous peine de la corde, de ne faire de mal à aucun d'eux ou de les retenir prisonniers ou de les mettre à mort, alors même que ce fussent des Anglais et autres rebelles ses adversaires. Je vis ensuite que le Seigneur Charles fit démolir les fortifications de la partie de la ville qui lui appartenait (1). »

En entrant dans Quimper, le saint Prince ne va pas massacrer les habitants de la ville, il va droit à la cathédrale et il prend le clergé sous sa protection spéciale, en commençant par l'Evêque, Alain Le Gal de Riec, qui jusqu'alors avait été du parti anglo-montfortiste. Il fait démanteler les fortifications qui lui appartenaient, afin que les rebelles ne pussent plus s'y réfugier, et il respecte celles de l'Evêque.

Noble et belle conduite d'un saint, de l'un des princes les plus attachants et les plus pacifiques qu'on rencontre dans l'histoire du moyen-âge. Dans toutes ses prières, dans toutes

(1) Olivier Thibaut, témoin 90e, de la paroisse de Ploubezre, au diocèse de Tréguier, âgé de 45 ans.

les messes qu'il faisait célébrer, jamais il n'oubliait l'oraison pour la paix ; souvent on l'entendait répéter : « Dieu nous donne sa paix ! » Si, chevauchant par la campagne, il trouvait des hommes du peuple, il ne manquait pas de leur dire en leur donnant quelque argent : « Mes amis, priez pour la paix, pour que Dieu accorde la paix au pays de Bretagne, et qu'il nous assure la paix à tous (1). »

Duc admirable, chéri de Dieu et des hommes, quelle fut sa joie de rencontrer à l'église cathédrale, où tous les prêtres séculiers et réguliers avaient été rassemblés, frère Jean Discalcéat qui avait tant fait pour sa cause, pleuré les égarements du peuple et gémi sur les conséquences fatales de la résistance et de la guerre. Le baiser de S. François et de S. Dominique est célèbre dans l'histoire monastique ; celui de S. Charles de Blois et de S. Jean Discalcéat mérite aussi un souvenir impérissable.

Comme, dans cette funeste division, la partie bretonne, la Basse-Bretagne, tenait en général pour Montfort, tandis que la partie française,

---

(1) Enquête de canonisation, 26e, 35e et 55e témoins.

la Haute-Bretagne, ayant Rennes pour capitale, adhérait à Blois, il advint que la prise de Quimper, chef-lieu et clef de la Cornouaille, porta un coup fatal à la cause anglaise.

« A ce moment, dit Arthur de la Borderie, l'action anglaise, l'action montfortiste ne se montre plus nulle part en Bretagne : la cause et l'armée de Charles de Blois l'emportent partout. Les troupes d'Edouard III, pour ce qui en reste, verrouillées à double tour dans leurs places, n'osent mettre le nez dehors. Les amis de la cause montfortiste ne peuvent voir sans une amère douleur leur parti fondre et s'effacer en quelque sorte de lui-même (1). »

La honte de ce désastre ne manqua pas de provoquer des accès de colère et de perfidie de la part des chroniqueurs montfortistes, en particulier de l'auteur du *Chronicon Briocense*, qui a voulu créer la légende du massacre des habitants de Quimper par le saint Prince. Cette

---

(1) *Hist. de Bret.*, (t. III, p. 486). Edouard III se plaint dans une lettre, adressée le 6 septembre 1334, de ce que « les anglais courent en Bretagne en perpétrant méchamment destructions, incendies et autres maux très nombreux. » *Ibid.*

calomnie odieuse est allée en grossissant dans des récits postérieurs.

Le *Chronicon Briocense*, ainsi appelé parce que l'un des deux manuscrits connus paraît provenir de Saint-Brieuc, fut composé par un clerc, de l'entourage de Jean de Monfort, fils, ennemi juré des Penthièvre (1). Il a commencé son ouvrage vers 1394 et l'a terminé avant 1420, en recueillant dans divers auteurs, en particulier dans les *Chroniques annaulx*, des renseignements, pièces et documents de valeur diverse. « Les mains jointes et les genoux pliés », il supplie le lecteur de corriger ses erreurs. Dom Morice a publié cette chronique, en partie, en avertissant de la lire avec beaucoup de prudence.

Voici le texte qui a servi de thème aux légendes postérieures : « L'an 1344, fut prise la cité de Quimper par Charles de Blois, où furent tuées *par lui-même (occisæ per ipsum)* 1400 personnes, et le même Charles ne cessait pas de sa dite cruauté et tuerie, jusqu'à ce qu'il

(1) V. *Les sources de l'histoire de France, les Valois*, p. A. Molinier, (t. IV. p. 29).

lui fut annoncé qu'un enfant tétait les mamelles
de sa mère tuée ; en entendant cela il fit cesser
cette tuerie : et à cause de cette cruauté, il
s'éleva un grand scandale en Bretagne, surtout
en Cornouaille (1) ».

La lecture seule de cette phrase est répu-
gnante. C'est un coup de langue de vipère
jetant son venin sur un saint pour essayer de
salir sa conduite, à la suite d'une victoire qui
terrassa le parti adverse.

L'auteur se contredit lui-même en affirmant
d'abord que les 1400 personnes furent tuées
par Charles lui-même, puis en disant qu'il fit
cesser cette tuerie. Il va plus loin dans sa
perfidie. Un peu plus bas, il raconte que Charles
de Blois avait fait le serment sur l'Evangile et

---

(1) « *Anno 1344, fuit capta Civitas corisopitensis per
D. Carolum de Blesiis, ubi occisæ fuerunt per ipsum
1400 personnæ, nec cessabat idem Carolus a dicta sua
crudelitate et occisione, donec nuntiatum fuit ei quod
quidam infantulus lactabat mamillas suæ matris occisæ ;
quo audito fecit cessare ab illa occisione : et ob ejusmodi
crudelitatem fuit ortum magnum scandalum in Britannia
et maxime in Cornubia* ». Chronicon Briocense, dans
D. Morice, *Preuves*, (p. 42).

6

l'Eucharistie d'accepter le partage de la Bretagne et qu'il fut parjure. Puis il ajoute qu'il mourut à Auray, puni de son parjure par la colère divine. Ainsi le saint et pacifique prince devient un bourreau sanguinaire ; la victime pure et innocente, offerte à Dieu pour la pacification de la patrie, est transformée en criminel sacrilège frappé par la vengeance divine !

On ne réfute pas de telles assertions ; ou plutôt nous nous trompons en disant qu'il ne faut pas les réfuter. L'histoire de la guerre de succession, écrite après la victoire du Compétiteur, est pleine d'erreurs et de contre-sens qu'il faut redresser, et de perfidies à l'égard du Bienheureux Charles de Blois qu'il faut réduire à néant, pour venger les droits de la vérité et l'honneur des Saints (1).

La version du clerc montfortiste est reproduite par le *Chronicon britannicum*, par le chanoine Pierre Le Baud, dans son *Histoire de*

(1) La prochaine publication de l'*Enquête de Canonisation de saint Charles de Blois et des documents originaux* permettra de refaire cette histoire sur des bases sûres. — C'est ainsi qu'au traité d'Evran, il ne fut nullement question du partage de la Bretagne.

Bretagne, par dom Lobineau, par le chanoine Moreau, etc. Celui-ci ajoute de nouveaux détails « sur ces grandes choses dignes de mémoire, *desquels toutefois nos historiens ne font aucune mention* ». Et alors ? — Il croit savoir que les morts furent enterrés non au cimetière, mais en la place publique nommée la Tour du Chastel (actuellement appelée place Saint-Corentin), « où il fut fait de grandes et profondes fosses, dans lesqueles on jeta les corps en grands monceaux ; en mémoire de quoi, depuis le temps, les ecclésiastiques de la Cathédrale font une procession générale avec tous les habitants, le second jour de novembre qui est le lendemain de la Toussaint, priant Dieu particulièrement pour ceux qui lors de cette prise furent saccagés » (1).

Or, — le fait est démontré maintenant, — cette procession avait lieu avant la prise de Quimper (2), et l'espace compris entre l'ossuaire et

(1) *Histoire de la Ligue en Bretagne,* par Moreau, chanoine, conseiller au présidial de Quimper. Cet auteur mourut le 23 juin 1617.

(2) *Processio in crastino omnium sanctorum in circuitu castri* ». Cart. capit. Corisop. n° 31. — M. de Trévédy

le croisillon nord du transept de la cathédrale,
était occupé par le *cimetière* qui communiquait
avec l'église par une porte qui existe encore,
le cimetière étant séparé par un mur de la
place Saint-Corentin (1).

Albert Le Grand, dominicain, en son catalogue des évêques de Cornouaille, place cette
« grande tuerie des habitants » sous l'épiscopat
d'un dominicain, frère Jacques de Corvo. Le
détail est aussi vrai que la tuerie : frère Jacques
n'était plus à Quimper depuis 14 ans !

Ailleurs, le chiffre de 1400 morts est porté à
4000. Encore 2000, et le chiffre des 6000 soldats
de Louis d'Espagne massacrés à Quimperlé (ce
dont on ne s'étonne pas) sera atteint.

Comment s'étonner ensuite de la ténacité de
la légende et du roman ? L'auteur de la notice
sur saint Jean Discalcéat fait remarquer, que
« peu de souvenirs sont restés aussi vivants
dans notre ville de Quimper que celui du
massacre de 1344 » (2).

a publié plusieurs articles sur ce sujet dans le *Bulletin
de la Société archéologique du Finistère*.

(1) V. *Monographie de la Cathédrale de Quimper*, par
Le Men, 1877.

(2) *S. Jean Discalcéat*, par A. Thomas, 1888.

Ce massacre est une calomnie monstrueuse.
Les ennemis furent tués en bataille régulière,
les armes à la main, sous les murs de la cité,
pendant le siège et durant l'assaut, jusqu'à ce
que le combat cessât. Le chiffre de 1400 morts
ne paraît pas exagéré, pour une lutte qui dura
un mois et amena la disette.

En fait de félonie constatée à ce siège de
Quimper, on ne connaît que celle d'une femme
employée au service des Anglais.

Voici l'histoire telle qu'elle est rapportée,
dans l'Enquête de canonisation, par Gilles de
la Berrechière, qui servait à ce siège, comme
nous l'avons dit, sous les enseignes d'Olivier
de Tinténiac.

Il raconte qu'il y avait sous un ormeau, du
côté de la mer, une pauvre femme qui affectait
de paraître percluse. Le Bienheureux Charles
toujours plein de tendresse pour les pauvres,
ne manquait pas tous les jours de lui envoyer
des vivres de sa table. Il connut enfin, par une
lumière surnaturelle, que cette femme le trahis-
sait. Étant couché, il appela ses gens vers
minuit, et leur dit positivement : « Allez à la
cabane où la pauvre femme se tenait, et vous

trouverez la place vide ; elle est passée à
Quimper pour y instruire nos ennemis de l'état
de notre armée ». Olivier de Tinténiac alla voir,
avec beaucoup d'autres personnes, et, en effet,
la cabane était vide. Quand ils furent revenus,
Messire Charles leur dit : « Allez, vous la
trouverez qui revient de la ville ». Ils y retournèrent, et ayant trouvé cette femme, ils la sai-
sirent, et l'amenèrent au prince. Gilles de la
Berrechière, plus curieux que les autres, fureta
partout et finit par découvrir un trou où la
feinte malade avait une assez bonne quantité
d'or et d'argent, ramassée, tant par sa liaison
avec les anglais, qu'à l'aide des aumônes des
fidèles. Cette femme, présentée au Bienheureux
Charles, avoua et confessa, en présence d'Olivier et Alain de Tinténiac et de Jean Ruffier,
que les Anglais lui amenaient une chaloupe
toutes les nuits, et qu'elle leur disait les nouvelles de l'état du camp de l'armée franco-
bretonne (1).

La délicatesse des Anglais, au xıvᵉ siècle, est
proverbiale. Elle nous valut le *Combat des Trente !*

(1) Témoin 91ᵉ.

La victoire de Quimper ayant donc amené le désarroi du parti anglais, les amis les plus dévoués de cette cause furent les premiers à se rapprocher du roi de France, à solliciter de Charles de Blois, jusque-là si ardemment combattu par eux, le pardon et la réconciliation. Le premier qui obtint des lettres de rémission, fut un des plus coupables, Tangui du Chastel « qui avoit fait plusieurs excez et maléfices durant les guerres de Bretaigne » (1). Olivier et Henri de Spinefort, Amauri de Clisson, (l'appui de Jeanne de Montfort), Philippe du Chastel, doyen de Nantes, maître Guillaume Bourse, etc., furent admis au pardon et avec eux une foule d'autres personnages.

Cependant les derniers tenants de la cause anglo-montfortiste résolurent de la ressusciter. Au commencement de septembre 1344, ils envoyèrent au roi d'Angleterre une députation composée de Guillaume Derien, sénéchal de la Cornouaille pour le compte d'Edouard III, et de deux Pères Dominicains.

Tandis que les Frères prêcheurs militent

(1) De Saint Vougay.

pour Montfort, les Frères Mineurs, les Cordeliers acclament leur frère en Saint-François,
saint Charles de Blois, ayant comme porte-
drapeau, saint Jean Discalcéat, un breton du
pays de Léon (1).

Les saints se mettent au-dessus de toute
question politique, ils ne voient que le bien

(1) Malgré leur intime amitié, les deux Ordres de
Saint-François et de Saint-Dominique ont suivi parfois
des opinions diverses, au cours des siècles, en matières
théologiques et sociales. Les Dominicains épousèrent
en général la cause de Montfort. Les preuves abondent :
Robert d'Artois fut enterré en leur couvent de Londres,
Montfort en celui de Quimperlé, etc. Les Franciscains
furent nationalistes et fidèles au Bienheureux Charles
de Blois, Tertiaire de leur Ordre. Ils furent ses édu-
cateurs, ses aumôniers, les gardiens de son tombeau et
de son culte. Le même fait se reproduisit en France,
au temps de la Bienheureuse Jeanne d'Arc, dont les
Franciscains furent les soutiens enthousiastes, avec le
célèbre P. Richard. Les Dominicains suivirent la cause
opposée. Ce point d'histoire a été élucidé avec un grand
éclat par Siméon Luce, dans son ouvrage intitulé
« *Jeanne d'Arc à Domrémy* », et les nouvelles décou-
vertes de documents ne font que corroborer sa savante
thèse. Tout porte à croire que la Bienheureuse Jeanne
d'Arc était Tertiaire de saint François. Nous nous pro-
posons de publier une étude sur ce sujet.

des âmes, ils suivent les inspirations de Dieu. La cause anglaise, en Bretagne comme en France, était sans issue et ne pouvait avoir que des résultats fâcheux. Elle sera définitivement vaincue sur le champ de bataille d'Auray, malgré une apparente victoire.

Saint Jean Discalcéat implore le ciel encore une fois en faveur de Quimper, sa ville et patrie d'adoption.

Cependant le Comte de Montfort, mis en liberté après la signature de la trève de Malestroit, fut très humilié de la défaite de Quimper. Il se déguisa en marchand, alla en Angleterre, dit Dom Morice, « et fit hommage lige au roi Edouard pour le duché de Bretagne. Cette cérémonie fut faite à Lembeth près de Westminster dans la chambre de Pierre, Archevêque de Cantorbéry, en présence du comte de Northampton, de Robert de Ladington, chancelier d'Angleterre, et de plusieurs seigneurs. Les choses ainsi réglées, le comte de Montfort s'embarqua avec les troupes qu'Edouard lui avait accordées, pour passer en Bretagne ».

« Jean de Montfort, ajoute Arthur de la

Borderie, très vexé avec raison d'avoir perdu
Quimper — dont la perte mettait en péril toute
la Cornouaille — tenait avant tout à recouvrer
cette place. C'était un tort : à la guerre comme
aux cartes, on doit prendre le jeu qui s'offre,
au lieu d'aller en chercher un autre dont le
succès est incertain. (!) »

« Plusieurs vaillants princes » montfortistes
« et la noble armée des anglais », après avoir
remporté un léger avantage à la lande de Cado-
ret, le 17 juin 1345, vinrent tout d'abord assiéger,
puis investir la ville de Quimper, avec une
farouche et rageuse énergie. Pendant un long
espace de temps, ils préparèrent des machines
de guerre destinées à battre en brèche les
remparts de la cité. Les Quimpérois, en majeure
partie, désormais fidèles à Charles, résistaient
avec non moins de vaillance.

L'assaut général qu'on devait exécuter avec
les engins, fut fixé au 11 août. Les machines,
frappant les murs ou lançant des pierres
énormes, finirent par les rompre en six
endroits. Les troupes anglaises n'avaient plus
qu'à se diviser en groupes et à s'engouffrer par
ces brèches dans la ville pour s'en emparer.

Pour comble de fortune, des compagnies de soldats de renfort survinrent alors, bannières déployées (1).

Les assiégés qui luttaient à l'intérieur de la place, éprouvèrent une douleur indicible et ils comprirent que tout était fini, à moins d'un secours spécial de Dieu.

Pendant ce temps, prêtres et fidèles se pressèrent autour de frère Jean Discalcéat, lequel ranima leur courage, les fit prier avec ferveur et leur annonça que la ville ne serait pas prise.

Que se passa-t-il alors ?

Les anglais avaient attaqué les murs faisant face au mont Frugui et qui sont défendus par l'Odet. *Les Chroniques annaulx* de l'Eglise de Cornouaille, qui donnent ce détail (sans parler de frère Jean) ajoutent : « La rivière de l'Odet débordant jusqu'au mur de la ville s'interposa devant les troupes anglaises, s'éleva au-dessus de son niveau naturel et miraculeusement ferma aux assiégeants l'entrée de la cité. » De la sorte l'assaut échoua. Les Anglais s'obstinèrent cepen-

(1) Menées peut-être par Montfort arrivant d'Angleterre.

dant à continuer le siège. Mais ces longs délais de près de deux mois avaient permis à Charles de Blois de reformer son armée. Il vint attaquer les assaillants de Quimper et les mit en déroute.

Jean de Montfort se réfugia dans un château où il fut bientôt assiégé, « et fut dit que ceux qui devoient veiller et guetter par la nuict en l'ost de M. Charles, lui avoient fait voie » (1). On le laissa s'échapper, probablement par compassion. Il alla à Hennebont, miné par le chagrin.

Il y mourut peu de temps après, subitement, le 26 septembre, après avoir institué, par testament, le roi d'Angleterre, tuteur de son fils Jean, *alors âgé de cinq ans.* Son corps fut inhumé au couvent des Dominicains de Quimperlé (2).

Telle fut la fin du Compétiteur. Il n'a pas été mis dans la série des ducs de Bretagne. Son fils prit plus tard le nom de Jean IV, comme s'il eût succédé à Jean III le Bon, sans tenir compte de son père.

Mais n'ayant que cinq ans, il ne pouvait

(1) *Chroniques du roy Philippe.*
(2) Le *Chronicon Britannicum* le fait mourir le 11 août 1345, « lassus, et mærore tædioque confectus ».

prétendre au titre de duc ; son tuteur Edouard III le remplaça. Alors commença la *Guerre anglaise* proprement dite, celle qui avait pour but de pressurer la Bretagne et d'en extraire le plus d'or possible, en faveur d'Albion. Ce fut un régime de fer, un joug pesant contre lequel les bretons regimbèrent, mais l'ennemi avait été introduit dans le pays et il n'en fut exclu qu'au traité de Guérande, avec l'hommage au roi de France.

La double victoire de Quimper et la mort du compétiteur avaient tranché la grande question de division entre bretons, en attendant la majorité du fils Montfort. Charles fut partout reconnu comme duc. Les troupes anglaises, refoulées de la Cornouaille, se dirigèrent dans la région de Tréguier où elles exercèrent de terribles ravages.

La Cornouaille, qui avait porté jusqu'à ce moment le poids le plus lourd de la guerre, qui avait été rançonnée et pressurée pour nourrir les troupes, tomba dans la disette et bientôt dans la famine. Elle éclata dans toute son horreur, en 1346, comme le Bienheureux Jean

Discalcéat l'avait prédit. « *Anno 1346*, dit le Chronicon Briocense, *fuit magna fames in Cornubia.* »

Nous savons comment notre saint fit des prodiges de charité pour nourrir jusqu'à mille affamés par jour. Libérateur de la ville, il en fut aussi le père nourricier.

Au milieu de tous ces maux, une immense consolation fut accordée à sa piété et à la dévotion des bretons sans distinction de partis. Depuis plusieurs années, on pressait la canonisation de saint Yves. Charles de Blois avait donné trois mille florins d'or pour solder les dépenses de cette cause et fait diverses démarches pour supplier le Souverain Pontife de hâter l'inscription du glorieux saint sur les dyptiques sacrés.

La sentence de canonisation fut portée par le Pape Clément VI le 19 mai 1347. Le corps de saint Yves fut levé de terre le 29 octobre suivant, jour auquel on célèbre sa translation.

Le Bienheureux Charles de Blois qui avait été fait prisonnier par les Anglais au combat de la Roche-Derrien, le 18 juin de cette année, obtint la permission, avant d'être transféré à la Tour de Londres, d'assister à cette fête. Il parut, les bras dépouillés et les jambes nues, se prosterna à terre, et dans cet état il se traîna sur les six marches qu'il fallait descendre à l'entrée de l'église cathédrale, jusqu'au tombeau de saint Yves, où il pria avec une ferveur angélique. Plus tard, quand ce même religieux prince fut définitivement délivré de sa prison, en 1356, il alla *pieds nus* de la Roche-Derrien à Tréguier, en plein hiver et par une forte gelée, afin de remercier son céleste Protecteur.

Quel magnifique trait de ressemblance avec notre *saint Discalcéat*.

Nous ignorons ce que celui-ci fit pour honorer saint Yves, qui avait été Recteur comme lui, mais nul doute qu'à l'occasion de ses nombreuses pérégrinations à travers la Bretagne, il ne soit allé lui aussi prier sur sa tombe.

CHAPITRE III

DONS SURNATURELS DE SAINT JEAN DISCALCÉAT
SA MORT, SON TOMBEAU ET SES RELIQUES
SA SAINTETÉ, SES MIRACLES ET SON CULTE

I. — Les dons surnaturels.

Avant de suivre notre héros jusqu'aux portes
du tombeau, nous devons un moment envi-
sager, avec son biographe, l'éclat de sa sainteté
et la beauté de son âme.

Prévenu de la grâce divine dès son enfance,
Jean appartient à la série des saints qui ont
passé à travers les souillures du monde dans
l'innocence et la pureté. Sa vertu grandis-
sante, comme l'astre du jour qui s'élève dans
la blancheur de l'aube brodée de roses et se
couche dans le pourpre et l'or, suscita peu à
peu la confiance et la vénération des fidèles.
Ainsi s'établit, de son vivant, la *renommée de
sa sainteté*, qui deviendra, après sa mort, la

base fondamentale du culte ecclésiastique et religieux qui lui sera rendu.

Son enfance « fut digne de toute louange » ; sa vie sacerdotale dans le siècle apparut comme « un modèle et un miroir de sainteté » ; membre de l'Ordre Séraphique, « il courut dans une si étroite pénitence et une si admirable sainteté », qu'il fut un « astre de la perfection évangélique ».

La sainteté a pour fondement les vertus théologales et les vertus cardinales, pratiquées à un degré supérieur, avec une force et une constance qui sont le propre des héros. Dans ce sens, elles sont appelées les *vertus héroïques*. Or, les vertus du bienheureux Jean Discalcéat, dans notre document, sont célébrées à chaque phrase comme extraordinaires. Elles atteignent ce que nous estimons de plus grand et de plus élevé ; elles sont vraiment héroïques. La fin magnanime de sa carrière portera encore cette empreinte, son cercueil sera orné de la palme du martyre de la charité.

Avec les vertus, il y a aussi les *dons surnaturels* qui sont une des marques de la sainteté. Dieu ne les départit qu'à ses plus chers amis, à ceux qui lui sont profondément attachés par la foi et l'amour, et qu'il veut glorifier devant les hommes.

Ces dons surnaturels sont nombreux et extra-ordinaires dans la vie de notre saint.

C'est le *don d'oraison* : « Il prie avec la même ferveur que si Dieu et ses saints se montraient à lui d'une manière visible (1). »

Le *don d'extases* le console dans ses médi-tations, car « il était étreint et absorbé par la douceur de la contemplation au point qu'il devenait extérieurement insensible » (2). « Il reposait vraiment sur le Cœur du divin Maître. »

C'est ensuite le *don des larmes* qui l'associe à Jésus Crucifié. Le bienheureux Jean pleure souvent et abondamment, pendant la messe, pendant les vêpres, au moment du repas, au confessionnal, au chevet des moribonds, quand il a connu de Dieu la mort prochaine de quelque personne (3).

Le *don de prophétie* illumine son âme, car

(1) *Manuscrit*, N°s 34, 38.
(2) N° 34.
(3) N°s 33, 51, 52, 54, 56.

« la divine sagesse a déposé en lui l'image de l'esprit prophétique » (1), reflet des clartés divines du Très Haut qui seul connaît l'avenir.

Le *don des miracles*, « *potestas in miraculis faciendis* » (2), dans le domaine temporel ou spirituel, démontre sa puissance d'intercession. Il guérit les malades et les affligés, il suscite des élans de conversion et de perfection.

Parmi tous ces dons, celui des larmes et celui de prophétie marquent d'une manière expressive sa mission spéciale à l'époque troublée où il vivait. Il fut le Précurseur, l'homme de la pénitence cherchant, comme Jean-Baptiste, à prévenir les maux ; il fut aussi le Jérémie pleurant sur les ruines de la patrie désolée.

Jésus, à la vue de Jérusalem, n'avait-il pas pleuré, en s'écriant : « Oh ! si tu savais, du moins en ce jour qui t'est encore donné, ce qui pourrait t'apporter la paix ! » Et il avait ajouté : « Des jours viendront sur toi où tes ennemis t'environneront de tranchées et t'enfermeront et te serreront de toutes parts (3). »

(1) Nos 49, 51 et suiv.
(2) No 64.
(3) S. Luc, 19, 43.

Il parlait des ruines matérielles, mais il en indiquait aussi les causes, les péchés de ses habitants. « La Jérusalem mystique et spirituelle est détruite, dit Origène, quand l'âme perd la justice et tombe dans le péché. »

On ne saurait imaginer les désordres que suscita cette malheureuse guerre civile qui divisa la Bretagne en deux partis, et parfois les divers membres d'une même famille en deux factions irréductibles, vu la ténacité bretonne. Des haines féroces engendrèrent des vengeances terribles ; des trahisons trop fréquentes suscitèrent des représailles horribles. Il n'y eut pas de ville, de bourg ou de château qui ne fut pris et repris, saccagé ou incendié. On y compta 1500 sièges et 800 combats, environ. Des compagnies de mercenaires, étrangers au pays, y semaient la violence et l'immoralité. Ce qui est plus grave encore, c'est que ces gens d'armes, vivant dans une atmosphère imprégnée de foi, usaient de sortilège, « ingromance », maléfices, et commettaient d'abominables sacrilèges pour se débarrasser, disaient-ils, de leurs ennemis. Nous pourrions citer les décrets des synodes épiscopaux de l'époque qui réflètent l'état des

mœurs et des pratiques d'alors (1). Un trait
suffira. On a retrouvé de nos jours l'acte d'association passé entre Jean Chandos, Hue de
Caverlay, capitaines anglais, et Jean de Lesnérac, breton du parti anglais, qui tua traîtreu-
sement Charles de Blois à la bataille d'Auray,
« *ainsi que tous trois l'avoient voué, et juré de ce
faire sur la sainte hostie qu'à cette fin ils prin-
drent, l'ayant fait répartir en trois* » (2).

On frémit en lisant de tels détails.

Il fallut des années, l'audace et la valeur de
du Guesclin, pour purger la Bretagne et la
France des bandes « des soudoyers », et les
délivrer de la peste « des grandes compagnies »
de mercenaires qui continuaient à vivre sur le

(1) L'une des superstitions alors en vogue, était de
faire croire qu'on pouvait faire périr son ennemi, quelque éloigné qu'il fût, en piquant au cœur une image de
cire qui le représentait. Ce maléfice s'appelait *envoûte-
ment* ; après quoi le malheureux ne pouvait plus qu'*a-
menuiser, seichier et finalement de mâle-mort mourir.* —
L'empoisonnement (par les herbes), qui était assez
fréquent, se nommait *enherbement.*

(2) Acte de 1603, découvert et publié par M. le marquis de l'Estourbeillon : *Le serment de Jean de Lesnéran.*
(Assoc. Bret., *Congrès de Quimper de 1895*, Archéologie,
p. 38-39).

pays, comme en terre conquise. On leur avait proposé d'aller guerroyer en Hongrie contre les Turcs, mais ils avaient refusé. Bertrand réussit finalement à les entraîner hors de France pour faire la guerre au roi Pierre de Castille, prince violent et débauché, adonné aux Juifs, pourvoyeurs de ses vices.

Il se rendit, en effet, près des capitaines des grandes compagnies et rencontra le fameux Hue de Caverlay, surnommé le Chevalier vert. Hue était à table, faisant ripaille et buvant largement un vin généreux qu'il n'avait pas payé plus cher que le logis dont il avait expulsé le propriétaire.

Du Guesclin, s'abaissant à leur niveau, pour gagner leur confiance, leur adressa la harangue suivante, dont la saveur et l'éloquence surpassent, à notre avis, tous les discours guerriers cités dans les anthologies classiques :

« Seigneurs, dit Bertrand, j'ai grande envie d'aller essayer le tranchant de mon épée sur les Sarrazins et viens vous en faire part. Nous pourrons, en passant, rencontrer dom Pierre, ce méchant meurtrier (1), et j'aurai plaisir à le

(1) Il avait fait mourir sa femme Blanche de Bour-

voir en colère, d'autant qu'en son pays d'Espagne on trouve bons vins qui sont friands et
clairs. Je vous ferai bailler par le roi deux
cent mille florins et vous obtiendrai l'absolution
du Pape. Je vous en prie, pour l'amour de Dieu,
que chacun de *nous* rentre en son cœur! En
avons-nous assez fait pour nous damner? A
quoi bon continuer? Il nous faudra un jour
nous en aller! Pour moi, je n'ai jamais fait
aucun bien, mais beaucoup de mal. En cela,
vous êtes mes compagnons. Nous avons brûlé,
tué, rançonné, pillé, démoli des églises, mangé
le bonhomme et bu son vin. Nous sommes pis
que larrons; changeons de vie, je vous ferai
tous riches et nous aurons le Paradis quand
nous mourrons. »

Cette harangue guerrière sous forme d'ho-
mélie fut vivement applaudie par les pillards
qui volèrent sous le ciel des Espagnes, mais
beaucoup y laissèrent leur vilaine peau...

Bertrand d'Argentré, sieur des Gosnes, con-

bon, sœur de la reine de France, princesse accomplie,
« la plus loyale, la plus courtoise dame, la plus gentille
qui fut en cent cités issue du sang royal des Lys de
France. »

seiller du roi et présidial au siège de Rennes, qui écrivait son *Histoire de Bretagne,* en 1582, constate les mêmes désolations en termes remarquables, dignes d'être médités. « Ceste guerre, dit-il, avoit duré vingt-trois ans, avecques la ruine du pays, villes, chasteaux, et la mort de deux cent mille hommes ; et laissa cette mort *un subject de querelles qui a duré jusques à noz jours, et dureroit encores, si elle ne fust tombée en la main des roys de France...* Ce pendant la guerre, et vivans les chefs, ils se tinrent si fermes d'une et autre part, qu'en tous les vingt-trois ans, dont nous avons parlé, il ne se sçauroit trouver six hommes de qualité, qui changeassent jamais de party volontairement ny autrement que par force, tant se tenoient fermes en leurs intentions, sans changer de foy, ni de promesses. » Cela tenait, ajoute-t-il « aux practiques d'estrangers ».

Parmi tous les historiens, notre biographe nous offre le tableau le plus émouvant qui se puisse imaginer. Il croyait à la fin du monde ! En une phrase concise et burinée avec vigueur, il parle « de la dépravation des gens du monde, de la carnalité abominable et de la cruauté déplorable des gens de guerre » ; « la lune est teinte de sang » ; « ces choses sont les signes des grandes douleurs ». A la fin de son manuscrit, il ajoute qu'en attendant la dissolution du siècle, la patrie de saint Jean Discalcéat sera pour toujours embaumée du parfum de ses vertus.

Connaissant ces immenses misères, est-il étonnant qu'il ait tant pleuré sur les péchés des hommes? Est-il surprenant que ces gémissements nous rappellent les sanglots des Juifs captifs sur les bords de l'Euphrate, au souvenir des splendeurs de l'antique Sion profanée?

L'invasion anglaise en Bretagne avait présagé ce qu'elle serait, cinquante ans plus tard, dans le royaume des Lys, avant la venue de Jeanne d'Arc. Un éminent historien, le R. P. Denifle, de l'Ordre des Frères Prêcheurs, a recueilli les preuves diplomatiques de cet état de choses dans *La Désolation des Eglises de France*. Le titre en indique la nature. Cet ouvrage, d'une importance capitale, a été publié uniquement avec les documents authentiques découverts par le savant religieux aux archives du Vatican.

6*

« Bienheureux ceux qui pleurent ! » avait dit le divin Maître. Frère Jean a compris le sens de cette béatitude.

Heureuses les larmes qui, au lieu du péché, ont Dieu pour principe ! Larmes de zèle, à la vue des maux que souffre l'Eglise, des scandales qui se commettent, des âmes qui se livrent au désordre et périssent pour toujours, après avoir été rachetées par le sang de Jésus-Christ. Larmes de pénitence et de regret pour les infidélités commises, les bienfaits de Dieu méconnus. « Oui, dit saint Augustin, les larmes sont une sorte de prière muette ; elles ne sollicitent pas le pardon, mais elles le méritent ; elles ne font pas d'aveu, et pourtant elles obtiennent miséricorde. En réalité la prière des larmes est plus efficace que celle des paroles, parce qu'en faisant une prière verbale, on peut se tromper, tandis que jamais on ne se trompe en pleurant. A parler, en effet, il nous est parfois impossible de tout dire, mais toujours nous témoignons entièrement de nos affections par nos pleurs. Donc, en tout état de faute, mieux vaut pleurer d'abord, puis prier. »

Heureuses les larmes de crainte, à la pensée

de la mort et des jugements de Dieu, et de tristesse en considérant la longueur, la misère et les périls de notre exil. « *Ah! quelle douleur pour mon âme, s'écriait David, que mon exil se prolonge* » (1) ainsi sans mesure. « *Je désire voir se briser les liens qui retiennent mon âme captive*, disait S. Paul, *afin qu'elle puisse s'envoler auprès du Christ* (2). » Ah! Seigneur, disait aussi saint Augustin, que je meure donc, afin de jouir de votre vue. Enfin, larmes de compassion, en méditant les souffrances de Jésus-Christ ; larmes d'espérance, en pensant aux biens éternels qui nous sont préparés. Mais qui pourrait nommer toutes les sources de larmes que le Saint-Esprit fait jaillir dans un cœur fidèle et docile à ses opérations ! Or, tous ceux qui pleurent ainsi sont heureux, parce qu'ils accomplissent la loi générale de la pénitence, et que par là ils mériteront d'être consolés. Ils le seront sans nul doute dans le ciel, car il est écrit que ceux qui sèment dans les larmes moissonneront dans la joie, que Dieu

(1) Psaume 112, 5.
(2) Ep. Philippiens, 1. 23.

essuiera leurs yeux, qu'il remplira de biens la
vaste étendue de leurs désirs, et qu'il étanchera
par un torrent de pures voluptés l'ardente soif
de leur âme ; ils le seront même à la mort,
parce qu'elle n'aura pour eux que des douceurs
qui seront l'avant-goût des biens célestes pour
lesquels ils ont soupiré ; ces pleurs se chan-
geront en autant de pierres précieuses qui
orneront la couronne que Dieu leur apprête
dans le ciel.

Saint François, le sublime stigmatisé de l'Al-
verne, pleura si fort, au souvenir de la Passion
de Jésus, qu'il devint presque aveugle à la fin
de sa vie. Son âme surnage dans un océan de
célestes délices et d'indicibles tourments du
cœur ; elle brûle, elle se fond, elle se consume
au contact du foyer divin, comme la cire au
milieu d'une fournaise embrasée ; elle est trans-
percée des flèches de la charité divine, elle se
sent défaillir, elle s'épuise : « Je succombe sous
les coups de l'amour, s'écrie le Saint ; mon
cœur se brise, tant il se sent frappé ! O amour,
je pense bien mourir de tes atteintes, tant sur
moi tu exerces d'empire ! O Jésus, entraîne-moi
vers ta beauté. » Et revenu à lui, ses yeux se
changent en fontaines de larmes,

Frère Jean pleura aussi beaucoup durant sa vie, et de peine et d'amour ; il sera grandement consolé,

> Quand ses yeux à l'aurore
> Du printemps éternel.
> Se rouvriront au Ciel.

II. Sa mort, son tombeau, ses reliques.

Cependant les années s'accumulaient et neigeaient sur la tête de notre saint ; il allait entrer dans son soixante-dixième hiver. On se demande avec étonnement comment il avait pu jusque-là résister à tant de fatigues et d'austérités, comment il avait bravé toutes les intempéries, la tête nue, sous la pluie ou le soleil, les pieds nus dans la poussière ou la boue ! Preuve bien évidente que la pénitence n'altère pas la santé ! Encore ne devait-il pas mourir usé par la vieillesse et les infirmités, mais d'un mal contagieux contracté au chevet des malades.

« L'an 1349, dit Albert le Grand, la ville de Kemper-Corentin et le pays circonvoisin furent affligés d'une peste si contagieuse, qu'on ne voyait enterrer que corps. Dieu révéla cette calamité à son serviteur, avant qu'elle arrivast, de sorte que, le jour des octaves de S. François de l'année précédente (11 octobre 1348), estant à Vêpres dans le chœur avec ses confrères, il se prit à pleurer tendrement, et interrogé ce qu'il avait à pleurer, il répondit que la ville recevrait en peu de temps une grande calamité, ce qui fut vray ; car l'Esté suivant la maladie s'y mit et emporta un grand peuple. Le B. Jean allait par la ville assistant les malades, les communiant et leur administrant les autres sacrements nécessaires et pendant qu'il s'occupait à ce charitable exercice, Dieu le voulant appeler à soy, permit qu'il fut luy-même frappé du mal, dont il décéda, et alla jouir de la vie éternelle, ayant vécu en l'Ordre 33 ans (1) et recteur de paroisse 13 ans (total 46), âgé d'environ 69 ans). »

Il mourut très probablement le 15 décembre, car la fête de saint Jean Discalcéat est inscrite à

(1). Le texte imprimé porte « 46 ans », mais c'est une erreur évidente, matérielle, provenant du copiste ou de l'imprimeur. On aurait dû corriger « cette coquille» dans les éditions postérieures des *Vies des Saints* d'Albert Le Grand.

ce jour dans la *Vie des Saints de Bretagne* et les divers calendriers qui la mentionnent, notamment dans le calendrier breton qui fut renfermé dans sa châsse. Notre manuscrit insinue aussi qu'il naquit au ciel vers la fête de Noël.

La réalité et la nature de cette peste sont attestées par un grand nombre d'auteurs contemporains de cet événement. L'auteur du *Chronicum Briocense* écrit : « L'année du Seigneur 1348 (1349 style nouveau) une grande et universelle mortalité eut lieu dans le monde entier (1). » La peste éclata en Europe avec une force inouïe. Ce fut la plus épouvantable qu'on eût vue dans tous les siècles passés. Après être partie de l'Asie dans l'Afrique, l'Egypte et la Grèce, elle déborda successivement sur l'Italie, la France, l'Espagne, l'Allemagne, la Pologne, l'Angleterre et toutes les autres parties du Nord. Villani assure que 60 mille personnes en moururent à Florence seulement, depuis le commencement d'avril jusqu'au commencement de septembre. A

---

(1) « *Anno Domini 1348 fuit magna et generalis mortalitas per totum orbem.* »

l'Hôtel-Dieu de Paris, la mortalité fut telle, que pendant longtemps on porta tous les jours au cimetière des Saints-Innocents plus de 500 corps ; nombre prodigieux, vu le peu d'étendue qu'avait alors la capitale. Ce fléau, qui mit un certain temps à parcourir toute l'Europe, se fit sentir en Bretagne cette année-là au mois d'août et l'année suivante (1).

Pour consoler les fidèles dans cette calamité publique, le pape Clément VI accorda, le 19 mai, une indulgence à tous ceux qui rendraient aux moribonds quelque office de charité spirituelle ou corporelle, ou qui les enseveliraient après leur mort. L'auteur de la Vie de ce Pontife ajoute, chose singulière, que cette espèce de peste attaquait même les chiens, les chats, les poules et tous les autres animaux des maisons infectées, de sorte qu'il semblait que Dieu voulût tout perdre, comme au temps du déluge, mais d'une autre manière.

Les historiens rapportent que ce qui avait donné naissance à cette contagion, fut un globe immense de différentes couleurs, qu'on vit, en

(1) Dom Lobineau, *Preuves*, p. 752.

1346, pendant quelques heures dans le ciel ; et qui étant venu à s'ouvrir sur le royaume de Catay, à l'extrémité de la Tartarie vers la mer du Levant, répandit dans l'atmosphère une puanteur dont la malignité sema à l'instant la mort dans le pays. Ils racontent encore que cette vapeur, se condensant dans l'air, retomba en une espèce de fourmilière de vers, et d'autres petits insectes (nous dirions maintenant *microbes)* remplis de pieds et de queues, qui venant à pourrir sur les fruits et les autres choses dont l'homme a coutume de se nourrir, leur communiquèrent le germe du venin qu'ils renfermaient.

Cette cruelle maladie fut nommée en Bretagne *la bosse,* parce que son dernier degré de malignité s'annonçait par des bubons gros comme un œuf, aux aisselles et aux aines, signes qui ne laissaient plus aux malades aucune espérance de vie (1).

(1) « En 1345, il y eut en Bretagne « la maladie de saint Antoine », appelée en breton *An Thilpat. (Chronicon Briocense).* Nous avons parlé de la grande famine qui eut lieu à Quimper et en Cornouaille, en 1346. La peste mettait le comble aux malheurs publics, en 1349.

Le continuateur de Nangis, qui vivait alors, observa qu'à la fin de ce désastre, qui enleva au moins le quart de la population, les naissances augmentèrent rapidement, beaucoup de mères mettant au monde des jumeaux.

Frère Jean avait donc soigné les pestiférés depuis le mois d'août jusqu'au mois de décembre, époque à laquelle il succomba.

Pour apaiser la divine Justice, le châtiment des coupables ne suffit pas toujours ; très souvent, des victimes pures et volontaires sont requises.

Notre héros fut une de ces saintes victimes.

Vingt-deux ans auparavant (1327), était mort dans le midi de la France, à Montpellier, un saint qui, lui aussi, avait été attaqué de la peste

Autre raison pour notre biographe de croire à la fin du monde ! Il se peut que l'usage, en Bretagne, des cassolettes ou pots en terre, où brûlaient de l'aloës ou de l'encens, durant la cérémonie des obsèques, remontât à cette époque, afin de neutraliser la mauvaise odeur que pouvaient répandre les corps des défunts. Après l'inhumation, on jetait ces pots dans la fosse, parce qu'ils avaient été bénits par le prêtre officiant. Avis aux archéologues qui trouvent des poteries dans des tombeaux et les attribuent presque toujours à l'époque de l'invasion romaine !

en soignant ceux qui en étaient atteints, et la charité de saint Roch, tertiaire de Saint-François, a rendu à jamais son nom célèbre dans toutes les nations; l'Eglise le fait invoquer dans les épidémies (1). Depuis ce temps, on a vu saint Charles Borromée et saint Louis de Gonzague montrer le même dévouement, méritant par là qu'on les regarde comme des modèles de la charité parfaite, eux qui ont exposé leur vie pour leurs frères. A côté de ces noms illustres, peut se placer le nom de l'humble franciscain moins connu, mais tout aussi héroïque.

Il avait vu le jour, en ce monde, à Saint-

---

(1) Oraison de l'Office de ce saint : « Seigneur qui avez gravé sur une tablette, par la main même d'un ange, la promesse faite au B. Roch de préserver de la peste quiconque invoquerait son nom, daignez, par ses mérites et par ses prières, nous accorder d'être délivrés de la peste du corps et de l'âme. »

Pendant le Concile de Constance, la peste s'étant déclarée dans cette ville, des processions et des prières publiques en l'honneur de S. Roch furent ordonnées, et aussitôt le fléau disparut; dès lors, le culte du Saint devint populaire dans le monde entier, et dans les temps de peste, les peuples éprouvèrent les effets de sa puissance, dans la mesure du vouloir divin.

Vougay, probablement au mois de juin (1), en
l'année 1279 (2). Il mourut donc à l'âge de
69 ans et quelques mois, dans sa soixante-
dixième année.

La date de 69 ans nous est donnée par Albert
Le Grand, et nous pouvons le croire, car à
l'époque où il écrivait, le tombeau du saint
subsistait, très probablement avec quelque inscription mentionnant l'âge, suivant l'usage. En
tous cas, ce détail important se trouvait con-
signé dans l'obituaire du couvent de Saint-
François de Quimper que cet historien visita et
où il reçut communication du manuscrit contenant la Vie du Saint, des mains du « Révérend
Père Maistre Bréard, Docteur en Théologie
dudit Ordre, le 7 juin de l'année 1636. »

Les *funérailles* de frère Jean eurent un cachet

---

(1) On peut le déduire vaguement à propos du miracle de l'oiseau, et à cause du nom de Jean-Baptiste,
dont la fête tombe le 24 juin, donné à l'enfant.

(2) Albert Le Grand dit : « en 1280 *environ* ».
L'année 1279 paraît plus vraisemblable. Jean aurait été
ainsi ordonné prêtre, à l'âge canonique, et Recteur à
24 ans accomplis, en 1303, comme nous l'avons expli-
qué plus haut.

de culte populaire, par le grand concours des fidèles, la vénération de son corps, l'empressement des nobles à porter sa sainte dépouille, et par le choix honorifique du tombeau dans lequel elle fut ensevelie (1). C'est bien le cas de répéter ici l'axiome si connu : *Vox populi, vox Dei.*

Le corps du Bienheureux fut inhumé dans l'église même du couvent, « en la chapelle qui est à costé de la porte du chœur, sous le Jubé, du costé de l'Evangile. »

L'autel qui se trouvait là était dédié à saint Antoine de Padoue, le célèbre thaumaturge de l'Ordre de saint François, qui, étant mort en 1231, avait été canonisé l'année suivante. Il recevait à ses côtés la dépouille d'un frère aimé, et bientôt, nous le verrons, ils partagèrent en frères leurs généreuses faveurs à l'égard des fidèles.

Les miracles s'opéraient nombreux sur le tombeau de saint Jean.

Déjà inhumé en un lieu honorifique, on voulut lui donner des marques de culte encore plus

(1) *Manuscrit*, Nos 60, 61.

éclatantes, par la *Translation de son corps* en une châsse plus belle et plus apparente. Il fut levé, dit Albert Le Grand, « d'une vieille châsse en laquelle il estoit, et mis en une (autre) plus honorable, conservée sous un petit dôme en forme de chapelle, faite de treillis et grilles de fer (1) ».

L'annaliste de l'Ordre Séraphique, François Gonzaga confirme ce fait, en 1587, et ajoute un détail intéressant : « Son tombeau, dit-il, se trouve dans la chapelle de saint Antoine, entouré de grilles de fer. Ceux qui souffrent de douleurs de tête introduisent leur tête dans ce tombeau, et ainsi s'en vont guéris de ce mal. (2) »

---

(1) « L'entourage du tombeau avec des *grilles* était alors habituellement réservé aux Evêques, seigneurs ou personnages de marque.

(2) « .. *In Sacello S. Antonii extat ejus sepultura, craticulis ferreis circumsepta. Qui vero capitis dolore cruciantur in illius tumulum caput suum intromittunt, sicque a morbo vindicati illinc abeunt.* » (*Franc. Gonz.* De Origine Seraphicæ religionis, *Romæ, 1587*). F. Gonzaga devint Général de l'Ordre, son histoire de la Religion Séraphique jouit d'une grande autorité, car elle fut composée sur les documents envoyés par les couvents de l'Ordre.

La chronique de Jean Baujouan, syndic du couvent de Quimper, composée vers 1630, dit aussi : « Son corps est déposé dans la chapelle de saint Antoine au dit couvent ; là, à cause de sa grande et juste réputation de sainteté, son tombeau est visité par tous les chrétiens avec confiance et en lui rendant leurs hommages, et personne implorant son secours ne s'en retourne sans être exaucé. »

Une troisième translation des reliques du saint eut lieu, probablement vers 1634, pour les mettre encore plus en évidence. Elles furent levées de terre et placées sur *un autel*, en une chapelle spéciale, pour mieux marquer la légitimité de son culte.

Albert Le Grand, qui écrivait à cette époque (1636), indique clairement cette nouvelle translation, la dernière jusqu'à l'époque révolutionnaire : « D'où encore (du tombeau grillé) on a transféré ses Reliques en la chapelle qui fait l'aile droite du chœur et posées sur l'*Autel*, en un petit *Tabernacle* couvert d'un voile de riche étoffe ; et devant ledit Tabernacle est le portrait du Saint en un *tableau* bien travaillé qui a esté donné par défunte Dame Blanche de Lohéac,

Dame de Missirien. Il est en grande vénération en ladite ville et plusieurs personnes détenues de grandes infirmités, en ont été délivrées par ses mérites. »

Pourquoi cette troisième translation ?

C'est que justement à cette date (5 juillet 1634), parut le fameux décret du pape Urbain VIII qui posait les règles de la nouvelle législation de béatification et de canonisation, règles qui causèrent de grandes émotions dans le monde chrétien, et plus spécialement dans les monastères possédant des corps de saints honorés d'un culte public (1).

Le Souverain Pontife déclarait que le saint honoré *d'un culte immémorial*, c'est-à-dire ancien et *antérieur d'un siècle* à ce décret de 1634,

(1) Un premier décret parut le 13 mars 1625 ; le Bref *Cœlestis Jerusalem*, du 5 juillet 1634, précisa les règles à suivre. Les serviteurs de Dieu, morts après l'année 1534, ne sont pas susceptibles d'avoir un culte immémorial ; il faut alors recourir à la procédure du procès apostolique (toujours long) indiqué par Urbain VIII, et en attendant la sentence du Saint Siège, le *culte public*, *comme ériger un autel, exposer l'image, est prohibé ;* le culte privé ou la simple manifestation de la dévotion privée est seulement permise.

restait en légitime possession, et que ce culte constituait en sa faveur une prescription qui équivalait à une béatification : on pouvait néanmoins recourir au Saint-Siège pour obtenir la confirmation expresse de ce culte.

Le culte ininterrompu de saint Jean Discalcéat était antérieur au décret, non seulement de cent ans, mais de deux cent quatre-vingt-cinq ans ; il était donc pleinement en possession de son titre.

Pour mieux affirmer ce titre et ce droit, surtout aux yeux des fidèles, les Frères Mineurs du couvent de Quimper s'empressèrent, avec l'autorisation de l'Evêque du lieu et du Provincial de Bretagne, de placer les reliques du saint sur un autel, en une chapelle spéciale, et d'y apposer son portrait ou « tableau bien travaillé ».

Cette solennelle manifestation fut de la plus haute importance et d'un habile à-propos. Elle était comme l'expression d'une béatification équipollente d'après les propres règles établies par Urbain VIII et la prise de possession définitive du culte rendu à saint Jean Discalcéat dans l'église des Cordeliers de Quimper. Le simple rapprochement des dates nous amène à cette conclusion, basée sur des faits certains.

La donatrice du tableau fut la première femme de Guy Autret de Missirien, le célèbre historien breton, dont nous avons parlé, lequel entretenait de fréquents rapports avec le pieux évêque de Quimper, René du Louët, dont il fut l'admirateur et l'ami. Blanche partageait évidemment la dévotion de son époux pour les saints de Bretagne, comme on le voit par sa munificence à l'égard de saint Jean Discalcéat. Le tableau qui fut fait par ses soins n'existe plus et l'on ne saurait assez le regretter.

Dom Lobineau, à l'époque où il écrit la *Vie des Saints de Bretagne*, en 1724, parle du petit Tabernacle où étaient encore renfermées les reliques. Ce Tabernacle ne fit place à une nouvelle châsse, *vitrée de deux côtés*, que sous l'épiscopat de Mgr Farcy de Cuillé (1739-1772).

Ainsi s'affirmait de plus en plus le culte du Saint. Désormais les fidèles pourront, non pas seulement toucher le bois du coffre qui contenait ses ossements sacrés, mais les voir à travers la vitre.

C'est dans cette châsse que reposèrent les

restes de saint Jean Discalcéat, jusqu'après la Révolution française (1).

Elle se trouve actuellement au Musée d'Art religieux de l'Evêché de Quimper. Elle mesure soixante-deux centimètres de longueur, trente-un de largeur, et quarante-un de hauteur. Sur les deux côtés sont deux petits panneaux vitrés, entourés d'arabesques sculptées, puis deux pilastres dont le champ est aussi orné de sculptures. Les extrémités portent des cartouches encadrant un panneau rond où sont représentées les armes de l'Ordre de saint François : une croix et deux bras en sautoir, l'un nu, l'autre vêtu de bure. Le couvercle, en forme de toit, est orné sur les grands côtés d'un médaillon ovale entouré de palmettes, et, sur les deux croupes, d'une pointe de diamant (2). Il était couronné d'une petite statue du Saint.

Dans ce reliquaire se trouvaient renfermés un bréviaire romano-séraphique du XVIᵉ siècle

(1) En 1879, une autre châsse fut faite d'un style différent.

(2) *Bulletin de la Commission diocésaine d'Architecture et d'Archéologie.* (Quimper, Typ. de Kerangal, 1904.)

et un cahier contenant la relation de plusieurs miracles opérés par le Saint.

Ce *bréviaire* est aussi déposé actuellement au Musée d'Art religieux (1).

Il est imprimé en caractères gothiques et relié en basane ; sur le plat du revers, on peut lire la date de 1529. Plusieurs feuillets manquent. Le propre des saints (incomplet) s'ouvre, 16 janvier, à la fête des saints Bérard, Pierre, Accurse, Adjut et Othon, premiers martyrs de l'Ordre de saint François. Cet office est suivi immédiatement de celui de saint Bernardin de Sienne, au 20 mai, et le propre des saints se continue jusqu'à la Présentation de la Sainte Vierge, au 21 novembre. Après une autre lacune, on arrive à la fête de l'Epiphanie, etc.

Une forte chaîne de cuivre fixée à la couverture par des rivets, atteste que ce bréviaire était primitivement fixé à quelque banc ou à la muraille près du tombeau du saint, à l'usage des Pères qui venaient y réciter le saint office (2).

(1) *Bulletin de la Commission diocésaine d'Architecture.*
(2) Le premier Bréviaire imprimé est de 1480, à Vannes. Vu le prix et la rareté, un exemplaire servait à plusieurs religieux et était fixé à l'église.

La statue de saint Jean Discalcéat, conservée encore de nos jours, et dont nous parlerons plus loin, avec plus de détails, semble remonter au xve siècle. Elle était placée sur un piédestal auprès du « *petit autel* de saint Jean Discalcéat (1) ».

III. Sa sainteté, ses miracles, son culte.

La sainteté de frère Jean apparut radieuse, après sa mort, surtout par l'éclat et le nombre des miracles. La confiance des fidèles était devenue sans bornes, « en voyant la splendeur de ses prodiges », *videntes splendorem suorum miraculorum*. Ils étaient tellement évidents et nombreux que des notaires publics furent chargés de les recueillir pour les conserver à la postérité (2).

Notre biographe ne les a pas consignés dans son écrit, et on ne saurait assez le regretter; toutefois son témoignage est précieux. On devine

(1) Cet autel est mentionné dans un *Acte* concernant le couvent, trouvé par M. Trévédy. (Notice sur les Nécrologes du couvent.)

(2) *Manuscrit*, N° 3.

facilement la série de guérisons obtenues, telles qu'on en voit dans une foule de vies de saints.

La châsse a contenu autrefois un opuscule —sans date d'impression — édité en breton, parlant des nombreux miracles du Saint, mais ce livre incomplet ne contient plus que des débris. Le cahier composé de feuilles détachées commence à la page 145 et finit à la page 162. De la page 146 à la page 160 on trouve un calendrier où, sous la rubrique de chaque mois, sont mentionnés les Saints bretons ; l'article concernant saint Jean Discalcéat se lit à la date du 15 décembre (1).

Un seul procès-verbal de guérison, rédigé par les religieux du couvent, en 1750, est parvenu jusqu'à nous. Le voici :

« Ce jourd'hui, quinzième décembre 1750, a comparu dans notre sacristie Marie-Julienne Mauduit, femme d'Yves David, demeurants rue Neuve, paroisse du Saint-Esprit, qui a déclaré que sa fille nommée Marie-Perrine David étoit percluse des deux jambes depuis deux ans et

(1) Note insérée dans le registre d'Ergué-Armel par M. Aymar de Blois.

demi et qu'après avoir fait plusieurs prières ou neuvaines dans différents endroits sans s'apercevoir de l'amendement de sa fille, elle l'a enfin vouée à saint Jean Discalcéat : et le quatrième jour de la neuvaine, elle s'aperçut que sa fille remuait et frappait la terre des deux jambes, en foy de quoy elle a signé, à Quimper, les jour et an que dessus.

Signé : Marie Julienne Moduit » (1).

Cette attestation, à la veille de la Révolution, suffit pour montrer que la série des miracles restait ininterrompue et que la confiance des fidèles persévérait toujours.

Le culte de saint Jean Discalcéat ne se ralentit jamais, parce que c'est un culte vraiment *populaire* et à la fois un culte *bienfaisant*.

Il est l'ami du peuple qui vient à lui comme à un père. Comme au temps où il vivait sur la terre, il leur obtient des grâces non seulement spirituelles, mais temporelles et palpables.

L'argent de son tronc secourt les pauvres et leur procure du pain.

(1) Procès-verbal conservé dans la châsse du Saint.

Nous savons par l'Annaliste de l'Ordre franciscain, qu'autrefois on invoquait le Saint surtout pour obtenir la *guérison des maux de tête*. Le mal disparaissait comme par enchantement. Quel bienfait inappréciable !

A notre époque, combien de personnes sont travaillées de cette maladie, au sens physique et moral !

Le Saint est invoqué plus spécialement de nos jours, pour retrouver les *objets perdus* et obtenir *le beau temps*. La Foi et la reconnaissance des personnes exaucées leur fait offrir du *pain pour les pauvres* ou verser de bonnes offrandes dans le *tronc* apposé au pied de sa statue. Nous l'expliquerons plus loin.

Nous devons maintenant répondre à une question que le lecteur n'a pu manquer de se poser : Pourquoi l'Ordre de saint François n'a-t-il pas sollicité du Saint-Siège, dès le xiv siècle, une sentence officielle de canonisation de frère Jean Discalcéat, alors que les témoins et les documents existaient si précis et si nombreux, que les miracles étaient si éclatants, la confiance et la ferveur du peuple si intenses ? Est-ce que

l'historien du Saint, l'auteur du manuscrit retrouvé, n'indiquait pas lui-même, comme conclusion de son travail, tous les signes d'élection
et de béatification : les miracles, les prophéties,
l'héroïcité des vertus?

Nous répondrons à l'interrogateur par une
autre question : Pourquoi Charles de Blois n'a-
t-il été béatifié qu'en 1904?

Il suffit de connaître les vicissitudes que sa
Cause eut à traverser pour deviner celles que
l'humble Discalcéat, l'ami de Charles de Blois,
lié à son parti, aurait eu à vaincre.

Il est plus que probable que des démarches
furent faites, en cour de Rome, par les Postu-
lateurs de l'Ordre, chargés spécialement du
soin de promouvoir les Causes franciscaines.
Les documents nous manquent maintenant
pour le savoir. Ils durent attendre des temps
plus favorables, à cause des difficultés politiques... Cependant, les Cordeliers de Quimper,
jouissant des faveurs du culte rendu légitimement au Saint dans leur église et soumis en
tout aux décisions du Saint-Siège, prenaient
patience et priaient pour que sonnât l'heure
marquée par Dieu.

Nous croyons que l'heure est venue : tout nous l'annonce. Le manuscrit inédit, caché depuis des siècles, a été retrouvé au moment voulu.

Et nous qui vivons dans un siècle divisé et corrompu, dans une société bouleversée par des factions intestines et étrangères, n'avons-nous pas à nous réjouir d'une telle expectative, puisque nous participerons aux grâces nombreuses et à la protection efficace d'un serviteur de Dieu honoré désormais non plus seulement dans une église, mais dans plusieurs diocèses et dans l'Ordre séraphique tout entier ?

Les astronomes nous apprennent qu'il y a des étoiles au firmament dont la lumière ne parvient à notre globe qu'après des centaines d'années. L'Auteur de l'harmonie universelle l'a ainsi disposé, non sans de justes lois. De même la lumière de certains astres célestes s'allume sur nos autels, après des siècles de gloire rayonnant au ciel, au moment providentiel marqué par le Très-Haut.

Jeanne d'Arc n'a été béatifiée qu'en 1909. Tous se rappellent le frémissement d'allégresse qui remua les cœurs des Français quand le

Souverain Pontife Pie X prononça la sentence libératrice, en Saint-Pierre du Vatican, et baisa le drapeau national. Un tonnerre d'applaudissements et d'acclamations gronda sous l'immense coupole de la basilique.

Le B. Charles de Blois, la B. Jeanne d'Arc, le B. Jean Discalcéat appartiennent au même cycle de l'invasion anglaise. Ils ont voulu réapparaître à la même période, en secours du peuple chrétien oppressé : *adjutorium nostrum in nomine Domini.*

Ne fermons pas nos cœurs à l'espérance de jours meilleurs.

Un mot sur les difficultés que la Cause de Charles de Blois eut à surmonter, afin de mieux connaître la situation faite à notre héros, au B. Jean qui se trouve placé dans le même sillage.

Le jeune Jean de Montfort ayant atteint sa majorité, le roi Edouard III, son tuteur, l'avait laissé revenir en Bretagne, avec une armée anglaise. Il ralluma la guerre. Après quelques combats et trêves, il alla assiéger Auray. C'est là que le rejoignit Charles de Blois, avec son armée formée à Guingamp.

Le Prince relevait de maladie et pouvait à peine se tenir debout. Du Guesclin guerroyait en Normandie. Il quitta aussitôt ce pays où il remportait victoires sur victoires, pour voler au secours de son Duc qu'il aimait passionnément. Bertrand s'arrêta un moment à Broons, au chevet de son père mourant, lequel expira bientôt dans ses bras... Tout baigné de larmes, la rage au cœur contre l'anglais oppresseur, le célèbre héros breton arriva sur le lieu du théatre où allait se livrer la plus émouvante des batailles, décidé à vaincre ou à mourir. Les deux armées, comprenant six mille hommes chacune, partagées en trois divisions, de part et d'autre, étaient campées dans la plaine qui s'étend entre Auray et Keranna (Sainte Anne), séparées par la rivière Le Loch où remonte le flux de la mer, celle de Charles du côté de Sainte Anne, celle de Montfort adossée aux collines couvertes de broussailles et de bois où se trouvent maintenant la Chartreuse et le monument des martyrs de la Révolution.

Champ deux fois tristement célèbre sur lequel Charles sera traiteusement immolé, et où quatre siècles plus tard les émigrés faits prisonniers

lors de leur descente à Quiberon (27 juin 1795),
furent horriblement, contre la justice, l'honneur, la foi promise, massacrés comme un vil
troupeau par les ordres du féroce proconsul
Tallien. Quel chemin de croix ! Là encore s'élè-
vera le monument du Comte de Chambord,
dont on connaît le bon droit, mais qui ne
régna jamais.

La bataille s'engagea le 29 septembre 1364,
fête de l'archange saint Michel tombant cette
année un dimanche : jour doublement sacré que
le Saint voulait respecter à tout prix, sauf à commettre une forfaiture : *potius mori quam fœderi*.
Mais les Anglais mirent comme clause de
trêve « le droit de rançons (pillage) en Bretagne
pendant cinq ans ». Charles répondit : « Plutôt
que laisser en proie à de telles misères et à de
telles angoisses mon peuple dont j'ai si grand
pitié, je préfère m'en remettre à la guerre, selon
la volonté de Dieu, et je veux combattre pour
le défendre (1). » Il donnera sa vie pour son
peuple.

(1) *Enquête de canonisation de Charles de Blois*, 56e
témoin.

« Noble cri, dernière parole de ce généreux prince, sortie d'un des plus braves cœurs qui aient honoré l'humanité. (1). »

Une mêlée furieuse s'engagea sur toute la ligne ; les Anglais pliaient, lorsque Hue de Caverlay qui commandait leur corps de réserve, jusque là caché derrière la colline, s'ébranla avec sa troupe, et, faisant un circuit, vint prendre à dos l'armée française. Le comte d'Auxerre, commandant la 2e division, eut un œil crevé d'un coup d'estoc porté dans la visière de son casque; aveuglé par le sang, il dut abandonner la partie et se rendre. Ce fut la cause de la défaite. Du Guesclin qui dirigeait la 1re division, armé d'un lourd marteau d'acier, assommait les assaillants. Son marteau se rompit, sa hache et son épée se brisèrent successivement dans ses mains fatiguées de carnage. Il voulait se faire tuer tout en disloquant encore à coups de gantelets de fer les ennemis qui l'entouraient, mais il dut se rendre à Chandos, le fameux capitaine anglais, son

(1) *Histoire de Bretagne*, par A. de la Borderie (t. III, p. 589).

émule en valeur, qui lui cria : « Messire Bertrand, rendez-vous, cette journée n'est pas vôtre ; il faut céder à la fortune, une autre fois vous serez plus heureux. »

Charles de Blois, qui commandait la 3e division, environné d'ennemis, se défendit en lion, avec une héroïque énergie ; mais le nombre des assaillants, qui leur permettait de se relayer et d'attaquer de tous les côtés à la fois, finit par le contraindre de se rendre à son tour. Hue de Caverlay ordonna de le tirer de la mêlée et de le conduire à l'écart. Que se passa-t-il ? Georges de Lesnen, médecin de Charles, qui assistait à la bataille, va nous le dire : « *Après un long espace de temps* après que Messire Charles fut pris par ses ennemis et se rendit à eux *prisonnier*, ces mêmes ennemis le mirent à mort (1). »

Un soldat du parti anglais lui enfonça son épée dans la gorge ; le fer sortit par le cou, derrière l'oreille (2). Jean de Lesnérac, avec

(1) *Enquête de canonisation*, 9e témoin.
(2) « Et là ot un Engloiz qui ouvra *faucement* ;
    Par la gorge li mist sa dague tellement
    Que d'autre part passa demi pié largement. »
Cuvelier, *Chronique rimée de du Guesclin*, (1380, vers 6256, 7 et 8).

Jean Chandos et Hue de Caverlay, avait tenu son serment, juré sur la sainte hostie répartie en trois (1).

L'infortunée victime râlait encore sur ce champ de combat détrempé de son sang et de celui de tant de chevaliers, lorsqu'un Dominicain, Frère Rabin, (mandé sans doute) accourut. « Il lui dit de se recommander à Dieu et à saint Jean-Baptiste qu'il avait servi dévotement pendant sa vie. Charles prononça ces mots, les derniers : « *Ha!... Ha!... Seigneur Dieu!* », et il mourut anssitôt (2). »

Ce cri douloureux : « *Ha!... Ha!... Domine Deus !* » rappelle celui du Christ sur la croix : « *Deus meus, Deus meus, utquid dereliquisti me ! (3) »

Le Bienheureux Charles, égorgé comme un

---

(1) *Le serment de Jean de Lesnérac*, publié par M. de l'Estourbeillon. — *Acte de Nicole de Bretagne* du 3 janvier 1480, dans D. Morice (Preuves, III, 344). — *Chronique du château de Nantes* écrite vers 1500 (D. Morice, *Preuves* I, 156 et *Histoire* I, 1005).

(2) *Enquête de canonisation*, 30e témoin, (déposition de frère Geofroy Rabin). Si Charles avait été dans la mêlée, le Dominicain n'aurait pu l'approcher.

(3) *S. Mathieu*, 27, 46, *Psaume 21, 2.*

agneau, avait expiré vers le milieu de la soirée du 29 : le combat avait duré sept heures, depuis sept heures du matin (1).

Après sa mort, son corps fut entièrement dépouillé de ses armes et de ses vêtements par les Anglais qui le trouvèrent revêtu du cilice et d'une triple corde. Ils jetèrent un grand bouclier sur le cadavre nu (2).

Lorsque du Guesclin eut appris la mort de Charles, il s'écria, fou de douleur : « Mort est le plus vaillant homme qui fût au monde, maintenant je n'estime pas ma vie deux sols parisis (3). » Et il résolut de quitter l'Europe, après sa délivrance, pour aller à la conquête du Saint-Sépulcre, mais il ne put réaliser son désir. Sur son lit de mort (1380), il ordonna d'envoyer un pèlerin prier pour lui aux tom-

(1) V. Froissart et Cuvelier.

(2) Le pourpoint que portait Charles de Blois à la bataille d'Auray a été conservé ; il est *taché de sang seulement* près du col, et l'ancienne inscription porte ces mots significatifs : « C'est le pourpoint de saint Charles de Blois, tué à la bataille d'Auray, par Jean de Montfort, son compétiteur au Duché de Bretagne, ce 29 septembre 1364. »

(3) Cuvelier, 1380.

beaux de saint Charles de Blois et de saint Yves de Tréguier, en recommandant de faire à chacun de ces deux sanctuaires une pieuse offrande.

Quant au vainqueur, Jean de Montfort, après s'être rafraîchi, il vint en compagnie de Chandos qui avait bu « à celuy mesme flacon », auprès de la dépouille du vaincu, et fit lever le bouclier. Les chroniqueurs assurent qu'il versa des larmes, et nous le croyons sans peine. Constatant cette émotion, Chandos lui dit : « Sire, partons d'ici, et regrâciez Dieu de la belle adventure que vous avez, car sans la mort de cestuy, vous ne pouviez venir à l'héritage de Bretaigne. — Vous ne pouviez avoir votre cousin en vie et la duché ensemble... Vous avez gaigné une belle journée, de laquelle il sera parlé à cinq cents ans d'icy (1). » Ils se retirèrent, laissant là le cadavre.

Chandos prophétisait à son insu : 555 ans après sa mort, Charles a été béatifié et jamais tant on ne parlera de la bataille d'Auray.

Montfort fit ériger en 1383 une église collégiale (devenue plus tard la Chartreuse), sur

(1) Cité par d'Argentré.

le théâtre de la bataille de 1364, afin d'y prier Dieu « pour les âmes de ceux qui, *au jour de la bataille*, décédèrent. »

Cependant les Frères Mineurs n'oubliaient pas leur saint ami. « En ce lieu (Auray) fut le corps de Messire Charles porté, et de là à Guingamp, où il gist aux Cordeliers *dedans le même coffre de bagage*, où il fut enlevé du camp. Celui qui escrit la *Vie de Messire Bertrand* (1) dict, que le corps fut trouvé nud soubs un arbre par un Cordelier, nommé frère Raoul de Carguenolles (2) *lequel l'enleva et porta une lieue du long*, attendant trouver un charroy pour le porter à Guingamp... et dict le même, que Charles avoit combattu en dix-huict batailles, et que ce fut un des beaux hommes de France, et aussi vaillant et preux, qu'il en fut oncques (3). »

Les miracles éclatèrent au tombeau de Charles de Blois, placé dans l'église des Franciscains de Guingamp, à tel point que le couvent reçut le nom de *Terre-Sainte*.

(1) *Chronique de Trueller*, qui avait connu du Guesclin. 1387.

(2) Appelé, en breton, Raoul de *Kerguyniou*.

(3) D'Argentré, à l'année 1364.

Le meurtrier de Charles, Jean de Lesnérac,
s'étant vanté de son exploit, « forcena et devint
enragé et hors de sens, de sorte que ses parens,
l'ayant lié et garotté, le menèrent à Guengamp,
au sépulcre du Bienheureux Charles, où, après
avoir fait leurs prières et oblations, il revint à
son bon sens et s'agenouilla devant le sépulcre,
y fit ses oraisons et se donna soy et tous ses
biens au service dudit Monastère des Cordeliers
de Guengamp (1). »

Le peuple tout entier, sauf le parti anglais,
demandait la canonisation du Saint ; les Franciscains surtout déployaient un grand zèle pour
promouvoir cette Cause. Mais Jean de Montfort
veillait. Il s'opposa constamment à ce dessein,
avec une brutalité inouïe, car il craignait que
le peuple ne le considérât lui-même comme un
ambitieux qui avait été l'ennemi d'un Saint, du
vrai Duc, et comme un usurpateur. Il craignait
surtout que l'enquête ne révélât la véritable
mort de Charles. Une version apocryphe avait
été lancée dans le public. Tout ce qui rappelait

(1) Albert Le Grand, *Vie de saint Charles de Blois.*
Cuvelier, 1380.

le Bienheureux était proscrit, lacéré, détruit ;
ses amis étaient persécutés, leurs biens confis-
qués, s'ils n'acceptaient pas son autorité.

A Quimper, des assemblées tumultueuses
furent tenues les 13 et 15 novembre 1364,
lorsque Jean de Montfort, après son triomphe
d'Auray, vint mettre le siège devant leur ville.
Les habitants se rendirent *à bon droit*, puisque
cette victoire avait terminé le différend, et une
amnistie leur fut accordée par le Duc deux jours
plus tard, le 17 novembre 1364, avec l'abolition
des confiscations prononcées antérieurement,
et l'autorisation donnée aux derniers fidèles de
la cause de Charles de Blois, *de sortir de la ville
dans un délai de onze jours* (1).

(1) L'archiviste du Finistère, M. de la Rogerie, a publié
intégralement ces différentes pièces : *Délibération du 13,
— du 15 novembre 1364, Amnistie du 17 novembre 1364,*
V. *Prise de Quimper en 1364* (documents inédits),
(Quimper, imprimerie Cotonnec, 1900).
Le traité de Guérande, en mai 1366, admis par tous
les partis, et la duchesse de Penthièvre, avec l'hommage
du duché de Bretagne *au roi de France*, ratifié par
Charles V, pacifia les esprits et légitima la situation.
La veuve du Bienheureux Charles gardait le titre de
duchesse, le comté de Penthièvre et la vicomté de

7*

Il ne pouvait être question alors, et dans la suite, de faire béatifier Jean Discalcéat, pas plus que Charles de Blois.

A Guingamp, Olivier Sellar eut une triple apparition du Saint qui l'avertit de faire des médailles d'étain pour être distribuées à ceux qui visitaient son tombeau. Par ce commerce, il gagna sa vie pendant quelque temps, mais par crainte du Duc, il fut obligé de fuir à Paris (1).

Il semblait à Montfort que Blois le suivait partout.

S'étant rendu au couvent des Franciscains de Dinan, il y fut témoin d'un prodige inouï, qui le frappa de terreur.

Du vivant de Charles de Blois et par son ordre, frère Guillaume Lebreton avait peint sur une muraille de l'église de ce couvent, en mode

Limoges ; son fils aîné épouserait la sœur de Jean de Montfort, et si celui-ci mourait sans enfants mâles, le duché reviendrait à Jean, l'aîné du bienheureux Charles, etc. En ce moment, les fils du saint étaient prisonniers à Londres. Ce fut un heureux traité d'accommodement et de pacification.

(1) *Enquête de Canonisation*, 124e témoin, (déposition d'Olivier Sellar).

d'arbre de vie, l'histoire de saint François. Le
Duc s'y trouvait représenté, dans le bas, à
genoux, avec les armes de Bretagne. Montfort
ordonna au gardien, frère Païen de Kélen, de
détruire l'image de Charles ; c'était le 1er février
1367, veille de la fête de la Purification de la
Sainte Vierge. Le supérieur se contenta de
couvrir le portrait du Saint et l'écusson d'une
couleur blanche. Le lendemain, au moment où
il revêtait les ornements pour célébrer la sainte
messe, vers six heures, un *sang vermeil* se mit
à couler de l'image du bienheureux Charles,
à l'endroit précis, *derrière l'oreille,* par où il
avait reçu le coup de dague fatal de la main du
meurtrier. Frère Raoul de Kerguyniou, gardien
de Guingamp, était alors présent, et une foule
de seigneurs et de simples fidèles constatèrent
le miracle.

Montfort accourt blême de stupeur et de
colère, il menace les religieux de mort en les
accusant de supercherie, ordonne d'enlever
l'image (ce qu'on ne fit pas) ; les Anglais, tenant
des bâtons, forcent tous les témoins de sortir
de l'église et ferment les portes.

Il faut lire dans l'*Enquête de Canonisation*

tous les détails si précis de ce prodigieux et dramatique événement (1).

Montfort toutefois persista dans son obstination et dans son opposition à la Cause de béatification. Les Franciscains ne se laissèrent pas intimider, ils en devinrent les apôtres enthousiastes. Les pétitions adressées au Souverain Pontife se multiplièrent. Bientôt, cinq ans seulement après la mort de Charles de Blois, l'an 1369, le Pape Urbain V ordonna d'ouvrir une enquête en vue de sa canonisation.

Faute de sécurité, la Commission ecclésiastique chargée de ce soin, ne put se tenir en

(1) *Enquête*, témoin 68e (frère Païen de Kelen), témoin 65e, etc. Guillaume de Kerimel, témoin 64e, « recueillit de ce sang en grande quantité, qu'il garda précieusement ».

Nicole de Blois, dite de Bretagne, pouvait écrire au roi Louis XI, le 3 janvier 1480 : « Charles de Blois fut pris prisonnier et mené au comte de Montfort, qui le fit tuer et occire par un nommé de Lezenérac du pays de Guerrande, et moyennant ce, Jehan de Montfort soy empara du duché. »

Mais malheur à celui qui aurait dit ouvertement telle chose, du vivant de Jean IV, ce prince dont « la violence de passion allait jusqu'à la folie », suivant l'expression de M. de la Borderie.

Bretagne. Frère Raoul de Kerguyniou, l'intré-
pide Cordelier qui avait *porté une lieue de long*
le corps du Bienheureux Charles, était nommé
Postulateur ou Procureur général de la Cause,
au nom de la veuve et des enfants du Saint.
Il fit amener à Angers, dans l'église des Franciscains, des centaines de témoins qui vinrent
déposer devant les Commissaires apostoliques
avec un élan admirable ; leurs témoignages
consignés par écrit forment un dossier volu-
mineux et constituent un des documents les
plus importants de l'histoire de Bretagne. Il n'a
pas été encore publié. Le procès de Canonisation commencé le 9 septembre 1371 fut terminé
le 18 décembre de la même année.

La sentence du Vicaire de Jésus-Christ sera-
t-elle portée ? Nullement. Il faudra attendre
encore cinq cents ans ! Les oppositions politiques continuèrent ; le Saint-Siège choisira le
moment opportun et providentiel pour la proclamer.

En vertu des lettres rémisoriales et compul-
soriales concédées par décret pontifical du
5 janvier 1893, expédiées par le Cardinal Pré-
fet de la Congrégation des Rites, le 8 mars 1893,

deux procès apostoliques (tout en tenant compte
de celui de 1371) furent instruits simultanément,
l'un à Blois, commencé le 30 mars 1894, terminé
le 26 février 1896, avec les dépositions de six
témoins ; l'autre à Saint-Brieuc, commencé le
5 octobre 1894, terminé le 27 novembre 1895,
renfermant les dépositions de dix témoins. Ces
deux procès furent déposés à Rome, à la Congrégation des Rites, le 6 mars 1897.

Enfin le 14 décembre 1904, un décret du
Saint-Siège sanctionna la légitimité du Culte
immémorial rendu à Charles de Blois, l'admettant par là au rang et aux privilèges des *Bienheureux* reconnus par l'Eglise.

Ne pleurez plus ! Malgré Monfort et l'Angleterre,
    Charles vaincu n'a-t-il pas remporté
La victoire suprême et que ne peuvent taire
    Les échos d'immortalité. —
— Car il s'en fut là-haut dire à Dieu : « Ne vous plaise,
Seigneur, que ma France, un si doux pays,
    Devienne une province anglaise...
    Délivrez-la, Seigneur, des ennemis. —
    Et dans sa pitié souveraine
    Dieu prépara pour l'avenir
Son miracle d'amour, — l'angoisse va finir :
    Voici Jehanne la Lorraine ! (1)

(1) *Cantate* exécutée à Blois, lors des fêtes de Béatification de Charles de Blois, 1905.

Nous avons tenu à donner ces détails — qui ne sont pas un hors-d'œuvre dans ce livre — parce que seuls ils expliquent le retard de la reconnaissance officielle du culte de saint Jean Discalcéat, et parce qu'ils font espérer avec certitude que les honneurs décernés au Bienheureux Charles de Blois seront aussi concédés sous peu à son saint ami, l'humble Frère Mineur de Quimper.

CHAPITRE V

LE COUVENT DE QUIMPER ILLUSTRÉ PAR
S. JEAN DISCALCÉAT
CHRONIQUES : GLOIRES ET ÉPREUVES
LE CONCORDAT GALLO-BRETON

I. — Chroniques du couvent de Quimper.

Il est d'usage dans toutes les biographies modernes de donner la description des lieux sanctifiés par les saints ; de suivre l'influence qu'ils exercèrent au cours des siècles, et de recueillir ainsi les fruits de leurs vertus sur l'arbre de vie qui germe toujours sur leur tombe ; tant il est vrai que la sainteté est le plus grand des bienfaits accordés par le ciel à la terre et la plus pure gloire illuminant l'humanité. Ils meurent au monde pour vivre en Dieu qui leur accorde un pouvoir d'intercession bien utile aux pauvres mortels implorant leur secours.

Le Patriarche d'Assise aimait à comparer ses fils aux alouettes dont le plumage gris cendré lui rappelait la robe des Frères Mineurs, et surtout la pénitence évangélique ainsi que la louange divine qu'ils doivent chanter joyeusement nuit et jour. A Quimper les alouettes de S. François avaient bâti leur nid non pas dans les blés, mais dans la verdure, non dans le silence de la campagne, mais dans le bruit de la cité, tempéré par l'harmonie du cours des eaux. Le couvent était placé au confluent de l'Odet et du Stéir, à l'endroit où les deux rivières mariant leurs ondes s'en vont en murmurant, jusqu'à l'anse de Bénodet, porter leur tribut aux nymphes de l'océan. Fièrement campé derrière les remparts de la ville close, en face de la grande ligne du mont Frugy, dominant le petit port et ses navires, reflétant ses grands arbres dans le miroir des eaux, il s'exhaussait assez pour jouir d'un magnifique panorama. Ce site a charmé depuis plus d'un poète. C'est là que Brizeux semble s'être complu dans la contemplation de la vieille cité de S. Corentin :

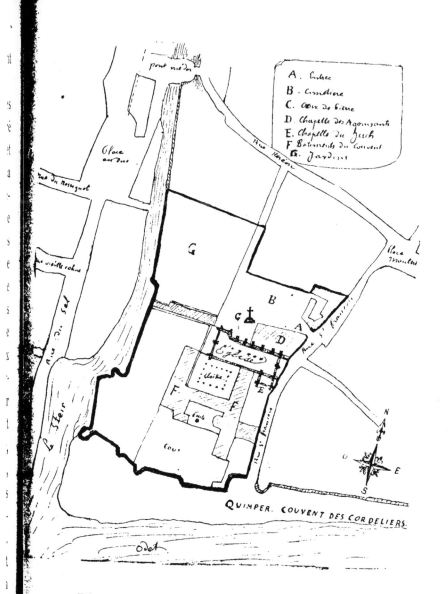

A. Entrée
B. Cimetière
C. Croix de Pierre
D. Chapelle des Agonisants
E. Chapelle du Jésus
F. Bâtiments du Couvent
G. Jardins

QUIMPER. COUVENT DES CORDELIERS.

Plan du Couvent de Quimper.

Et cependant sous nos vieilles murailles
Gaîment passaient les filles de Cornouailles,
Et laboureurs avec leurs longs cheveux
Portant la braie ainsi que leurs aïeux.
Tout verdissait sur la haute montagne ;
Tout se mêlait, la ville et la campagne ;
Le double flot coulait sonore et clair
Au confluent de l'Odet et du Ster.

Les disciples du Poverello d'Assise n'avaient pas bâti ce monastère, ils l'avaient reçu, en 1232, des mains de la Providence qui pourvoit à tout, au moment propice, alors que les Templiers le quittaient sans espoir de retour. Son origine première expliquait peut-être son étendue relativement grande, l'élégance de son cloître et la beauté de son église, car en ces temps-là les Frères Mineurs se contentaient généralement de pauvres demeures adossées à quelque chapelle sans ornementation (1).

(1) Pour la description détaillée du couvent et de l'église des Cordeliers de Quimper, voir la notice de M. Bigot, architecte (*Bulletin de la Société Archéologique du Finistère*, 1883, p. 199 et suiv.), et les opuscules de MM. Aymar de Blois et Trévédy.

Les bâtiments conventuels étaient assez modestes, éclairés par de petites fenêtres ogivales. On y pénétrait par une vaste cour, au milieu de laquelle se trouvait un calvaire ; le piédestal de cette croix de pierre, sculptée sur chacune de ces faces, a subsisté jusqu'au siècle dernier. Le Bienheureux Jean Discalcéat, qui avait dressé tant de croix pendant sa prime jeunesse sur le sol natal, aurait-il exercé son talent et son zèle à l'érection de celle-ci ?

Le cloître, longtemps admiré des connaisseurs, était adossé au mur méridional de la nef de l'église ; les trois autres côtés contournaient le monastère et formaient ainsi une cour centrale rectangulaire qui mesurait douze mètres sur vingt. Il se composait d'une série d'arcatures ogivales à tiers-point, ayant quatre-vingt-trois centimètres d'ouverture. Les colonnettes en granit avaient dix-huit centimètres de diamètre sur un mètre de hauteur, y compris bases et chapiteaux. L'ornementation de ceux-ci était extrêmement sobre et ne recevait parfois qu'une feuille sculptée sur chaque côté. Dans chacun des quatre angles du cloître, il y avait un groupe de trois colonnes isolées et

8

placées de manière à en représenter deux sur chaque face (1).

L'enceinte du couvent était séparée de l'Odet par la promenade plantée d'arbres qu'on appelait autrefois le Parc-Costy et aujourd'hui le Parc ; entre cette promenade et la grande cour du monastère s'élevaient les remparts de la cité. Le long du Steir, les fortifications continuaient à s'étendre et servaient de limites au jardin. Non loin du confluent s'élevait la grosse tour, dont l'aspect sévère s'adoucissait sous sa guirlande de lierre, sa parure de valérianes, sa couronne de lilas fleuris. Le cimetière était contigu à l'église.

Celle-ci, mesurant quarante-deux mètres de long, se composait d'une nef terminée par deux pignons droits, d'un seul bras de croix placé au midi où se trouvait la *chapelle des seigneurs de Juch,* et d'un bas-côté septentrional s'ouvrant latéralement vers l'ouest par une porte ogivale évasée entre deux contreforts. Le cloître étant

(1) L'architecture de ce cloître a été reproduite, en une sorte de réduction, dans les deux petites galeries qui desservent la sacristie de la cathédrale de Quimper.

appuyé au mur méridional, suivant la forme
traditionnelle observée dans l'Ordre, restrei-
gnait ce côté. C'est ce qui explique l'absence
de collatéral. Mais l'élégance de ses fenêtres et
des arcatures rachetaient ce défaut de régula-
rité et fixaient l'attention des connaisseurs.

Ces dispositions remontaient aux origines
même de la communauté, et tant que celle-ci
subsista, elles ne furent pas modifiées. L'église
subit peu de changements dans son architecture. Seule la fenêtre orientale du bas-côté fut
refaite au xvᵉ siècle, dans le style flamboyant,
qui était celui de l'époque ; l'ornementation en
pierre de toutes les autres fenêtres offrait des
dessins variés, formés de trèfles et de quatre-
feuilles à lobes arrondis, ayant beaucoup de
rapport avec les fenêtres du Kreïsker, dont
elles n'atteignaient pas néanmoins les grandes
dimensions.

Si nous pénétrons dans l'église, nous y trou-
vons plusieurs autels et chapelles dédiés à
divers saints. En voici la disposition, autant
qu'il est possible de s'y reconnaître d'après les
documents qui nous restent.

Au fond de la nef, à l'abside, se trouvait le

chœur des religieux, derrière le maître-autel,
séparé du *sanctuaire* par une balustrade en
bois formant clôture, mais ayant une porte de
chaque côté, avec le maître-autel au milieu,
privilégié pour les Trépassés, dédié à Sainte
Marie-Madeleine (1).

Sur chaque côté du maître-autel, en regard
du sanctuaire ou *chœur de l'église*, — à droite
(côté de l'épitre), vers le cloître au midi, se
trouvait l'autel de l'Immaculée-Conception, et
dans un bras de croix lui faisant suite la chapelle des Seigneurs de Juch ; — à gauche (côté
de l'évangile et bas-côté de l'église), la chapelle
de Saint-Antoine de Padoue, dédiée à ce saint
et à saint François, avec un double autel s'appuyant au même pilier.

C'est là, entre cette chapelle et le sanctuaire,
en face la porte du chœur, sous le jubé, que

---

(1) Plusieurs auteurs confondent le *chœur des religieux*
derrière le maître-autel, et le *chœur de l'église* ou sanctuaire devant l'autel. Le baron du Pont, fondateur, fut
enterré dans le chœur de l'église, à la place éminente,
du côté de l'évangile, ainsi que notre saint. La tombe
des évêques se trouvait du côté de l'épitre, proche
l'autel et la balustrade « *a parte claustrii* ».

fut creusée la tombe de S. Jean Discalcéat. Ses reliques furent ensuite transférées, vers 1634, du côté opposé, en une chapelle et sur un autel particuliers, « le petit autel de saint Jean Discalcéat ».

Les seigneurs de Pratanraz fondèrent la chapelle de N.-D. des Vertus, « appuyée en appentis au mur nord » ou bas-côté de l'église. « C'est là, dit Aymar de Blois, qu'on adressait des prières pour les mourants, tandis que, suivant l'usage qui s'observe en beaucoup de lieux, la cloche annonçait par ses tintements répétés la dernière heure de celui qui allait trépasser. »

A la suite, dans le bas-côté, on voyait la chapelle de Saint-Bonaventure, dite aussi de Saint-Eloi, parce qu'en 1496 les orfèvres y érigèrent leur confrérie dont ce saint est le patron, et y firent placer une belle inscription sur pierre rappelant la fondation (1).

Plus bas, la chapelle de Saint-Pierre d'Alcantara, l'illustre réformateur de l'Ordre séraphique, qui fonda la branche des Frères Mineurs appelés *Déchaussés*, aujourd'hui supprimée.

(1) Cette pierre se trouve aujourd'hui au musée d'archéologie de Quimper.

Dans le collatéral de l'église se trouvaient l'autel de la Sainte-Trinité, celui de Sainte-Anne et de Saint-Yves.

Le culte de *Notre-Dame des Vertus* aux Cordeliers de Quimper peut encore nous rappeler le souvenir du Bienheureux Charles de Blois et de son ami le Bienheureux Jean Discalcéat, car ce titre évoque le nom même de la Madone fameuse de Rennes, si honorée à la suite d'un miracle opéré en faveur de l'armée française, le 2 février 1357.

La Bretagne avait été de nouveau envahie par une forte armée anglaise commandée par le duc de Lancastre, accouru au secours de Jean de Montfort, et qui avait planté le siège devant Rennes que Bertrand du Guesclin défendait pour le compte de Charles de Blois. Ce siège fut fertile en épisodes de toutes sortes. Les anglais tentèrent en vain de tous les stratagèmes pour s'emparer de la place. Ils creusèrent des mines sous les remparts et auraient surpris les habitants (bien que ceux-ci, au dire de certains historiens, eussent placé des bassins d'airain en certains endroits pour deviner d'où partaient les coups et vibrations), si la Vierge

Marie invoquée avec confiance ne fût venue à leur secours. Les cloches d'airain de l'église Saint-Sauveur résonnèrent d'elles-mêmes ; le peuple accourut ; la statue de la Vierge s'anima et indiqua du doigt l'endroit précis de la mine qui aboutissait dans cette église. Les anglais sortant de leur trou eurent la réception qu'on devine.

La Vierge miraculeuse de Saint-Sauveur décorée du titre de *Notre-Dame des Miracles et Vertus* (les deux noms sont synonymes) fut désormais très honorée des Rennais. Dès lors, un cierge brûlant devant son autel y fut entretenu jour et nuit, en *souvenir du miracle*, jusqu'à la grande Révolution, et dès l'année 1418, un autre cierge fut allumé, à l'extérieur, dans une lanterne de pierre. Splendide et touchant témoignage de la piété de nos Pères ! (1).

(1) S. Bonaventure ayant donné aux Cordeliers de Dinan un petit tableau de la Vierge, celle-ci reçut aussi, on ignore à quelle date, le titre de Notre-Dame des Vertus. Ce tableau se trouve actuellement à l'église Saint-Sauveur de cette ville.

La Vierge de Saint-Sauveur de Rennes a été couronnée le 25 mars 1908.

Nous ignorons la date et le motif de l'érection de la chapelle de Notre-Dame des Vertus à Quimper par le seigneur de Pratanraz, de la paroisse de Penhars.

Un autre témoignage de piété à l'égard de la Mère de Dieu se voyait dans cette église : « c'était un *édicule* en argent sous le vocable de Notre-Dame de Lorette, soutenu dans les airs par une troupe d'anges qui semblent tressaillir de joie, et dans cet édicule sont enfermés plusieurs objets de piété à l'honneur de Notre-Dame » (1).

Parmi les reliques, il y avait, outre un morceau de la vraie Croix, « un *Agnus Dei* que saint Louis d'Anjou, franciscain, évêque de Toulouse, portait avec lui, et la *corde* qui lui servait de ceinture ; les femmes en mal d'enfant qui touchaient ces objets étaient promptement délivrées de leurs douleurs » (2).

Ici, nous pouvons augurer presque à coup sûr que le Bienheureux Charles de Blois ne fut

(1) *Chronique* de Beaujouan, nᵒˢ 27, 28.
(2) *Chronique* de Beaujouan. — François Gonzaga : *De origine Seraphicæ religionis Franciscanæ* : couvent de Quimper. — Wading : *Annales Minorum*.

pas étranger à la donation de ces deux précieuses reliques d'un saint de sa famille qu'il
avait en particulière vénération et auquel il fit
même dédier un autel dans l'église des Frères
Mineurs de Guingamp, ainsi que nous le rapporte le Procès de canonisation de l'illustre
Prince.

On ne saurait croire de combien de faveurs
bénéficia l'Ordre de Saint-François, de la part
de la famille royale de France, du fait de l'affiliation de saint Louis, roi, au Tiers-Ordre, et
surtout de l'entrée dans le premier Ordre, en
1295, de l'angélique saint Louis d'Anjou, héritier présomptif des couronnes d'Anjou, de
Provence et de Naples, petit-neveu de ce grand
roi et véritablement fils de saints et de saintes,
puisqu'il comptait dans sa parenté, du côté de
son père, saint Louis, roi, la Bienheureuse
Elisabeth, saint Ferdinand de Castille, et du
côté de sa mère, sainte Edwige, sainte Elisabeth
de Hongrie, sainte Elisabeth de Portugal, les
Bienheureuses Agnès de Bohême, Cunégonde,
Yolande, Marguerite de Hongrie et Salomée,
tous et toutes de sang royal, tous et toutes
affiliés à l'Ordre de Saint-François ! La mère

du Bienheureux Charles de Blois était la nièce
de ce saint Louis d'Anjou, « que chacun,
dit le P. Castet, considéroit comme un ange,
et l'on ne se pouvoit saouler de le regarder,
tant sa bonne grâce, sa modestie et sa gravité
inspiroient de plaisir. »

On comprend facilement l'amour du pieux et
angélique Charles, tertiaire, pour son cher
cousin saint Louis, franciscain ; on devine aussi
aisément la joie qu'éprouvaient les Cordeliers
de Quimper de posséder son précieux cordon et
son *Agnus Dei*.

Pendant plus de trois cents ans le monastère
de la capitale de la Cornouaille garda sa splendeur de vie religieuse et de renommée, ainsi
que l'atteste la notice sur le couvent des Franciscains de Quimper par Jean Beaujouan, dite
la *Chronique de Beaujouan*, si souvent déjà
citée par nous, et que nous devons reproduire
ici, du moins en partie (1).

(1) Cette *Chronique* (copie faite sur l'original par ordre
de Baluze), écrite en latin, a été découverte à Paris, à
la Bibliothèque nationale, en 1884, par le regretté et
savant Dom François Plaine, bénédictin de l'abbaye de
Ligugé, publiée, traduite et annotée par J. Trévédy,

QVIMPER

COUVENT DES CORDELIERS
D'APRÈS UN DESSIN DE 1697

Odet

Après avoir rappelé les origines de l'Ordre de Saint-François et du monastère des Frères Mineurs, il nous donne quelques détails intéressants.

« La réputation du couvent de Quimper, dit-il, fut immense et telle que plusieurs prélats et grands personnages, décédés, voulurent y passer les derniers jours de leur vie, désirèrent par grande dévotion et firent en sorte que leurs corps y fussent ensevelis. Je ne chercherai pas longtemps des exemples à citer.

« J'ai parlé plus haut du tombeau de Raynaud....

« On voit dans l'église de ce couvent une humble pierre où se trouve gravée en creux l'image de cet Evêque ayant le bâton pastoral, la mitre et les ornements pontificaux, et portant l'inscription :

ancien Président du Tribunal civil de Quimper (*Bulletin de la Soc. Arch. du Finistère*, t. XII, 1885, pp. 1 à 44). Son auteur est Jean Beaujouan, Procureur du roi à Quimper, syndic ou père temporel des Cordeliers ; il écrivait vers 1634 et mourut à la fin de 1640. Cette notice est précieuse et ne manque pas de valeur, bien qu'elle contienne certainement quelques inexactitudes de dates et d'appréciations.

Hic sunt in terrà reverendi præsulis ossa ;
Huic requiem dones, hunc tecum, Christe, corona.

« Son successeur dans l'épiscopat, Guy de
Plounévez, sur le point de s'envoler au ciel,
souhaita pour ses restes le même lieu de repos
et de paix, il choisit l'endroit proche de la
tombe de Raynaud et se fit dresser un humble
sépulcre, aux ides de juillet 1266.

« De même, le Révérend Père Bernard, de
l'Ordre du Bienheureux François, d'abord
Evêque de Quimper, puis de Noyon (Nîmes),
Comte et Pair de France, touché par la mort,
ordonna par testament qu'on l'ensevelît dans
ce couvent. C'était en l'an du Seigneur 1324 (1).

« A leur exemple, Alain de Lespervez, illustre
par la noblesse de sa race et de sa sainteté,
ayant pris l'habit de ce même saint Ordre,

(1) Bernard, nommé à Quimper le 16 juillet 1322,
fut transféré à Nîmes en juin 1324, sans avoir pris possession du siège de Quimper. Il mourut en Lombardie
où il accompagnait son cousin Bertrand Poyet, Cardinal
et Légat. On peut se demander si réellement son corps
fut transporté à Quimper. Les transferts lointains
n'étaient pas rares à cette époque : c'est tout ce que
nous pouvons affirmer.

élevé à l'Evêché de Quimper, puis à la dignité
d'Archevêque de Césarée, fit construire un beau
tombeau dans le chœur des Franciscains et
ordonna qu'on l'y ensevelît après sa mort
arrivée en l'an du Seigneur 1455.

« Le Révérend Prélat Seigneur Bertrand de
Rosmadec, le vrai Pontife des Quimpérois,
prédécesseur d'Alain, son égal en dignité,
illustre par sa naissance, ni son inférieur en
valeur, doit être nommé ici. Il fut en effet très
libéral pour l'Ordre et ce couvent qu'il dota
d'ornements et de vases sacrés en argent, et,
père magnifique, fit construire les bâtiments
du côté occidental du cloître. Décédé, il fut
enlevé de terre, à ce couvent, par les désirs de
translation de ses parents et surtout par les
réclamations de ses chanoines plutôt que par
son dernier vœu propre, et porté en l'église
métropolitaine de Quimper, ayant joui pendant
28 ans de sa dignité épiscopale avec grande
renommée et sainteté. Il mourut au mois de
février 1445 ».

Ces deux grands hommes méritent une mention spéciale.

Bertrand de Rosmadec, fils de Guillaume,

seigneur de ce nom, et de Marguerite du Chastel, ancien conseiller et aumônier des ducs de Bretagne, Jean IV et Jean V, fut élu évêque de Quimper en 1416. Il se fit remarquer par son éminente piété, une singulière intégrité de vie et une extraordinaire libéralité. « Il fit, dit Albert Le Grand, plus de bien luy tout seul à son église, que la plupart de ses prédécesseurs ensemble. » Ce n'est pas un petit éloge. Nous avons vu que frère Raynaud avait commencé la restauration de la cathédrale, celui-ci la paracheva presque, ou du moins activa beaucoup ces immenses travaux. Il construisit la nef, le portail, les deux tours, la sacristie ; fit poser la grosse cloche, appelée de son nom la *Bertrand,* deux magnifiques orgues, et dota six enfants de chœur et leur maître de cent cinquante livres de rente. Il donna cent quatre livres pour l'entretien de la lampe du sanctuaire ; une table et quatre colonnes de cuivre doré ; une piscine, deux grands chandeliers, une hampe de croix, en argent ; cent huit marcs d'argent pour faire les statues de la Ste Vierge et de S. Jean, placées de chaque côté du Crucifix. Il laissa enfin deux cent soixante livres

de rente aux hôpitaux de Quimper. Les aumônes des fidèles attirés par sa vertu sup-
pléaient à sa fortune, assez restreinte, à ce
qu'on assure.

Bertrand de Rosmadec résigna sa charge
épiscopale un peu avant sa mort, puisque nous
lisons au Catalogue des Archives Vaticanes :
« que le 9 des calendes de septembre 1444,
Alain, Evêque de Dol, fut transféré au siège de
Quimper vacant par la démission de Bertrand »,
et notre chronique insinue qu'il se retira au
couvent des Cordeliers, qu'il fut même inhumé
là, tiré de terre et porté à la cathédrale (1).

Son illustre successeur fut précisément cet
Alain de Lespervez, Frère Mineur, ancien pré-
cepteur du duc de Bretagne, d'abord Evêque
de Dol. Il gouverna l'église de Cornouaille,
avec grand éclat, de 1444 à 1451, époque où il
tomba malade, se démit de sa charge et fut
nommé Archevêque de Césarée.

Son neveu, Jean de Lespervez, fils de Charles,

---

(1) *Humo huic cænobio ereptus.* Un peu plus haut, il
est marqué : *Præsules multi extrema sua ibi præsolere,
corporaque inibi condi... procurarint.*

chevalier, conseiller du duc François Ier, et premier président de la chambre de ses comptes, lui avait été donné d'abord comme coadjuteur ; il lui succéda ensuite (1).

Les deux Lespervez continuèrent les travaux de la cathédrale.

Signalons, à la suite de M. Le Men, un curieux incident qui nous renseigne sur les querelles de l'époque (2).

G. Le Goaréguer, maître tailleur de pierre, qui avait travaillé à l'édifice de la cathédrale pendant plus de quarante ans, étant venu à mourir au mois de mars 1514, son corps fut levé de sa maison pour être porté en la cathédrale où les chanoines, à la demande de la veuve, désiraient lui rendre les derniers honneurs. Il avait toutefois, paraît-il, désiré être enseveli aux Cordeliers. Ceux-ci marchaient en tête du cortège, suivis des membres des diverses confréries et de nombreux bourgeois. Tout à coup, les bourgeois de la ville qui s'étaient

(1) Il avait pour devise : *Orphano tu eris adjutor.*
(2) *Monographie de la Cathédrale de Quimper*, 1877, p. 293. — *Archives du Finistère*, H. 326.

munis à l'avance de bâtons, ayant à leur tête Jehan Le Scanff, leur procureur (maire), se retournèrent contre les chanoines et les rouèrent de coups, menaçant même de les jeter à la rivière. Dans la mêlée, le linceul qui couvrait la châsse fut déchiré et le cercueil roula à terre. Les chanoines étant parvenus à se dégager, se réfugièrent à la cathédrale, mais ils y furent tellement injuriés par la multitude qu'ils durent se cacher dans leurs maisons.

On ne saurait assez blâmer de telles scènes. Elles se renouvelaient cependant de loin en loin, mais sans violences, à la suite de compétitions de sépultures, soit dans les églises paroissiales, soit dans les chapelles des monastères, car, à cette époque, beaucoup recherchaient les lieux monastiques pour avoir droit aux privilèges concédés aux religieux et à leurs suffrages.

Un des privilèges les plus enviés de l'Ordre franciscain était de mourir enseveli dans l'habit de saint François. Le pape Clément V qui avait déjà concédé de nombreuses indulgences pour toutes les églises des Frères Mineurs, avait accordé la *rémission de la quatrième partie des peines* à ceux qui se feraient ensevelir en leur habit (1).

Quoiqu'il en soit, le couvent des Cordeliers de Quimper devint la nécropole préférée, le Saint-Denys de la noblesse de la Cornouaille. La suite de la chronique de Beaujouan le prouve amplement :

« La même pensée pieuse, ajoute-t-il, amena les seigneurs et les chevaliers bretons à se faire construire des tombeaux dans le couvent des Franciscains.

« Le premier à citer est Jean, Vicomte du Faou, redoutable adversaire des ennemis de la foi. Il passa deux fois la mer, et, comme il revenait vers les siens vainqueur, il mourut à Avignon, en 1397 ; à ses derniers moments, il avait recommandé que son corps fût rapporté et enseveli au couvent.

« En 1404, Eude, Vicomte du Faou, mort en Angleterre avec nombre d'autres seigneurs, ordonna de rapporter son corps dans la même sépulture (2).

(1) Wading : *Annales Minorum,* anno 1313.
(2) Sur l'expédition où il trouva la mort. V. *Preuves de Bretagne,* t. II, col. 760. Id. Dom Morice, t. II, p. 435.

« Encore précédemment, *lorsque les cheva-*
liers insignes, éminents par leur naissance et
illustres, les seigneurs de Plœuc, de Poulnic, de
Langueouez, de Liscuz, combattant, à l'époque
des factions civiles, pour le parti du Duc Charles
de Blois et sa suprême autorité sur le Duché,
furent tombés au champ d'Auray, leurs corps
furent rapportés de là à Quimper et ensevelis, au
*mois d'octobre 1364 ».

Ce détail nous fait tressaillir d'émotion ; il
montre combien il était doux à ces braves
chevaliers, champions de la cause du Bienheureux Charles de Blois, de venir dormir leur
dernier sommeil auprès de ceux qui furent
toujours les amis fidèles de leur cher Duc.

Le Nécrologe du couvent nomme en outre
Guydomar de Tréséaul.

Le chroniqueur ajoute :

« Hervé de Juch, chevalier de grand renom,
mort en Espagne, ordonna de rapporter son
corps dans la même église, en 1369 (1).

-----

(1) Ce seigneur se trouvait en Espagne avec les
troupes de Bertrand du Guesclin, qui contribuèrent au
gain de la bataille de Montiel. Hervé de Juch avait

« Comment passer sous silence les deux Alain, seigneurs de Tyvarlen, fleurs de la noblesse de Bretagne, qui embrassèrent la carrière militaire, tous les deux bienfaiteurs de l'Ordre franciscain ? Ils choisirent au couvent leur sépulture, quand ils moururent, le père en 1384, le fils en 1404. A leur mort, leur illustre et puissante maison passa à Adelice, sœur du dernier. Elle épousa le héros et insigne chevalier Jean, seigneur de Rosmadec, et donna à son époux, à sa patrie et à son siècle, de chers et glorieux enfants. Par leur illustre origine, par leurs grandes alliances, par d'opulents héritages, ils devinrent Barons de Molac et Rostrenen, de la Hunaudaye, de Montafilant, Comtes de la Chapelle, Seigneurs de Penhoët et de beaucoup d'autres lieux. Enfin, à cause de la gloire de leurs exploits de guerre, de leur fidélité inviolable aux princes, de l'exercice de la magistrature et de la suprême autorité dans l'armée, ils parvinrent, avec les félicitations du

épousé Marguerite de Pratanroux et fut la tige de la branche cadette de la maison du Juch, qui posséda Pratanroux pendant plus de deux siècles.

peuple entier de Bretagne, au sommet de la dignité du Marquisat que d'abord Henri III, roi de France, leur conféra, et qu'ensuite confirma Henri IV, roi de France et de Navarre, placés dès lors parmi les grands du royaume.

« Pétronille de Rochefort, femme du vaillant Hervé, Baron du Pont, choisit par testament sa sépulture au couvent auprès de celle de son époux, le 9 des calendes d'août 1383. C'est de là que quelques-uns, par une fausse interprétation, ont pensé que la fondation du couvent devait être attribuée aux Barons du Pont, parce que leur tombeau honorifique tout en pierre est élevé dans le chœur et que les armoiries de ce Baron Hervé du Pont et de Pétronille de Rochefort se trouvent dans la partie supérieure des vitraux au-dessus du maître-autel. Je le reconnais, mais ce n'est pas une raison pour reporter à ces barons la gloire de la fondation, puisque, comme nous l'avons dit, Jean, vicomte du Faou, fit ériger lui aussi, en 1397, son tombeau dans cette église et y avait fait apposer son blason ».

Notre auteur, qui n'avait pas les titres de fondation sous les yeux, dit vrai, mais inter-

prète mal les choses. La fondation est attribuée
non pas à cet Hervé et à Pétronille morte en
1383, mais à ses ancêtres, à ceux qui bâtirent
ou adaptèrent le couvent en 1232. Ecrivant au
xviie siècle, il se fait trop l'écho de compétitions rivales et postérieures. La supériorité de
la tombe et du vitrail du premier Baron du Pont
est évidente : l'apposition de son blason sur la
tombe du Vicomte du Faou ne constitue pas
un titre de fondation.

Notre chroniqueur continue :

« Victimes aussi du sort de la guerre, les
seigneurs du Pont, Guillaume de Rosmadec,
Jean de Poulnic, Henri de Lésivy et quelques
autres pris et mis à mort au siège de Saint-
James de Beuvron dans une brusque sortie des
anglais, au mois de mars 1425, Charles VII
étant roi de France et Arthur de Bretagne,
comte de Richemont, connétable de France,
avaient désiré le repos de leurs corps au couvent des Frères Mineurs où ils furent repor-
tés (1).

(1) Saint-James de Beuvron, en Normandie, près
d'Avranches. L'assaut dans lequel périrent les Bretons
se livra le 6 mars 1426 (1425 ancien style). On sait

« Afin de ne pas ennuyer par des longueurs, j'omets les illustres seigneurs de Névet, du Vieux-Châtel, de Coatcanton, de Mur, de Pratanroux, de Pratanras, de Guengat, de Trohannet, du Quillio, de Trémillec, de Liscuz et d'autres innombrables, qui tous dévoués pendant leur vie à ce couvent, au moment de mourir y choisirent leur dernière demeure, poussés par l'attrait de leur piété, la religion du lieu, la sainteté des reliques des bienheureux corps qui y reposent et le culte si grand qui leur est rendu ; ils voulurent reposer là pour y attendre l'heureux sort du dernier jugement, ils avaient pris leurs dispositions à cet effet, et leur ultime souci fut l'exécution de leurs dernières volontés. »

Ce que l'on doit admirer le plus, ce n'est pas *la liste fastueuse* de ces puissants seigneurs

qu'au commencement du xvᵉ siècle, on faisait encore commencer l'année à Pâques. Le 4 mars se trouvait à la fin de l'année 1425. Ce n'est qu'en 1563, à la réforme du calendrier, que le 1ᵉʳ janvier est devenu le 1ᵉʳ jour de l'année. Les historiens ont appliqué la réforme *rétroactivement* et reporté au 1ᵉʳ janvier le commencement des années passées.

inhumés à l'ombre du cloître quimpérois, mais le *magnifique motif* de piété exprimé pendant leur vie et à l'heure de la mort : reposer auprès des reliques du Bienheureux Jean Discalcéat et des autres saints, religieux ou laïques, ensevelis *là*. Ils attendront *là* avec plus de sécurité le jour de la résurrection glorieuse.

C'est la pensée que le suave Ozanam a soulignée avec amour, dans son bel ouvrage : *Les Poètes Franciscains en Italie,* en constatant que la plupart des grands hommes de ce pays fortuné sont inhumés dans les églises franciscaines. Le Tasse, Christophe Colomb, Robert, prince de Rimini et tant d'autres furent ensevelis dans l'habit de saint François. Dante, Galilée, Michel-Ange et d'autres illustres Tertiaires, grands hommes de *Florence,* dorment leur dernier sommeil avec les Frères Mineurs à Sainte-Croix de Florence. « Durant les orages de sa vie, Dante avait beaucoup péché ; mais il pensa chrétiennement que le jugement de Dieu lui serait plus doux, s'il s'y présentait sous les livrées de l'humilité ; et que la foudre qui n'épargne pas les lauriers du poète, respecterait le vêtement du pauvre. » — Pareillement dans l'Eglise Franciscaine de Sainte-Marie-la-Glorieuse « sont venues se reposer les plus bruyantes renommées de *Venise* : doges, généraux, savants, peintres et sculpteurs, jusqu'à Titien et Canova. Ces hommes ambitieux, passionnés, amis des richesses, mais chrétiens après tout, ont jugé que le plus sûr était de mettre leurs tombes sous la garde de l'humilité et de la pénitence. »

En Bretagne, la plupart des monastères de Saint François furent pendant des siècles les ultimes demeures des illustrations du pays ; ces faits qu'on pouvait lire et toucher du doigt sur les marbres et les pierres des tombeaux, avant leur démolition par les huguenots et les terroristes, montrent la grande influence dont jouissait l'Ordre séraphique : *lapides clamabunt.*

Beaujouan, pour mieux mettre en relief ce désir des mourants de reposer auprès des reliques des saints, termine sa chronique en ces termes :

« Ce serait presque un crime approchant du sacrilège si j'omettais la mention des reliques conservées dans le couvent, à cause de la vénération dont elles sont l'objet ; c'est pourquoi, autant que j'ai pu les connaître par leurs inscriptions, je les énumérerai ici et je finirai par là, en guise de couronne. » Il en donne donc la liste, comme nous l'avons fait nous-même plus haut (1). Il conclut à genoux par ces mots : « Le couvent conserve encore les reliques de plusieurs autres saints, dont les noms ne sont pas connus, mais cependant très honorés et par les religieux et par les fidèles du dehors. Je ne puis exposer l'histoire de ces saints ; pauvre écrivain, si je suis hors d'état de les célébrer, comme il conviendrait, je sais du moins les honorer en toute humilité, et je leur adresse à genoux une fervente prière pour mon salut. »

Telle est la pieuse conclusion du Procureur du roi à Quimper ; on ne saurait mieux dire. Elle est de nature vraiment à faire sourire de pitié quelques juges de paix de notre époque, à l'esprit fort, qui n'osent même pas fléchir le genou devant le Saint-Sacrement, mais savent

(1) La vraie Croix, l'Edicule de N.-D. de Lorette, l'*Agnus Dei* et la Corde de S. Louis d'Anjou, sans parler du corps de S. Jean Discalcéat et du Chef de saint Thurial, ancien évêque de Dol.

s'aplatir, libres-penseurs, devant les fantoches
du pouvoir et de l'injustice.

On a vu avec quelle insistance et même quelle
poésie Beaujouan parle de la maison des Rosmadec. C'est que le syndic des Cordeliers trouvait dans les archives les preuves écrites de
leur munificence ; il lisait aux nécrologes les
actes de la reconnaissance des religieux célé-
brant ces seigneurs comme les *fidèles, les intimes
amis, les généreux, les insignes bienfaiteurs* du
couvent. Et puis, la tradition et la chanson
populaire voyaient en eux des descendants des
anciens rois de Bretagne ; et au temps de Beaujouan, le marquis de Rosmadec Sébastien II
était gouverneur de Quimper (1634), et venait
d'acquérir, avec le comté de Crozon, le fief de
Quéménet, dont la haute justice était adminis-
trée au monastère des Cordeliers de Quimper.
Son père, Sébastien Ier, marquis de Rosmadec,
époux de Françoise de Montmorency, colonel
de l'Infanterie de Bretagne, gouverneur de
Dinan, avait présidé plusieurs fois les Etats de
la province et s'était illustré sous le nom de
marquis de Molac. Après des obsèques presque
royales, son corps, au quarantième jour du

décès, « fut mis en un carosse tiré par six che-
vaux et suivi de toute la maison du défunt à
cheval et en deuil, » pour être conduit à Pont-
Croix ; escorté « de la procession de chaque
paroisse » sur ce long parcours. On comprend
dès lors l'enthousiasme de notre chroniqueur.

Lorsqu'il dit qu'il omet une foule innom-
brable d'autres illustres défunts inhumés au
monastère, il n'exagère pas, car la découverte
de deux fragments des anciens *nécrologes* faite
de nos jours, nous révèle les noms de plus de
150 d'entre eux.

Le premier, provenant des manuscrits du
Père Augustin du Paz, acquis en 1631 par Pierre
de Lannion, comprend 153 actes ; l'autre a été
extrait du fond Baluze, à la Bibliothèque Nationale, par Dom Plaine, et contient 33 actes, dont
27 déjà cités dans le premier. Un autre nécrologe
(1681-1789), conservé aux archives de la mairie
de Quimper, n'a qu'un médiocre intérêt (1).

---

(1) C'est encore J. Trévédy qui a publié *Ce qui
reste des anciens Nécrologes du couvent de Saint-François
de Quimper*, et auquel nous devons ces renseignements
(*Bulletin de la Soc. Arch. du Finistère*, t. xve, 3e livr.
de 1888).

Le *Nécrologe* était un registre sur lequel on inscrivait les décès des religieux et des bienfaiteurs dont on voulait garder la mémoire, bien différent de l'*Obituaire* ou Livre des Obits, c'est-à-dire des messes anniversaires et fondations, sur lequel étaient marqués les noms des défunts inhumés ou non dans l'église, le temps de leur mort et le jour de leur commémoration. C'est pourquoi les actes étaient inscrits dans l'ordre des jours et des mois, en cumulant successivement les années, au cours des siècles, suivant la date du décès arrivé par exemple le 1er janvier 1340, 1460, 1721, etc., de telle sorte qu'on savait exactement combien de messes il fallait dire tel jour du mois. L'Obituaire était conservé à la sacristie de l'église (1).

(1) Une vingtaine de Nécrologes des Frères Mineurs de France ont été recueillis et publiés en partie. Signalons ceux qui intéressent la Bretagne, tous inédits.

Cordeliers de Quimper-Corentin : Ex martyrologio Franciscanorum Corisopitentium, xive et xve siècles. — Bibl. Nat., Baluze, *Armoires,* xli, fol. 33 et 34. Extrait publié par D. Lobineau, *Hist. de Bretagne,* ii, 1003.

Cordeliers de Rennes : Excerptum ex martyrologio Franciscanorum Redonensium. Obits des xiiie, xive, xve et

Les Nécrologes en question sont plutôt des
Obituaires, car ils ne contiennent aucun nom
de religieux du couvent ; ils marquent par
contre exactement l'*obiit tali die* du bienfaiteur,
et les formules de reconnaissance abondent,
telles que : *ami, père, qui beaucoup, extrêmement aima l'Ordre, qui était très attaché au couvent, qui a fait beaucoup de bien au monastère,
etc.* La pratique de l'ensevelissement dans
l'habit de saint François est mentionnée maintes
fois ; c'est ainsi qu'il est écrit que quinze
membres de la maison de Quélen, seigneurs
du Vieux-Chastel, qui tous avaient combattu

XVIᵉ siècles, presque tous datés. — Copies dans Baluze,
Armoires, XLI, fol. 29-32 ; ms. fr. 22.325, fol. 325.

Cordeliers de Vannes : *Ex martyrologio Franciscanorum Venetentium*. Notes des XIIIᵉ, XIVᵉ, XVᵉ siècles. —
Bibl. Nat., Baluze, *Armoires*, XLI, fol. 39 et 40.

Cordeliers de Dinan : *Ex martyrologio Franciscanorum
Dinanensium*. XIIIᵉ, XIVᵉ et XVᵉ siècles. — Bibl. Nat.,
ms. fr. 22.325, fol. 493-495.

Des fragments d'autres nécrologes franciscains se
trouvent aux Archives du Finistère, des Côtes-du-Nord,
etc. Nous avons fait prendre une copie du Nécrologe
des Récollets qui se trouve à la mairie de Lesneven.
On trouve encore dans ce volume un certain nombre
de circulaires des Ministres Provinciaux de Bretagne.

en Terre-Sainte, « aimaient tant l'Ordre et le couvent qu'ils voulurent être ensevelis dans l'habit de saint François ». Un autre usage de l'époque, était pour les époux de se faire inhumer dans la même tombe.

De crainte d'ennuyer le lecteur, nous ne pouvons rapporter ici les actes des 157 défunts cités aux Nécrologes des Cordeliers de Quimper, distribués en 42 séries portant 39 noms de seigneuries. Il faudrait feuilleter tout l'armorial de la Cornouaille, et ce n'est pas ici le lieu.

Nous ne relèverons que la mention de la famille des Névet, à cause de leur grand dévouement pour l'Ordre, et parce que leur nom est resté très populaire, « adoré du peuple des campagnes », dit l'illustre auteur du *Barzaz Breiz*, H. de la Villemarqué, Tertiaire de saint François. Le seigneur Hervé de Névet enterré d'abord à Locronan, « contre son intention et la clause de son testament », fut reporté aux Cordeliers en 1444, dans le sépulcre de ses parents.

Le chant populaire appelé « Elégie de Monsieur de Névet », qui est parvenu jusqu'à nous, atteste bien ses sentiments profonds de

foi et de résignation chrétienne. Entendons
encore ces accents :

« ... Après avoir été confessé, il dit au
prêtre :

« — Ouvrez à deux battants la porte de ma
chambre, que je voie tous les gens de ma
maison,

« Ma femme et mes enfants tout autour de
mon lit ;

« Mes enfants, mes métayers et mes serviteurs aussi ;

« Que je puisse, en leur présence, recevoir
Notre-Seigneur avant de quitter ce monde.

« La dame et ses enfants, et tous ceux qui
étaient là, pleuraient ;

« Et lui, si calme, les consolait et leur parlait si doucement :

« — Taisez-vous, taisez-vous, ne pleurez
pas ; c'est Dieu le maître, ô ma chère femme.

« Oh ! taisez-vous, mes petits enfants. La
sainte Vierge vous gardera.

« Mes métayers, ne pleurez pas ; vous le
savez, gens de la campagne,

« Quand le blé est mûr, on le moissonne ;
quand l'âge vient, il faut mourir !

« Taisez-vous, bons habitants des campagnes, taisez-vous, chers pauvres de ma paroisse ;

« Comme j'ai pris soin de vous, mes fils
prendront soin de vous ;

« Ils vous aimeront comme moi, ils feront
le bien de notre pays.

« Ne pleurez pas, ô bons chrétiens, nous
nous retrouverons bientôt ! » (1)

Les chroniques parvenues jusqu'à notre
époque, nous ont parlé des morts illustres,
elles n'ont pas retracé l'histoire proprement
dite du monastère, celle notamment des travaux
apostoliques de ses religieux. C'est une lacune
qu'on ne saurait assez regretter.

Nous savons cependant que l'observance de
la règle subit un déclin sensible au XVIᵉ siècle,
surtout à l'époque de *La Ligue* qui apporta
tant de troubles dans la France entière. Les
ressources diminuèrent, et certains Frères
Mineurs, loin de resserrer les liens de la pauvreté, qui fait la force de leur Ordre, acceptè-

(1) *Barzaz Breiz. Chants populaires de la Bretagne*,
Paris, 1883, p. 320.

rent des rentes et se virent même contraints
de céder quelques parties des bâtiments conventuels à des usages séculiers. C'est ce qui
eut lieu à Quimper.

L'administration judiciaire et les juridictions
particulières appartenant à divers seigneurs,
ayant été réorganisées en Bretagne, aux Etats
tenus à Ploërmel en 1580, et plusieurs sièges
de haute, moyenne et basse justice, ayant été
reconstitués, le Présidial ou tribunal civil et
criminel embrassant la juridiction de Quéménet,
Coatfao, Pratanras, du Hilguy et du Plessix-
Ergué, fut placé à Quimper. Mais la ville,
n'ayant pas de local disponible, sollicita et
obtint des Cordeliers le grand service de céder
à la magistrature une partie des bâtiments du
couvent. Elle offrait une somme annuelle de
douze écus.

La première quittance que nous connaissons,
par une lettre adressée au seigneur de Mercœur,
est de 1592, pour le paiement de la salle du
Présidial.

L'offrande promise restait bien souvent en
souffrance, et presque chaque année il fallait
réclamer, comme le fit, en 1599, Fr. Nicolas

Collet, » gardien du couvent Monseigneur
S. François de Kemper-Courantin. »

Un contrat intervint le 7 mars 1659 « entre
les députés de ladite ville, ceux du Présidial, et
les dits religieux par lequel lesdits religieux
accordèrent leur *réfectoire* pour *salle d'audience*,
une *grande chambre* pour celle du *Conseil*, et
une autre pour le *parquet* des gens du roi, avec
la liberté des *cloîtres*, par lesquels on fréquente
lesdits appartements, pour la somme de 300
livres par an, en attendant la construction d'un
palais qui se devait faire dans *cinq ans*, et pour
lequel lesdits religieux cédèrent tout un costé
de leur couvent avec 60 pieds de long dans leur
jardin, pour servir de *cour d'entrée* audit Présidial, aussi moyennant la somme de 300 livres
par an ; ce traité a eu son exécution depuis, et
dans le règlement du conseil des charges de la
communauté de Quimper de l'an 1681, les trois
cens livres pour loyer dudit Présidial sont
employées », c'est-à-dire mentionnées.

L'acte qui nous donne ces détails est signé
du P. Moinnevye, gardien en 1722, par lequel
il réclamait la somme promise de 300 livres,
au lieu de 240 qu'on voulait seulement lui

servir, sans tenir compte du traité antérieur. Il ajoute que plus d'un tiers de la somme est dépensé annuellement pour les réparations desdits appartements, que la communauté se trouve dans une « triste situation, » puisque « près des deux tiers du peu de rente et fondations qui faisaient subsister les suppliants, ont été remboursés, » et qu'ils ont même été obligés de louer un autre appartement pour servir de grenier.

Monseigneur Feydeau de Brou, conseiller du roi, maître des requêtes en son hôtel, intendant de Bretagne, fit droit à la réclamation, le 16 juin de la même année : « attendu que pour prix d'un logement que les suppliants fournissent pour l'exercice de la juridiction du Présidial de Quimper, lequel logement est fixé par l'arrest de 1681 à trois cens livres, ordonnons que les suppliants continueront d'être payés annuellement de ladite somme (1). »

(1) *Archives du Finistère*, H. 272-277. Loyer des appartements occupés et servant de palais au Présidial de Quimper, convenu par contrat du 7 mars 1689. Ont signé : P. Moinnevye, gardien, P. Dutertre, vicaire, P. René de Frennic, docteur en Sorbonne, P. Lanocat, prédicateur conventuel, etc.

Derrière le pignon ouest de leur église, était l'entrée du logis où se tenait le Présidial. C'est là que siégèrent les Etats de Bretagne, qui furent assemblés à Quimper en 1601, la seule tenue d'Etat qui ait eu lieu en cette ville.

Quimper avait été assez tranquille pendant les troubles de la Ligue, jusqu'à la mort de Henri III ; cette ville gardait la neutralité, mais la plus grande partie des habitants penchait pour la Ligue et l'intégrité de la foi. Le zèle du sieur du Laurent, sénéchal du Présidial, lui fit lever l'étendard de la résistance. Ce magistrat, qui aimait beaucoup son roi, encore protestant, Henri IV, voulut contraindre les habitants à le reconnaître, par une injonction pleine de menaces contre ceux qui refuseraient de se soumettre, et la fit publier à l'audience. Le peuple, qui fut sur-le-champ instruit de ce qui se passait, se souleva ; et, assisté des Pères Cordeliers, qui avaient des arquebuses, il entoura l'auditoire. Leur prompt secours, grâce à leur voisinage du Présidial, et l'odeur de la poudre (1),

(1) Le P. Berthol Schwartz, franciscain allemand, passe pour avoir inventé la poudre à canon. Au temps

firent déguerpir le sénéchal. Il ne fut pourtant pas maltraité ; il se retira à Rennes. Ainsi le duc de Mercœur se vit le maître d'une ville importante qu'il ne dut qu'à cette bonne aventure.

Lorsque, quelque temps après, la ville de Quimper se rendit au maréchal d'Aumont, le gardien du couvent tomba au poste d'honneur, comme nous l'apprend l'historien de la Ligue en Bretagne, le chanoine Moreau.

« J'oubliais de dire, écrit-il, que sitôt que nous fûmes bloqués, prévoyant bien que si l'on battait à la brèche, ce serait à l'endroit des jardins du couvent de Monsieur saint François, qui était l'endroit le plus faible. C'est pourquoi on avait commencé un retranchement tout le long dudit jardin, où on travaillait jour et nuit ; mais à cause du mauvais ordre et diverses opinions, on travaillait fort lentement, parce que ceux qui désiraient la reddition ne voulaient aucunement aider, ni d'hommes,

---

de Jeanne d'Arc, plusieurs Cordeliers manièrent l'arquebuse et le canon contre les anglais. Pendant *La Ligue*, ils opposèrent une résistance acharnée contre le Protestantisme.

ni de fascines, ni d'outils, ce qui retardait
beaucoup la besogne. L'ennemi, pour empêcher ledit retranchement, avait fait monter
quelques petites pièces de canon et longues
arquebuses sur la montagne, au coin du parc,
devers le levant, où sont les fourches patibu-
laires ; de là tirait incessamment sur ceux qui
travaillaient audit retranchement, mais avec
peu de fruit. Le gardien dudit couvent, nommé
La Villeneuve, gentilhomme de Léon, qui travaillait aussi au retranchement comme beaucoup d'autres de qualité, y fut blessé au talon
de quelque coup ; par sa négligence, et faute
d'y remédier, comme il était bien facile, il en
mourut environ deux mois après ; un jeune
garçon y fut aussi blessé à la fesse, où la balle
demeura entière la longueur d'un doigt ; voilà
tout le mal qu'ils firent (1). »

(1) *Histoire de ce qui s'est passé en Bretagne durant les
guerres de La Ligue et particulièrement dans le diocèse de
Cornouaille,* par M. Moreau, chanoine dudit diocèse,
conseiller au Présidial de Quimper, 3e édition, Saint-
Brieuc, 1857, p. 239. — Dans ses récits, au style si
gaulois et si savoureux, le chanoine se montre très dur
pour Quimper et ses habitants.

L'oraison funèbre du pauvre Père Gardien, on le voit, est brève !

La conversion d'Henri IV mit fin à la guerre, qui avait commencé en Bretagne en 1585 et avait duré en ce pays jusqu'en 1597.

II. — Le Concordat Gallo-Breton.

Quimper ayant été de tout temps le centre le plus pur et le plus énergique de la langue celtique et de l'action bretonne, et le couvent des Cordeliers de cette ville s'étant toujours tenu à l'unisson, sauf quand l'indépendance de la nation était en jeu, comme au temps de la guerre de succession et plus tard pendant La Ligue, où il fallait se mettre en garde contre l'Angleterre, dans le premier cas, et contre le protestantisme, dans le second, nous devons signaler ici une question historique qui n'a pas été connue ni traitée, à notre connaissance du moins, par aucun écrivain, vu que la période révolutionnaire l'a ensevelie dans un profond oubli, et que le dossier considérable et intéressant qui se trouve aux *Archives* du Finistère n'a pas été étudié ni publié. Nous voulons

parler de la controverse gallo-bretonne qui
exista, pendant des siècles, dans la plupart des
Ordres religieux de la Bretagne, sorte de guerre
de succession qui se jouait canoniquement sur
le terrain monastique, entre les religieux de
langue française et les religieux de langue
bretonne ou celtique, appartenant à la même
Province Armoricaine, d'où la nécessité de
recourir à un Concordat pour rétablir l'harmonie des esprits et tenir l'équilibre des partis,
puisque même sous le froc on n'arrive pas
toujours et tout d'un coup à dépouiller entièrement le vieil homme, ce qui ne saurait scan-
daliser personne, attendu que chacun, dans
ces sortes de discussions, croit agir au mieux
des intérêts de la religion et de son pays.

La Bretagne a été, presque de tout temps,
divisée en deux parts à peu près égales ; l'une
où l'on parle la langue bretonne, l'autre, la
langue française. Des neuf diocèses (réduits à
cinq après le Concordat), Rennes, Dol, Saint-
Malo, Saint-Brieuc, Nantes étaient gallos ; Tréguier, Vannes, Saint-Pol-de-Léon, Quimper
étaient bretons. Ces derniers furent toujours la
Réserve providentielle de Traditionnalisme,

souvent secoué par l'élément progressiste gallo, plus en contact avec la mère-patrie, dont on connaît le génie civilisateur, mais aussi les brusques et dangereux soubresauts. De ce ressac mutuel peut s'établir un juste niveau.

La dualité de langue dans une même province offre de grands avantages pour le maintien de l'esprit de la race et de son culte, pour l'étude et l'émulation, mais elle offre aussi des inconvénients sérieux de compétition et de rivalité, si la désunion parvient à brouiller les deux éléments. La concorde fraternelle doit régner entre eux, aussi bien qu'entre la petite et la grande patrie, tous droits sauvegardés : c'est l'unique solution du difficile problème.

Cette union s'impose plus encore dans les monastères de la péninsule armoricaine, en raison du pieux caractère de ses habitants, et parce que les grands Ordres religieux étant internationaux, comme l'Eglise, de par leur constitution, sont plus exposés à briser le cercle étroit d'une circonscription limitée et de l'esprit particulariste.

En ce qui concerne la Province franciscaine de Bretagne, on ne tarda pas, avec le temps et la diminution de la ferveur primitive, à constater des heurts et des difficultés entre les religieux de ce même pays, mais parlant une langue différente, et pour les apaiser on eut recours à un Statut sous forme de Concordat gallo-breton, élaboré par le Chapitre provincial et confirmé par le Ministre général de l'Ordre. Ce Concordat donnait surtout un règlement à suivre pour les élections des supérieurs ; il décidait que le Provincial serait *breton* pendant six ans et *français* pendant trois ans seulement, à tour de rôle, les élections étant triennales dans l'Ordre franciscain. En voici la teneur :

« CONCORDAT

accordé, consenty et soussigné par le P. Jean Diridolou, Ministre Provincial de Bretagne, par les Définiteurs et vocaux du Chapitre tenu à Cuburien près Morlaix le 31 août 1539, approuvé par le Révérendissime P. Vincent Lunellus, Ministre général de tout l'Ordre de Saint-François.

« En premier lieu et avant toutes choses, afin de détacher des cœurs des Frères toutes aversions, couroux et autres semblables, très

indignes de tout chrétien, à plus forte raison
d'un Frère Mineur, et pour rétablir avec plus
de facilité dans les esprits des Frères la paix
perpétuelle et la charité si uniquement recom-
mandée de Nostre Seigneur, et l'union par
laquelle les petites choses deviennent grandes,
après avoir banny la discorde qui ruine les
plus grandes et les réduit à néant. A cette fin
qu'ils puissent servir Dieu en pauvreté et
humilité, et finalement pour pourvoir à ce qui
est de justice et d'équité, le Révérendissime
Père Général éteint tous litiges, procès, procé-
dures et appellations faites et redoublées sans
ordre entre le Père Ministre Provincial de la
langue et nation bretonne bretonnante, et les
Frères de la nation et langue gauloise, du commun consentement des parties, conjointement
avec tous ceux du Chapitre, faisant défense, en
vertu du saint Esprit, par le mérite de la sainte
et salutaire obéissance, qu'aucun, pour quelque
cause ou raison, sous quelque couleur ou
prétexte que se soit, n'ose par soi ou par
autres, directement ou indirectement, attenter
aucunement à l'encontre de ce que dessus, et
en cas d'attentat celui qui en sera légitimement

convaincu, soit immédiatement, en vertu de ce présent décret, privé du droit de voix passive ou active, comme un perturbateur de la paix.

« En second lieu, on élira toujours au moins un Définiteur de la nation et langue gauloise.

« Item, à l'avenir la Province sera gouvernée six ans de suite par des Ministres Provinciaux de la nation et langue bretonne bretonnant, et ensuite trois ans seulement par un Ministre de la nation et langue gauloise, laquelle nation gauloise prendra le gouvernement de la Province, aussitôt que le Père Ministre Provincial actuel le P. Jean Diridolou aura achevé son triennat.

« S'il arrive que ledit Ministre meure pendant son triennat, on en élira un autre de la même nation et langue de laquelle il avait été choisy, lequel accomplira le résidu des trois ans que l'autre n'avait pu achever. »

Pour bien comprendre le sens de cette décision, il faut savoir que la plupart des couvents se trouvaient alors dans la partie bretonne du pays. Avec le temps, de nouvelles fondations furent faites sur la partie française, et les difficultés redoublèrent. Il faut lire les mémoires écrits de part et d'autre pour s'en faire idée et suivre les diverses péripéties de la controverse. Elle exista du reste, à peu près sous la même forme, dans les autres Ordres religieux établis en Bretagne.

Le Concordat, « observé depuis l'an 1539 jusques à l'an 1642 », fut ensuite déclaré tombé en désuétude et frappé de nullité, attendu que les nouveaux statuts généraux de l'Ordre n'en faisaient pas mention et que le Saint-Siège ne l'avait pas approuvé.

Les bas-bretons recoururent, en 1663, à la « Sacrée Congrégation des Cardinaux établie pour présider aux affaires et consultations des Evêques et des Réguliers », et celle-ci, sur le rapport de l'Eminentissime Cardinal Santa-crucio, confirma le Concordat, le 9 juin de la même année.

Bien plus, ils obtinrent un Bref du pape Alexandre VII : « Nos bien-aimés fils... », confirmatif du Concordat, « donné à Sainte-Marie Majeure, sous l'anneau du Pêcheur, le 23 juin 1663 ».

Par Lettres patentes du roi Louis XIV données à Paris le 13 février 1664, attestant que la bulle du S. Père « ne dérogeait point aux

droits, libertés et privilèges de l'Eglise galli-
cane », celle-ci fut enregistrée en la Cour du
Parlement de Rennes, le 20 juin 1665, et con-
séquemment notifiée aux intéressés par le sieur
Buisson, sergent royal. Le P. Bernardin de
Gaudemont, français, était alors Provincial, et
le P. Jérôme Nouël, définiteur, défenseur du
droit breton.

Enfin, une circulaire du P. Ildephonse Sali-
zanès, Ministre Général, parut sur ce sujet, le
10 février 1668 (1).

Les bretons français obtinrent à leur tour,
le 7 mars 1669, un Bref favorable du pape
Clément IX et déclarèrent ne pouvoir s'accorder avec les bas-bretons. Les choses traînèrent
ainsi, au grand détriment du bien général.
Cette dualité fut une des causes de l'affaiblis-
sement de l'Ordre en Bretagne.

Après les troubles du Protestantisme, du
Jansénisme et du philosophisme, on ne sentait
que trop venir l'orage révolutionnaire qui allait
bouleverser la société.

(1) *Archives du Finistère*, H. 325.

CHAPITRE VI

Le culte de saint Jean Discalcéat établi à la cathédrale de Quimper, et à Ergué-Armel, depuis l'époque de la Révolution à nos jours.

Nous arrivons à la triste période de la Révolution française et à celle plus affreuse encore de la *Terreur*.

En 1791, les Cordeliers du couvent de Quimper, désormais en petit nombre, furent expulsés. Le P. Charpentier refusa le serment et demeura à Quimper retenu par ses infirmités. Le P. Lenglé émigra en Espagne.

Le 30 avril 1792, les bâtiments conventuels furent mis aux enchères comme bien national et achetés par les frères Le Déan. Le tout fut adjugé pour la somme de 25,000 francs. L'église servit longtemps de magasin et de chantier de bois ; la charpente fut enlevée pour servir à d'autres constructions. En 1839, un plan de rectification et d'alignement de la ville ayant été approuvé par ordonnance royale du 19

janvier, l'église se trouvait coupée dans sa
longueur. Il fallut tout démolir en 1843. Sur
son emplacement et celui du cimetière abandonné, on éleva la halle centrale de Quimper,
fort mal située du reste dans un quartier excen-
trique. Le cloître disparut aussi. M. Colomb,
ancien conseiller de préfecture, fit l'acquisition
des matériaux de l'église et du cloître pour les
transporter dans sa propriété de Trégont-Mab,
en Ergué-Armel, non loin de Saint-Evarzec.
On peut y voir encore, gisant à terre, au milieu
des ronces et des broussailles, les belles fenêtres de l'église, les colonnes, chapiteaux et
arcades du cloître. Le propriétaire actuel en a
fait transporter une partie à son manoir de
Pen-ar-Menez, en Plomelin, pour construire
une galerie. Non loin de là, dans l'ancien cimetière de Bodivit, en retrouve une dizaine de
chapiteaux de même provenance, déposés là
par les premiers acquéreurs, les frères Déan,
ou par les Bastard de Kerguiffinec. Quatre ou
cinq autres se trouvent au Musée archéologique
de Quimper. Les vitraux du chœur peuvent se
voir au manoir de Kerlien, près de la route de
Douarnenez.

Restaient encore la vieille Tour ou Château
de Quimper, qui avait fait longtemps partie de
l'enclos des Cordeliers, et aussi les bâtiments
claustraux. Ils furent rasés, car, en 1862, le
quai du Steir fut créé, et tout l'îlot de maisons
compris entre les halles et les deux rivières
surgit peu à peu du sol, non sans faire disparaître les derniers débris de l'antique demeure.
Le quartier prit dès lors l'aspect qu'il a aujour-
d'hui, de sorte que rien ne rappelle l'emplacement du couvent et de l'église, pas même
l'endroit précis où se trouvait la tombe de
saint Jean Discalcéat.

Seule, une ancienne cloche du monastère,
mesurant vingt-cinq centimètres de diamètre,
ornée d'un écusson à trois étoiles ou molettes,
portant la date de 1705 et l'inscription : *Sit
nomen Domini benedictum,* a été conservée,
comme pour éveiller les échos du passé. Est-ce
celle qui sonnait le glas des mourants ?

Dans cette effroyable catastrophe, que devinrent les précieuses reliques de saint Jean Discalcéat ? Quel fut le sort de sa vénérée statue ?

C'est ce que nous devons raconter d'après

le récit même de celui qui les sauvegarda,
M. Loëdon, maire d'Ergué-Armel, près Quimper,
de 1792 à 1852. Sa notice, écrite en latin, a été
traduite et transcrite sur. les registres de la
paroisse, en ces termes :

« En 1791, un décret de l'Assemblée Consti-
tuante abolit les Ordres religieux d'hommes et
de femmes ; l'année suivante, les religieux qui
n'avaient pas quitté d'eux-mêmes leurs communautés furent jetés sur la rue, leurs meubles, leurs couvents, leurs églises furent
vendus à l'encan et affectés à des usages pro-
fanes.

« Alors le clergé séculier de Saint-Corentin
fit transporter à la cathédrale les saintes images
et surtout les reliques honorées jusque-là dans
les églises des Réguliers.

« En 1793, ceux qui étaient au pouvoir
s'efforcent de faire disparaître jusqu'au dernier
prêtre et d'anéantir le christianisme ; en fana-
tiques, ils se mettent donc à détruire les
églises ; à la manière des iconoclastes, ils
brisent les statues ; à l'imitation des barbares
du Nord, ils profanent les reliques. A Quimper,
ceux qui dirigeaient le mouvement s'étudiaient

à suivre de près les Parisiens dans toutes leurs atrocités.

« Voilà pourquoi M. Mougeat, sous-diacre et sacristain de la cathédrale, prévoyant ce qui allait arriver, crut qu'il fallait tout d'abord soustraire aux mains des impies les reliques des saints. Il s'associa donc des hommes pieux et prudents pour réaliser son dessein ; de concert, ils transportèrent de Saint-Corentin à l'église d'Ergué-Armel, les châsses et les linges où étaient les reliques, glorieux trésor de la cathédrale. Ce dépôt sacré fut enfermé dans une armoire de la sacristie et confié à la garde de M. Vidal, c'est-à-dire du prêtre qui exerçait en ce temps-là les fonctions de recteur, car M. Daniélou, le vrai et légitime pasteur, était en prison.

« Cette translation fut faite à la faveur des ténèbres, dans la nuit du 8 au 9 décembre 1793. Comme on l'avait bien prévu, l'impiété se donna libre carrière dans la cathédrale au jour du 12 décembre ; les statues furent renversées, brisées, jetées au feu ; les objets servant au culte, dérobés ou souillés ; la cathédrale fut pendant quelque temps changée en abattoir et

en boucherie. Peu après, ce monument con-
sacré depuis des siècles au Dieu vivant et
véritable, sous l'invocation de saint Corentin,
fut dédié à la déesse Raison, dont les honteuses
solennités y furent célébrées chaque décadi,
aux applaudissements de tous les impies et des
gens adonnés à toutes les abominations.

« Aussitôt après la mort de Robespierre, la
cathédrale fut rendue au culte chrétien ; mais
il s'écoula encore un temps assez long avant
que M. Mougeat et M. Sérandour, ce dernier se
disant *vicaire de la cathédrale*, vinrent réclamer
ce qui avait été déposé à l'église d'Ergué-Armel,
et rapportèrent à la cathédrale ce qui, dès
l'origine, avait appartenu à Saint-Corentin. Ils
laissèrent dans l'armoire de la sacristie : 1° *la
châsse contenant les ossements du Bienheureux
Jean Discalcéat, qui provenait du couvent des
Frères Mineurs ;* 2° deux reliquaires provenant
du couvent des Capucins.

« Moi soussigné, j'ai été témoin de ce fait,
et à partir de ce jour les clefs de l'armoire sont
restées à ma disposition, car M. Vidal, rem-
plissant les fonctions de chapelain de l'hôpital
Saint-Antoine (où il mourut plus tard), avait à

peu près abandonné la paroisse d'Ergué-
Armel.

« Le Souverain Pontife Pie VII et les Con-
suls de la République française ayant conclu
le Concordat, l'Eglise catholique en France
fut reconstituée comme autrefois ; l'autorité
apostolique créa des Evêques, et les pasteurs
légitimes furent rappelés dans leurs paroisses.

« M. Daniélou, *Recteur spirituel* (curé) de
cette paroisse, avait été incarcéré douze ans
auparavant pour refus de serment à la Constitution civile du clergé, et depuis quatre ans, il
avait été déporté à l'île de Rhé ; mais alors il
prépara son retour vers ses ouailles.

« C'est pourquoi, moi, *Recteur temporel*
(maire) de la paroisse d'Ergué-Armel, me char-
geant de remettre en état une église depuis si
longtemps sans sacrifice et sans sacrificateur,
et voulant la disposer pour le retour des saintes
solennités d'autrefois, *je retirai cette châsse de
l'armoire de la sacristie, je la portai à l'autel et
je la plaçai sur le tabernacle, et pour que la postérité connaisse avec certitude de quel* BIENHEUREUX
ce sont ici les ossements, quels furent le caractère

et la grandeur de sa sainteté **(1)**, j'ai fait ce rapport, je l'ai signé et scellé du sceau de la commune, puis je l'ai déposé dans le reliquaire le 12 mai 1802.

« Signé :

« LOEDON, *maire.* »

Honneur à ce vaillant, à ce très catholique et très vénérable maire M. Loëdon, qui s'intitule bravement *Recteur temporel de la paroisse,* puisque le vrai Recteur M. Daniélou a été incarcéré, et qu'un intrus schismatique, Claude Vidal, lui a été substitué ! Loëdon fut le vrai gardien du dépôt qui lui avait été confié par Daniel Sergent, et aussitôt qu'il en vit la possibilité, il prit le Reliquaire de saint Jean Discalcéat et le plaça sur l'autel de l'église, de même que ce Reliquaire avait été posé sur l'autel de l'église des Cordeliers.

Honneur au bon et courageux Sergent, maître menuisier, qui le premier avait obtenu de Dominique Mougeat, sous-diacre (assermenté), sacristain de la cathédrale, les précieuses reli-

(1) M. Loëdon aurait écrit une biographie du Saint, mais nous ne la connaissons pas.

ques, et, traversant la rue Neuve, le chemin de Pen-ar-Stang, les avait portées au presbytère du Petit-Ergué ou Ergué-Armel.

On s'étonnera peut-être de voir ces fidèles serviteurs de Dieu traiter avec les schismatiques, les assermentés. Ils y étaient contraints par la nécessité ; leur but était précisément de soustraire ces pieux objets à leur autorité frauduleuse et de les sauver des déprédations des vandales. Pendant la vacance du siège, de 1790 à 1801, deux Evêques constitutionnels avaient même prétendu à la juridiction ecclésiastique du Finistère. Le premier, Louis-Alexandre Expilly, né à Brest le 24 février 1742, curé de Saint-Martin de Morlaix, avait été nommé par les électeurs le 1er novembre 1790, Evêque du Finistère, et eut le triste honneur d'inaugurer le schisme en France. Il périt sur l'échafaud, à Brest, le 21 juin 1794. Le second, Yves-Marie Audrein, né à Goarec, diocèse de Cornouaille, en 1741, lui succéda le 22 avril 1798, après avoir été sacré par le fameux Claude Le Coz, de Plounévez-Porzai, ancien procureur-syndic du district de Quimper, et Evêque intrus de Rennes. Audrein fut arrêté sur la route de Briec, dans

la nuit du 19 novembre 1800, par des Chouans,
qui le fusillèrent parce qu'il avait voté la mort
du roi.

Sergent avait porté à Ergué-Armel, avec les
reliques mentionnées, le *Bras de saint Corentin*,
premier évêque de la ville, et les *Gouttes de sang*
du Christ avec leurs nappes.

La fête de l'*Effusion du sang du Crucifix* se
célèbre à Quimper, au moins depuis le xive
siècle. Les gouttes de sang recueillies d'un Crucifix se trouvaient dans une châsse en vermeil
exécutée par les soins de Fr. Rainaud, placée
sur une colonne dominant le maître-autel.

« Un habitant de Quimper, homme honorable
et riche, allant partir pour la Terre-Sainte, avait
confié à un ami la garde et l'administration de
valeurs très considérables, et cela sans appeler
personne en témoignage. Il consacra plusieurs
années à son pèlerinage, et quand il fut enfin de
retour, il réclama de son ami le dépôt qu'il
lui avait confié ; celui-ci déclara qu'il n'avait
rien reçu. Le pèlerin frustré le traduisit en justice, mais ne pouvant, faute de témoins, prouver
la culpabilité, il demanda que les deux intéressés fussent admis à prêter un serment solen-

nel devant le Crucifix, admettant que cette épreuve terminerait l'affaire. Ils se rendirent donc tous les deux à la cathédrale, et là, au moment même où le dépositaire ajoutait le parjure à son premier crime, les pieds du Crucifix de bois, attachés par un seul clou, se séparèrent, et répandirent trois gouttes d'un sang miraculeux » (1).

Telle est l'origine de cette touchante fête de l'*Effusion du sang*.

Après les événements de Thermidor (28 juillet 1794), les catholiques et les constitutionnels crurent un instant au retour de la liberté religieuse. Daniel Sergent alla reprendre au Petit-Ergué le *Bras de saint Corentin* et les *Gouttes de sang* ; il fit lui-même deux châsses en bois

(1) Propre du bréviaire pour le diocèse de Quimper, au mercredi avant le Mercredi des Cendres, leçons pour la fête de l'Effusion du sang du Crucifix. — Du grand crucifix de bois il n'y a plus que la tête, le reste fut brisé par les terroristes, le 12 décembre 1793, en la fête de saint Corentin. On conserve encore les linges sur lesquels tombèrent les gouttes de sang. Quant au *Bras de saint Corentin,* il a été placé, en 1886, dans un beau reliquaire, et il est très honoré toujours à la cathédrale de Quimper.

sculpté et mouluré, et c'est dans ces pauvres reliquaires qu'il les restitua à la cathédrale de Quimper, la veille de la fête de saint Corentin, le 11 décembre 1795, où elles restèrent quelque temps bien oubliées.

Quant à la châsse de saint Jean Discalcéat, qui n'avait pas appartenu à la cathédrale, le vigilant et prudent Loëdon ne voulut pas qu'on l'emportât ; il la garda sur l'autel de l'église paroissiale d'Ergué, et c'est ainsi que les reliques du saint furent toujours honorées d'un culte public, à peine interrompu pendant la courte période de la Terreur. L'authenticité des ossements sacrés était garantie par la déposition de témoins sûrs, et le rapport scellé du sceau de la commune renfermé dans le reliquaire.

En 1842, on crut devoir procéder à un examen détaillé et canonique des reliques de notre saint. Le procès-verbal de l'examen fait par Monseigneur Joseph-Marie Graveran dit lui-même quels motifs le portèrent à cette vérification.

« Joseph-Marie Graveran, Evêque de Quimper,

« Ce jour 25 avril 1842, Nous avons ouvert une caisse en bois, de forme oblongue, ornée de sculptures dorées, surmontée d'une petite statue également dorée, et nous avons reconnu plusieurs ossements considérables, entr'autres deux fragments d'un crâne.

« Dans la même boîte se trouvait un vieux bréviaire lacéré, relié, attaché d'une chaîne en cuivre, plus un exposé écrit en latin et signé Loëdon, maire d'Ergué-Armel. Le dit M. Loëdon nous a déclaré que la dite caisse provient de l'ancienne église des Cordeliers de Quimper, et que les reliques qu'elle renferme sont celles de saint Jean Discalcéat, jadis très vénéré dans la dite ville de Quimper.

« M. Coïc, adjoint-maire d'Ergué-Armel, nous a également déclaré que, dans sa jeunesse, il a vu la dite caisse exposée dans l'église des Cordeliers de Quimper, et qu'il est convaincu que les reliques qu'elle renferme sont bien les reliques de saint Jean Discalcéat.

« Nous permettons en conséquence de conserver les dites reliques et de les proposer à la vénération des fidèles, et avant de sceller la caisse qui les renferme, Nous en avons extrait

9·

un fragment du crâne pour le déposer dans notre église cathédrale.

« En foi de quoi, Nous avons signé le présent procès-verbal, avec les susdits Loëdon, Coïc, et M. Kéraudy, notre grand vicaire, Nédélec, chanoine-curé de la cathédrale, Troadec, desservant d'Ergué-Armel.

« Fait à Ergué-Armel, le 25 avril 1842.

> « Signé : J.-M., Evêque de Quimper ;
> LOEDON ; J.-M. Coïc ; KERAUDY,
> vic. gén. ; LE TROADEC, desservant d'Ergué-Armel. »

L'acte est revêtu du sceau de l'Evêque.

Mgr Graveran ayant pris la majeure partie du chef de saint Jean Discalcéat pour en faire don à son église cathédrale, son successeur, Mgr Sergent, eut un moment la pensée de revendiquer le corps tout entier, lorsque la châsse fut portée à l'Evêché de Quimper, en 1857, pour qu'il pût y apposer un nouveau sceau, l'ancien ayant été brisé accidentellement. Mais les heureux détenteurs des reliques firent valoir leurs droits de possession, à la suite d'une prescription de 70 ans, et en l'absence d'un couvent de Frères Mineurs, les légitimes propriétaires du saint corps. M. Aymard de Blois, fabricien, qui avait pendant longtemps habité Ergué-Armel, consigna sur le registre des délibérations de la paroisse les observations respectueuses qui furent faites à Sa Grandeur. Il faisait bien remarquer que MM. Mougeat et Sérandour, lors de la chute de Robespierre, étant venus réclamer les objets, propriété de la cathédrale, n'avaient établi aucune prétention relative aux reliques de saint Jean ; qu'ils ne les avaient pas réclamées davantage de 1794 à 1810, date à laquelle ils moururent, étant tous deux réconciliés avec l'Eglise et attachés au service de la cathédrale. Il constatait que Mgr Graveran reconnut les droits d'Ergué, lors de sa visite épiscopale du 25 avril 1842, et il le prouvait en disant : « Ces titres de possession parurent alors si peu contestables, qu'au lieu de revendiquer ce même reliquaire pour sa cathédrale, l'Evêque demanda à emporter, pour y être vénérée, une partie du crâne du Bienheureux Jean Discalcéat, comme cela est énoncé dans son procès-verbal, et qu'il y fit déposer cette même relique avec une nouvelle authentique. Ces faits parlent trop haut pour qu'on puisse juger nécessaire de rappeler le témoignage de plusieurs personnes encore vivantes, qui se trouvaient au presbytère d'Ergué-Armel, lorsque Mgr Graveran, sur l'invitation des membres du conseil de fabrique, emporta la portion de relique dont il croyait convenable de doter sa cathédrale. Parmi ces personnes se trouvait le secrétaire actuel du conseil de fabrique de Locmaria qui, conformément à la délibération du 3 avril 1864, a transcrit ci-dessus les actes dont il s'agit, sur la communication qu'il en a obtenue au secrétariat de l'Evêché, où elles se trouvent en ce moment. »

Mgr Sergent respecta les revendications des possesseurs et le reliquaire reprit le chemin d'Ergué-Armel.

En 1879, M. l'abbé Henri Le Gall, recteur de cette paroisse, fit faire un nouveau reliquaire en forme de châsse gothique, vitrée sur ses quatre faces, et cantonnée de quatre petites tourelles. C'est une œuvre très simple, beaucoup moins riche que la caisse sculptée faite au xviiie siècle, mais d'un style moderne plus goûté maintenant des gens du peuple.

A l'occasion de ce changement un nouveau procès-verbal fut dressé en ces termes :

« Le deux mars, mil huit cent soixante dix-neuf, je soussigné, Recteur de la paroisse d'Ergué-Armel, au diocèse de Quimper, ai changé de reliquaire aux ossements de saint Jean Discalcéat, religieux de l'Ordre des Frères Mineurs ou Franciscains, mort à Quimper, en odeur de sainteté, à l'âge de 69 ans, en soignant les pestiférés de cette ville.

« D'après l'autorisation d'Illustrissime et Révérendissime Dom Anselme Nouvel, de l'Ordre de saint Benoit, Evêque de Quimper et de Léon, donnée le 4 février de la même année, ce changement a été fait à l'issue de la grand'messe en présence de la majorité des paroissiens d'Ergué-Armel.

« Après avoir donné au peuple lecture de l'acte par lequel Mgr Graveran, Evêque de Quimper et de Léon, a reconnu l'authenticité des reliques de saint Jean Discalcéat, par procès-verbal écrit de sa main, en date du 25 avril 1842 ; en présence du Conseil de Fabrique, des nota-

bles de la paroisse, de M. Jean Hascoët, vicaire
d'Ergué-Armel. J'ai retiré de l'ancien reliquaire
les ossements du Bienheureux, un bréviaire
entouré d'une chaîne de cuivre, un livre de
cantiques, une feuille qui relate un miracle opéré
en faveur d'une fille Moduit, de Quimper, le
procès-verbal écrit en 1802, par M. Loëdon,
maire de la commune d'Ergué-Armel, qui donne
un abrégé de la Vie du Bienheureux Jean
Discalcéat, et expose la manière dont les reliques
sont arrivées à Ergué-Armel, dans la nuit du 8
au 9 décembre 1793, plus le procès-verbal de
Mgr Graveran, et j'ai remis le tout dans le nouveau reliquaire en forme de châsse gothique
flanquée de quatre tourelles.

« En foi de quoi j'ai fait et signé le présent
procès-verbal avec les membres du Conseil de
Fabrique et M. Jean Hascoët, vicaire de la
paroisse, les jour et an que dessus.

« Ont signé : Corentin Droal, président du
Conseil ; Conan, trésorier ; Diligeart, adjoint
au maire, membre du Conseil ; Jean Hascoët,
vicaire ; Thomas, instituteur communal ; Henri
Le Gall, recteur d'Ergué-Armel. »

« Le procès-verbal, dont voilà la copie authen-

tique, a été soumis au visa de Sa Grandeur
Monseigneur l'Evêque de Quimper et de Léon,
qui l'a scellé du sceau de ses armes en y ajoutant
ce qui suit :

« Nous approuvons ce qui a été fait par
M. le Recteur d'Ergué-Armel.

« Quimper, 4 mars 1879.

« † D. ANSELME, O. S. B.
« *Evêque de Quimper et de Léon.* »

Un mois après, le 4 avril, M. Peyron, secrétaire de l'Evêché, agissant par délégation de
Mgr Nouvel, apposa quatre fois le sceau épiscopal sur le reliquaire.

Les reliques restent toujours exposées dans
l'église paroissiale, et elles sont portées processionnellement chaque année, le *lundi de Pâques*
et *le lundi de la Pentecôte*, jours de *pardon* (fête
patronale) à Ergué-Armel.

Une fois, le 13 décembre 1886, troisième jour
des fêtes solennelles de la translation du Bras
de saint Corentin, elles furent portées en procession à Quimper même, mais depuis elles n'y sont
pas revenues. Est-ce la crainte de les voir rete-

nues dans la ville épiscopale, par l'avide piété de ses habitants ?

Ergué-Armel, nommé aussi dans le pays breton le Petit-Ergué (ou le petit Terrier) par opposition à Ergué-Gaberic, compte plus de trois mille habitants. Il est situé à trois quarts de lieue de Quimper ; son territoire est coupé de vallons et de montagnes, bien cultivé et fertile ; on y voit peu de terrains incultes. L'ancienne église paroissiale dépendait de la haute-justice de la maison seigneuriale du Plessis, la plus remarquable du canton, à laquelle la reine Anne donna, en 1505, le droit d'ajouter un quatrième poteau à toutes les justices de sa juridiction. On connaissait, en 1380, dans cette paroisse, les maisons nobles de Lanros, de Kerjean, de Quinquis et de Kergonan. Elle est placée sous le patronage de saint Alor, et mérita, aux jours de l'épreuve, par la piété de ses habitants et surtout le zèle éclairé du vénérable Loëdon, l'insigne faveur de posséder la presque totalité des reliques de saint Jean Discalcéat.

Quimper toutefois n'a pas voulu céder en dévotion à l'égard du saint, à ceux d'Ergué-Armel.

Grâce à la pieuse soustraction opérée par Mgr Graveran, la cathédrale possédait depuis 1842 presque tout le crâne du Bienheureux Frère Mineur. Sa Grandeur fit disposer pour le recevoir un reliquaire en carton doré représentant le portail principal de l'église des Cordeliers, et prit soin de le placer sur un cul-de-lampe non loin de la statue de saint Jean Discalcéat. Pendant la terrible guerre de 1870-1871, ce chef sacré fut porté processionnellement, avec les autres reliques, dans les supplications solennelles.

Plus tard, un nouveau et plus beau reliquaire reçut le saint crâne, directement placé sous la statue du saint, près de l'autel des saints Anges.

Cette antique statue, de petite dimension, a elle aussi son histoire. Elle est particulièrement honorée à la cathédrale, comme elle le fut sans aucun doute auparavant dans l'église des Cordeliers, d'où elle provient. Sa facture, la façon dont la robe est drapée, dénotent une œuvre fort ancienne. La physionomie très peu idéalisée présente un type vraiment breton, reproduite très probablement d'après un portrait ou tableau antique. Le saint est représenté portant une besace sur l'épaule et tendant la main.

Quand un Frère Mineur regarde cette statue, il peut y lire, pour ainsi dire, l'histoire des vicissitudes de l'Ordre de Saint-François. La forme de l'habit et du capuce à mosette est la forme primitive, antérieure à la Réforme de l'Observance (xve siècle), aux Conventuels et aux Récollets. Détail plus précis, la corde à trois nœuds, simple autour de la taille, est placée, non pas sur le côté, mais pend au milieu du corps; c'est ainsi qu'on la portait aux xive et xve siècles.

La couleur première de l'habit des Frères Mineurs était le gris cendré ; par conséquent la statue devait avoir cette teinte. Elle fut peinte en *noir* (on ne pouvait changer la *forme* de l'habit), à l'époque où les Cordeliers de Quimper, à partir de 1771, passèrent sous la juridiction du Général des *Conventuels*, lesquels avaient adopté la couleur mortuaire.

Le peuple simpliste, en voyant cette couleur, a donné, après la Révolution, le nom breton de *Santik dû* (le petit saint noir) à saint Jean Discalcéat. Ce nom est bien mal choisi, mais

il est populaire, par conséquent bien difficile à
corriger !

Vers 1868, la statue fut repeinte. Nouveau
contraste : le capuce fut teinté en *brun*, mais
la robe resta *noire*, au lieu de l'avoir colorée
tout en gris (la couleur première), ou tout en
brun (la couleur moderne des Frères Mineurs).
On aurait su au moins à quel Ordre il appar-
tint ! Depuis quelques années, la robe a été
repeinte en brun.

Lorsque l'église Saint-François eut été dé-
pouillée, comme on l'a vu, cette antique statue
fut déposée à la cathédrale avec les autres
objets sacrés provenant des monastères de la
ville, mais hélas ! l'abri provisoire n'était pas
plus sûr. Le 12 décembre 1793, un hideux
personnage, Dagorn, suivi de terroristes aussi
stupides que cruels, profana odieusement cette
magnifique et célèbre église, cribla de balles
les tableaux, renversa les statues, viola les
tombeaux, et faisant un amas de tous ces objets,
les amoncela sur une charrette pour les conduire au Champ de la Fédération (le Champ
de Bataille). Là, il devait brûler tous les hochets
de la ci-devant religion catholique. Un odieux

cortège de citoyens abrutis et de citoyennes
éhontées faisait en sorte d'empêcher des fana-
tiques de rien soustraire au bûcher. Au moment
où la charrette s'avançait par la rue de la
Révolution (la rue Sainte-Catherine), devant
la maison de Mme Boustouler, la statue de
saint Jean Discalcéat et une autre tombèrent
du véhicule. Cette dame « qui pesait deux cents
livres, portait moustache et n'avait peur de
personne », mit les deux saints dans son tablier
et rentra chez elle aussi tranquillement que si
son fardeau n'avait été ni encombrant ni com-
promettant (1).

La statue de saint Jean Discalcéat était sauvée.

Honneur à la vaillante veuve Boustouler !

Quand les églises furent rendues au culte,
ce fut la fille de cette courageuse personne,
Pauline Boustouler, femme de Pierre Thomas,
qui restitua à la cathédrale la statue du saint,
plus vénérée que jamais, devant laquelle tant
de fidèles viennent prier, pour obtenir de

(1) La plupart des détails de ce chapitre sont em-
pruntés à la brochure sur saint Jean Discalcéat, de
M. A. Thomas, Quimper, 1888.

retrouver les objets perdus, pour demander un temps favorable et recevoir toutes sortes de grâces.

Elle fut placée près de l'autel qui, avant la Révolution, avait été dédié à saint Julien l'Hospitalier et qui, après le Concordat, était devenu l'autel des Saints-Anges. On ne l'éleva qu'à une hauteur médiocre, si bien que les fidèles pouvaient déposer dans sa main tendue les offrandes qu'on lui faisait. Ce fut la coutume pendant plusieurs années, tant pour les dons en pains que pour les dons en argent. Cependant comme les fidèles ne cessaient de témoigner de leur dévotion, un tronc fut placé au-dessous de la statue, et celle-ci relevée dans une niche gothique en stuc, peinte, en 1868, en couleur granit, de manière à se confondre avec les détails mêmes de l'architecture de l'édifice. C'est là qu'elle est vénérée encore maintenant, en attendant un autel spécial au jour de la Béatification.

Une statue de saint Guénolé lui faisait pendant, à l'autre angle de l'abside ; elle a été remplacée par celle de saint Antoine de Padoue, de sorte que saint Jean et saint Antoine se

10

retrouvent dans le même voisinage sous la voûte de la cathédrale, comme ils s'y trouvaient dans leur couvent de Saint-François.

A Quimper, saint Jean Discalcéat est invoqué, avons-nous dit, surtout pour retrouver les objets perdus. Les fidèles exaucés déposent leurs offrandes dans le tronc. L'argent qu'on lui offre constitue une ressource importante pour la cathédrale (1). D'autres lui donnent du pain, lequel est déposé sur le tronc ou à côté, et le *premier pauvre qui vient a le droit d'emporter ce pain.* C'est surtout le samedi, jour de marché, que les braves gens de la campagne ou de la ville font ces sortes d'offrande en nature, et ce sont surtout les mendiants assis aux portes de l'église qui enlèvent le pain, à tour de rôle, par suite d'une entente cordiale intervenue entre eux, afin d'éviter toute dispute et manquement à la charité. C'est ainsi que celui qui allait autrefois mendier pour les

(1) Si l'argent de ce tronc est moins abondant depuis quelques années, cela tient à ce que les aumônes sont partagées, des statues du saint et des troncs ayant été placés dans les paroisses de Saint-Mathieu de Quimper, d'Ergué-Armel, de Combrit, de Douarnenez, etc.

indigents, les secourt encore du haut de son trône. Le pauvre prend le pain de la charité comme lui étant offert par le saint lui-même, qui certainement sourit de pitié et de bonté dans le séjour de la gloire, à ces chers mendiants de Quimper.

N'est-ce pas merveilleux ? Comment le peuple oublierait-il un tel bienfaiteur ?

Comme saint Antoine est invoqué spécialement pour retrouver les objets perdus, et parce qu'on lui offre, de nos jours surtout, du pain pour les pauvres, certains ont cru et écrit que les fidèles avaient confondu la dévotion aux deux saints, à cause du voisinage. C'est une raison mesquine. Autrefois, saint Jean était principalement invoqué pour guérir les maux de tête. A notre époque, bien avant la pose de la statue de saint Antoine de Padoue, au côté opposé, les fidèles offrirent du pain à saint Jean. Pourquoi ? La statue du saint le représente tendant la main ; elle se trouvait à la portée de la main du pieux fidèle, ami des pauvres, qui acheva le geste en se rappelant la parole du divin Maître : Mieux vaut donner que de tendre la main. La piété du peuple chrétien est guidée par la grâce de Dieu qui lui inspire d'invoquer tel saint pour obtenir telle ou telle faveur.

Frère quêteur, notre humble Frère Mineur voyagea beaucoup de son vivant. De nos jours, la fièvre de la locomotion a singulièrement augmenté et elle a eu pour résultat, quant à notre saint, de faire connaître son culte sur différents points de la France, à l'étranger, jusqu'en Amérique. La société des Dames du Sacré-Cœur qui se trouvait à Quimper, avant la loi spoliatrice de 1901, — sur l'emplacement de l'ancien couvent des Capucins chassés par la Révolution, lequel s'étendait jusqu'à la maison des Jésuites, devenue maintenant la résidence épiscopale, — ne contribua pas peu à la diffusion de son culte, et comme ces religieuses obtinrent plusieurs fois un rayon de soleil, par l'intercession de ce saint, pour favoriser leurs processions solennelles ou leurs fêtes de famille, il est arrivé que beaucoup de personnes l'invoquent pour *obtenir le beau temps* et lui promettent habituellement la légère aumône de *deux sous*, s'ils sont exaucés. A cet effet, il ne se passe guère de semaine sans que M. l'Archiprêtre de la Cathédrale reçoive quelque offrande de ce genre, avec l'indication du motif qui l'accompagne. Parfois le cher saint est appelé *le petit saint qui fait des miracles pour deux sous.*

A vrai dire, on l'implore pour obtenir toutes sortes de faveurs. Il n'est pas douteux que son culte ne prenne une extension encore plus considérable, lorsque le décret de Béatification l'aura fait connaître au monde chrétien tout entier. Puisse-t-il être prochain !

C'est le vœu que nous formons humblement en achevant de retracer, quoique bien imparfaitement, la Vie de notre bien-aimé frère.

Bienheureux Jean Discalcéat, gloire de l'Ordre séraphique en Bretagne, priez pour nous.

CHAPITRE VII

PETIT APERÇU HISTORIQUE DE L'ORDRE DE S. FRANÇOIS EN BRETAGNE

Pour faire suite à la Vie de notre héros, gloire de l'Ordre séraphique en Bretagne, nous croyons utile de donner ici un rapide aperçu des institutions franciscaines, à travers les âges, dans la péninsule armoricaine, car elles sont bien ignorées. En les rattachant à notre saint Frère Mineur *breton*, le seul honoré comme tel, nous n'aurons qu'à dérouler la chaîne des principaux événements qui partent des XIIIe et XIVe siècles et se continuent jusqu'à nous. Déjà, dans les chapitres précédents, nous avons touché aux origines de l'Ordre, indiqué sa prompte diffusion en Bretagne, l'influence de ses monastères.

L'Ordre de saint François, — titre générique

— appelé aussi l'Ordre ou la Religion séraphique (1), se divise en trois Ordres distincts : le premier comprend les hommes, les religieux faisant les vœux solennels, les *Frères Mineurs ;* le second, les femmes cloîtrées, les *Clarisses ;* le troisième, *régulier,* forme diverses Congrégations religieuses d'hommes et de femmes vivant en communauté ; *séculier,* il s'adresse aux personnes des deux sexes vivant dans le monde, laïques ou ecclésiastiques. Ces Ordres embrassent donc toutes les classes et toutes les conditions sociales.

Jamais fondateur, depuis le XIIIe siècle, ne compta une aussi nombreuse famille religieuse que celle du Pauvre d'Assise, le plus grand Patriarche du nouveau Testament, « marqué

(1) Ce nom de *séraphique* vient de ce que saint François est appelé le *Séraphin d'Assise* à cause de son brûlant amour pour Jésus-Christ, qui lui apparut crucifié et sous la forme d'un *Séraphin* ayant six ailes de feu, lui imprima les stigmates aux mains et aux pieds et perça son côté, laissant dans son cœur un feu et un amour séraphiques. D'après plusieurs révélations, le saint est placé au ciel dans le chœur des *séraphins* et occupe le trône laissé vide par Lucifer.

des signes de la Rédemption ». « Parmi les
Patriarches, s'écriait Léon XIII, qui ont planté
dans le parterre de l'Eglise les grandes familles
religieuses qui sont sa joie et son orgueil, le
plus admirable de tous, ah ! c'est sans contredit
le séraphique Père saint François d'Assise,
parce que nul autre ne ressemble à Jésus-
Christ comme lui. »

Né en 1182, il mourut en 1226 ; il avait fondé
le 1er Ordre en 1209, le 2e en 1212, le 3e en
1221.

« L'Ordre de saint François, a dit encore
Léon XIII, est grand dans l'Eglise. C'est un des
principaux sur lesquels les Souverains Pontifes
se sont appuyés depuis bientôt sept siècles.
Moi aussi je veux trouver dans cet Ordre un
soutien fort et vigilant qui m'aide à défendre
les droits de l'Eglise et à résoudre les questions
sociales. » Dans la bulle *Felicitate*, il ajoutait :
« A peine existe-t-il une société d'hommes qui
ait donné à la vertu tant de gardiens rigides, à
la foi chrétienne tant de héros, au Christ tant
de martyrs, au ciel tant de citoyens, et dans
laquelle on ait compté tant d'hommes qui aient
illustré et fait progresser l'Eglise et la société

civile elle-même, en cultivant ces arts qui donnent à ceux qui y excellent la supériorité sur
tous les autres. »

I. — Le 1er Ordre, les Frères Mineurs en Bretagne, du XIIIe siècle à la Révolution : Classification historique.

Saint François donna à ses disciples le nom
de « Mineurs », les moindres, les plus petits,
les petites gens. « C'était leur dire clairement
qu'ils étaient la chose du peuple, son âme, sa
voix (1) ». Ce nom générique convient aux
diverses familles nées au sein de l'Ordre, qui
s'est subdivisé, au cours des siècles, en trois
corps d'armées constituées par les religieux
appelés vulgairement les *Franciscains*, les *Capucins*, les *Conventuels*, gouvernés par trois
généraux distincts dont le Pape est le Chef
suprême.

En France, les Franciscains étaient aussi appelés vulgairement « Cordeliers », à cause de
la *corde* dont ils sont *liés*, en guise de ceinture.

(1) Arvède Barine.

SAINT FRANÇOIS

(Statue du tombeau du duc François II.)

L'Ordre vécut pendant trois siècles dans l'unité substantielle et sans séparation du Général *unique* inscrit dans la Règle (ch. viiie). Au xive siècle on put compter jusqu'à 100.000 religieux !

Leur nombre même et les vicissitudes des siècles devaient amener des fractionnements et des divisions.

En France, il y eut cinq grandes Provinces-mères : la Province de France (île-de-France, région de Paris), Touraine, Bourgogne, Aquitaine, Provence.

La Bretagne franciscaine se rattachait à la Province de la Touraine, avant de devenir autonome. Du reste, au point de vue ecclésiastique, l'archevêque de Tours fut le métropolitain de la Bretagne, jusqu'en l'année 1859.

Un mot sur les subdivisions franciscaines.

Tout d'abord il est bon de noter qu'il ne faut pas trop s'étonner des soubresauts de relâchement ou de zèle ardent marqués dans les Annales de l'Ordre, vu la supériorité de l'idéal de perfection à atteindre, la fragilité ou la force de la nature humaine, et parce que ces alter-

natives furent presque toujours corrélatives
avec la ferveur ou la malignité des siècles,
avec les fluctuations de l'Eglise elle-même,
particulièrement lors du lamentable schisme
d'Occident, à la fin du xive siècle, et de la crise
du Protestantisme, au xvie, tant il est vrai que
ces institutions franciscaines enracinées au
sein même de l'Eglise, ont vécu de sa vie, suivi
ses épreuves, et souvent remédié à ses maux,
car, par un prodige remarquable, Dieu a suscité, à chaque période difficile, des saints
illustres qui ont produit un élan de Réforme
et d'Observance des lois divines et des conseils
évangéliques (1).

Les guerres et les troubles du xive siècle
amenèrent beaucoup de désordres dans l'Eglise ;
le grand schisme d'Occident, qui dura de 1378
à 1417, et pendant lequel il y eut plusieurs
papes à la fois, l'un séjournant à Rome, l'autre

---

(1) A la cérémonie du Couronnement des Papes, on
récite quatre oraisons : la première au Saint Esprit, la
deuxième à la Sainte Vierge, la troisième à Saint Joseph,
et la quatrième à Saint François, « afin que de même
qu'il répara autrefois l'Eglise, il la soutienne encore »,
ut sicut olim, reparavit Ecclesiam, eamdem sustentet.

à Avignon, diminua l'influence de la papauté et de la hiérarchie dans le monde, et fut une des causes du relâchement pendant lequel le clergé séculier et régulier s'affaissa et plusieurs hérésies osèrent se produire, notamment celles des Wiclefistes et des Hussites, précurseurs de Luther et de Calvin.

L'Ordre franciscain subit un fléchissement grave au cours du xive siècle (1), mais il trouva aussi dans son sein des éléments admirables de relèvement, grâce à la Réforme connue sous le nom de l'*Observance.*

Inaugurée par le Bienheureux Jean de la Vallée qui mourut en 1351, continuée par le Bienheureux Paul de Trinci et le Bienheureux Jean de Stroncone, elle fut confirmée et consacrée par l'Eglise, en 1415, au Concile de Constance (qui allait mettre fin au schisme d'Occident), et portée à son apogée par des saints illustres : « tels furent saint Bernardin de Sienne, saint Jean de Capistran, saint Jacques

(1) Lors du schisme d'Occident, il y eut aussi deux Généraux dans l'Ordre, l'un de l'Obédience de Rome, l'autre d'Avignon.

de la Marche, le bienheureux Bernardin de Feltre, le bienheureux Marc de Bologne, le bienheureux Albert de Sartiano, et une foule d'autres qui, envoyés par le Saint-Siège, à la demande des rois, des princes et des plus illustres cités, évangélisèrent les peuples, sanctifièrent l'univers (1) ».

Saint Bernardin de Sienne fut le promoteur de la dévotion spéciale au Saint Nom de Jésus, pour affirmer les droits du Christ, de Jésus de Nazareth, Roi, sur le monde entier. Il fit graver le saint monogramme sur les maisons, en tira des images avec les rayons lumineux, le fit arborer sur les étendards, avec les noms de Jhesus-Maria. Dénoncé comme *hérétique*, à Rome, il dut se défendre et triompha de ses ennemis (1427).

Un de ses disciples, en France, le P. Richard, Frère Mineur de l'Observance, de la province de Touraine, propagea cette dévotion avec un succès merveilleux à Paris, en Champagne et dans tout l'est de la France, annonça et prépara la mission de Jeanne d'Arc, armée de l'éten-

(1) *Orbis seraphicus*, l. VI, c. 14.

dard du saint Nom de Jésus, et fut son soutien
jusqu'au moment où l'héroïne fut incarcérée à
Rouen (1430). Lui-même fut dénoncé comme
hérétique et interné, à cette date, au couvent
de Poitiers. Mais la bannière du saint Nom de
Jésus avait triomphé, entre les mains de la
Pucelle, sur l'invasion anglaise et la désolation
morale de l'Eglise de France (1).

Par la bulle *Iste et vos*, le pape Léon X, en
1517, unit en un seul corps tous les religieux
observateurs de la Règle et prescrivit que ses
membres garderaient le nom pur et simple de
Frères Mineurs de saint François, ou encore
celui de *Frères Mineurs de la Régulière Observance* (2), et que leur Général jouirait du titre

(1) Une chronique contemporaine, connue sous le
nom de *Journal d'un Bourgeois de Paris*, à l'année 1430,
nous apprend que « Pierronne (et étoit de *Bretaigne
bretonnant*), fut jugée et brûlée à Paris... Elle disoit et
vrai propos avoit que dame Jehanne qui s'armoit avec
les Arminaz, estoit bonne, et ce qu'elle faisoit estoit
bien fait et selon Dieu ». V. *dans l'ouvrage de Quicherat,
t. IV*. Le P. Richard était aussi le directeur de Pierronne. *Ibid.*

(2) « *Fratres Minores sancti Francisci Regularis Obser-
vantiæ, vel simul, vel disjunctive nuncupentur.* » Bulle
Iste et vos.

de Ministre général de tout l'Ordre des Frères Mineurs, ayant aussi l'usage exclusif de l'antique sceau de l'Ordre.

Les religieux qui voulurent garder les dispenses, obtenues légitimement du Saint-Siège, comme rentes et possessions, furent séparés et durent élire un chef qui portera le titre de *Maître général des Frères Mineurs Conventuels*, et devra être confirmé dans sa charge par le Ministre général de tout l'Ordre. Dans la suite il fut dispensé de demander cette confirmation, et prit le titre de Ministre général des Conventuels. Les Observants et les Conventuels formèrent donc deux corps entièrement séparés et indépendants l'un de l'autre.

L'Ordre de saint François réorganisé eut un renouveau de vie et prit une nouvelle extension ; les travaux des religieux furent immenses dans tous les pays, notamment dans le Nouveau Monde (1), aux Indes et au Japon. En Europe, ils luttèrent surtout contre le Protes-

---

(1) L'Amérique fut découverte en 1492. La Cause de Christophe Colomb, tertiaire de saint François, sera prochainement reprise au Tribunal ecclésiastique de Gênes.

tantisme : 455 d'entre eux subirent le martyre de la part des Huguenots, et sur ce nombre plus de 200 en France (1).

Au milieu des troubles causés par la crise protestante, un nouvel élan se manifeste dans l'Ordre, au xvie siècle. On y établit, vers 1502, des couvents de *Récollection* ou de retraite plus étroite pour les observants qui voudraient y mener une vie plus contemplative. En 1533, de semblables maisons s'établirent en France, puis une première Custodie y fut fondée en 1590, avec des statuts particuliers. Ces religieux constituèrent ainsi une famille spéciale, tout en restant sous la juridiction du même Général de l'Observance, et furent appelés *Récollets* (2).

(1) La Cause des Frères Mineurs martyrisés en France par les protestants doit être aussi présentée en Cour de Rome. L'auteur de ce livre est chargé de recueillir les documents.

(3) En Italie, ces religieux aspirant à une plus étroite observance, prirent le nom de *Réformés* (1532), et en Espagne celui de *Déchaussés* ou *Alcantarins* (1538), parce qu'ils marchaient primitivement pieds nus, sans sandales, comme saint Jean Discalcéat, et qu'ils reçu-

Nous devons dire aussi qu'en 1528, un Franciscain de l'Observance, Mathieu Baschi, forma
en Italie une autre famille de Frères Mineurs,
celle des *Capucins*, dont le but primitif était de
mener une vie plus solitaire. Il rentra plus
tard dans l'Observance et y mourut saintement,
mais ses disciples furent placés, pendant près
d'un siècle, sous l'autorité de Vicaires généraux
dépendant du Maître général des Conventuels.
En 1619, le pape Paul V leur permit de se
nommer un général ; dès lors, les Frères
Mineurs Capucins formèrent une famille franciscaine indépendante des deux autres. C'est
ainsi que le premier Ordre fut et est divisé en
trois familles distinctes, avec trois généraux
indépendants, mais unies par la même règle, le
même fondateur et le même esprit séraphique.

Il était nécessaire de donner ces notions
succinctes pour comprendre le *status* des Provinces franciscaines en Bretagne.

rent les Constitutions de saint Pierre d'Alcantara. Tous
étaient soumis au même général, celui des Frères
Mineurs de l'Observance. En 1897, Léon XIII a supprimé toutes ces dénominations.

En voici l'aperçu historique, chronologique et géographique (1).

Frères Mineurs.

La Province de Touraine, constituée vers 1239, fut divisée en cinq groupements ou custodies, dont l'une en Bretagne comprenant les couvents qui suivent, jusqu'en 1771.

Custodie de Bretagne : *Quimper*, fondé en 1230 ; *Rennes*, 1230 ; *Nantes*, 1250 ; *Vannes*, 1260 ; *Dinan*, 1261 ; *Guingamp*, 1283 ; *Bourgneuf-en-Rez*, dans le Nantais, 1332 ; *Landéan*, près Fougères, 1440 ; *Saint-Brieuc*, fondé en 1451, annexé après 1682.

Frères Mineurs de l'Observance.
GROUPE DE NANTES

L'Observance eut des disciples au couvent

(1) Dressé à l'aide de listes copiées aux *Archives*, des *tables* publiées dans les diverses éditions d'Albert Le Grand, du *Mémoire sur l'Etat du Clergé*, par le P. Toussaint de Saint-Luc, *1691, Paris*, des Annales de l'Ordre, et de l'article paru au *Bulletin historique et philologique, 1909, Paris : Essai de géographie des établissements de l'Ordre de Saint-François en Bretagne du XIIIe au XIXe siècle*, par M. Antoine de Sérent. On trouve aussi les noms et les dates dans le *Dictionnaire* d'Ogée.

de *Clisson* près Nantes, bâti en 1410. Son nom figure sur la liste des onze monastères auxquels le Concile de Constance, en 1415, accorda l'autonomie ; il se rattachait à la Vicairie Observante de Touraine, ensuite, de 1517 jusqu'en 1771, à la Province de Touraine-Pictavienne, avec les couvents qui suivent :

Savenay, près Saint-Nazaire, fondé en 1419 ; *Saint-Martin-de-Teillay*, près Châteaubriant, 1428 ; *Bodélio*, près Malansac, Morbihan, 1442 ; *Ancenis*, Loire-Inférieure, 1448.

PROVINCE DE BRETAGNE

L'Observance prit racine dans la Bretagne proprement dite à l'*Ile Verte*, nommée en breton *Enes Glas* (tout près de l'*Enes Laur* ou l'*Ile des Lauriers*, *Lavré* ou *Laurée*, *Insula Laureaca*), l'une des six îles entourant celle de Bréhat, qui de mer basse et dans les grandes marées s'y rattache en partie. Elle se trouve dans l'embouchure du Trieux, en face Pontrieux et Tréguier. Bréhat avait appartenu aux ducs de Penthièvre et dépendait de l'Evêché de Dol. C'est sur ce rocher de l'Ile Lauré que le célèbre Budoc forma, au ve siècle, la première com-

munauté de moines qui ait existé dans ces
parages et qui resta durant quelques siècles
comme un séminaire d'apôtres pour la péninsule armoricaine.

Ce fut aussi dans cette Ile Verte, qui peut
avoir de tour un quart de lieue, que quelques-
uns des Observants de Bretagne, qui avaient
commencé la Réforme vers 1431, s'établirent
trois ans après, en l'endroit le plus caché de
cette solitude, avec la permission de Jean
de Bruc, évêque de Dol. Le seigneur de la
Roche-Jagu fit les frais de cet établissement.

Ces bons Pères, dit Albert Le Grand, « embrassèrent un genre de vie si austère, qu'on y
voyait revivre la ferveur des premiers pères
de l'Ordre séraphique. Ils se retiraient ès Iles
les plus désertes et écartées de la fréquentation des hommes, et passaient rarement en
terre ferme, d'où le peuple leur portait à foison
ce qui leur faisait besoin pour leur nourriture. » En 1434, à l'Ile Verte, « ils édifièrent
une petite chapelle et quelques petites cellules
à la mode des anciens anachorètes, et l'an
1436, le jour de la Pentecôte, le Chapitre provincial de leur province y tenant, on voyait de

la côte de Lanmodez et Plemeur-Gautier en
Tréguier, et des paroisses de Perros et Plou-
bazlanec en Goëlo, et de l'île de Bréhat, un
grand brandon de feu enveloppant toute l'île,
de sorte qu'on pensait que le feu s'était pris
dans le couvent ; ce qui fit que plusieurs
bateaux de ces paroisses et côtes y allèrent en
grande hâte pour sauver les religieux ; mais
étant arrivés en l'île, ils trouvèrent tous les
religieux assistant à la grande messe, dont ils
furent bien étonnés. »

Vers la même époque, un autre couvent de
l'Observance fut établi à l'*Ile Vierge*, sur la
côte de Plouguerneau, paroisse de Landéda,
en face l'Abervrac'h, Finistère ; un troisième à
Sainte-Catherine de Blavet, dans une *ile* de la
rade actuelle de Lorient, 1446 ; un quatrième
à l'*Ile-aux-Moines*, près Vannes ; un cinquième
à l'*Ile Césambre*, en face Saint-Malo, 1468 ; un
sixième à l'*Ile Talverna* (1). Pour ce dernier on
se demande s'il ne se confond pas avec le

(1) Il faut ajouter les couvents des *îles Chausey*, en
face Granville et de *Guernesey*, de la Province Observante de Basse-Normandie.

couvent de l'*Ile-au-Moine*, *Enes-ar-Breuze*. Quoiqu'il en soit, les religieux quittèrent Talverna pour fonder Tréguier en 1483.

Voilà donc les Frères Mineurs de l'Observance devenus insulaires par l'attrait de la prière, de la pénitence et de la pauvreté ; ils voguent dans la haute mer de l'amour de Dieu et du prochain. Six phares sont allumés sur les petites îles qui entourent la Bretagne comme d'une ceinture, et parfois ils deviennent si ardents que ceux du continent croient à un incendie ! Les moines, pensant à leurs frères les matelots, agitaient la cloche bien longuement quand la brume couvrait l'océan, pour les préserver du naufrage. Oh ! l'heureux temps de ferveur, l'heureux âge de la poésie séraphico-bretonne plus subtile que l'air de la mer et le parfum des algues marines !

Cette pensée n'a pas échappé au plus délicat des poètes de la Bretagne. A propos de l'Ile de Bréhat, Brizeux a écrit des vers d'une grande beauté. Il fuit les bruits et les pièges des villes pour trouver le repos :

Moi, près d'un sanctuaire où jeune j'ai rêvé,
Bien loin, vers l'océan, je me suis ensauvé...

O calme ! il faut chercher tes abris sur la terre !
Autrefois tu régnais en plus d'un monastère,
Nous disent les anciens : le travail journalier,
L'emploi de chaque instant paisible et régulier,
La nourriture sobre, herbes, simple laitage,
Apaisaient les aigreurs, d'Eve triste héritage,
Et la prière enfin, s'élevant vers le ciel,
Sur les cœurs épurés redescendent en miel.

Brizeux trouve l'île monacale charmante et
mystérieuse :

Délicieux jardin cependant, frais royaume,
Vrai paradis terrestre, Eden où tout embaume (1) :
Là de l'ombre, des fleurs, et des fruits savoureux ;
Parure de l'autel, régal des malheureux ;
A l'aurore, on voyait, sur les roses vermeilles,
Des anges voltiger, lumineuses abeilles,
Et la nuit, quand le chœur léger venait encor,
Les harpes de cristal avec leurs cordes d'or,
Sur l'église, l'enclos, les cellules bénies,
Versaient incessamment des ondes d'harmonies.
Voilà comme des saints florirent ici-bas :
Ils vieillissaient en Dieu, mais ils ne mouraient pas.

(1) La terre de l'Ile Verte était réputée un spécifique
certain contre la morsure des serpents venimeux,
saint Budoc ayant purgé cet îlot de tous les reptiles
dangereux.

10*

Le doux poète tire ensuite sa conclusion :

Ainsi près de la mer sans borne, en cet enclos
Où prièrent les saints, où sont épars leurs os,
Sous les murs renversés par nos fureurs civiles,
Chanteur à la campagne et muet dans les villes,
Par les vieux chroniqueurs en nos vieux temps versé,
Pour guérir le présent j'évoque le passé ;
La pauvreté chrétienne, au luxe je l'oppose,
Et l'humilité douce à notre orgueil morose.
Ineffable bonheur des immenses amours,
Etes-vous donc perdu, calme des anciens jours ! (1)

Toutefois, cet élan de ferveur des premiers Observants, qui du reste les éloignait un peu du but apostolique de l'Ordre, était trop beau pour durer longtemps. Les difficultés matérielles de « s'avictuailler » se firent lourdement sentir, lorsque la première ardeur des gens de la côte fut tombée. Il fallut regagner le continent. Les Pères quittèrent surtout l'*Ile de la Vierge* pour ce dernier motif : à cause de la stérilité de l'île et parce qu'elle devenait inhabitable. « A cette époque, dit le P. Gonzaga, ils

(1) *La légende des Immortels.*

fondèrent trois autres couvents, à savoir *Cubu-rien* près Morlaix (1445), *Landerneau* (1488), *Sainte-Marie des Anges* (à l'Abervrac'h), 1507. De là est venu ce proverbe si connu parmi les religieux : *La Vierge a donné naissance à trois enfants, s'est ensuite affaiblie, est devenue stérile et abandonnée comme elle l'était autrefois*, c'est-à-dire l'Ile Vierge a enfanté trois couvents, puis a été comme auparavant privée d'habitants : *Virgo peperit tres, et postea infirmari cœpit, et fuit derelicta et sterilis.*

Le couvent de *Pontivy* avait été fondé en 1456.

Les Frères Mineurs Observants de Bretagne restèrent soumis jusqu'en 1472 à un Custode particulier, puis s'unirent à la Vicairie de Tou-raine. En 1484, ils obtinrent leur autonomie complète et un Vicaire Provincial particulier ; enfin, en 1517, ils furent érigés en Province régulière.

Elle comptait alors dix couvents : *L'Ile Verte*, fondé en 1434 ; *Sainte-Catherine de Blavet*, 1446 ; *Bernon*, près Sarzeau, Morbihan, 1449 ; *Pontivy*, 1456 ; *Morlaix-Cuburien*, 1445 ; *Saint-Brieuc*, 1451 ; *Ile de Césambre*, 1468 ; *Tréguier*, 1483 ; *Landerneau*, 1488 ; *L'Abervrac'h*, 1507.

Frères Mineurs Récollets.

La Réforme des Récollets se substitua, dès le début du xviie siècle, à la Réforme des Observants ; ils s'établirent en 1612 à l'Ile de Césambre, et peu à peu les autres couvents se laissèrent entraîner à l'austère Récollection : Morlaix en 1622, Pontivy en 1632, Bernon en 1642, de telle sorte que la Province de l'ancienne Observance devint la Province des Récollets de Bretagne, avec les dix couvents sus-mentionnés. A ceux-là il faut ajouter les fondations qui suivirent : *Lesneven*, fondé en 1628 ; *Port-Louis* 1656 ; *Notre-Dame du Folgoat*, 1707 ; *Louisbourg* (Canada), 1730, *Châtelaudren*, 1746.

Cette Province et ces monastères persistèrent jusqu'à la Révolution, sans changements ; toutefois, Saint-Brieuc se fit agréger à la Custodie de Bretagne, Province de Touraine, après 1682 ; et Césambre passa à la Province Récolette de la Madeleine d'Anjou, en 1688. Mais ce couvent de l'Ile Césambre fut brûlé par les Anglais, lors du bombardement de Saint-Malo, en 1693. Les religieux furent transférés à *Saint-Servan*, où on leur donna un nouveau monastère, lequel fut rattaché à la Province d'Anjou.

La communauté de l'Ile Verte persista jusqu'en 1790. Il y avait une petite église et une chapelle à laquelle étaient joints trois corps de logis, dont l'un servait de prison pour les gens du monde détenus en vertus de lettres de cachet. Le couvent avait dix-sept lits, une bibliothèque qui comptait un millier de volumes, un jardin de peu de rapport, qu'on arrosait avec l'eau d'une citerne aujourd'hui démolie, comme la communauté elle-même.

Parallèlement à la Province des Récollets de Bretagne, la Province Récollette de la Madeleine d'Anjou eut donc des couvents sur le territoire breton, jusqu'à la Révolution, qui furent : *Fougères*, fondé en 1607 ; *Vitré*, en 1609 ; *Nantes*, en 1617 ; *Saint-Malo*, 1618 ; *Saint-Servan*, 1694.

Frères Mineurs Capucins.

Le duc de Mercœur fut le premier fondateur des couvents des Capucins en Bretagne. Il les établit à Nantes, l'an 1593. La Province de Bretagne comprenait en 1768 trente couvents,

mais dix étaient situés dans les diocèses
voisins. Voici la liste des 20 couvents bretons :

Nantes, fondé en 1593 ; *Quimper*, 1601 ; *Saint-
Malo*, 1611 ; *Morlaix*, 1611 ; *Vannes*, 1613 ;
Rennes, 1614 ; *Guingamp*, 1614 ; *Saint-Brieuc*,
1615 ; *Machecoul*, 1616 ; *Le Croisic*, 1619 ;
Dinan, 1620 ; *Roscoff*, 1621 ; *L'Ermitage*, près
Nantes, 1622 ; *Lannion*, 1624 ; *Auray*, 1626 ;
Landerneau, 1634 ; *Hennebont*, 1635 ; *Quim-
perlé*, 1653 ; *Audierne*, 1657 ; *Brest*, 1680.

Ces monastères subsistèrent jusqu'à la Révolution.

Frères Mineurs Conventuels.

La Bretagne n'avait pas de couvent de Conventuels, lorsqu'en 1766 fut instituée anticano-
niquement, par le roi Louis XV, la *Commission
dite des Réguliers* qu'il chargeait de réformer ou
de supprimer les Ordres religieux en France,
afin de faire taire les clameurs des philosophes
impies. Cette commission, véritable prélude de
la Constitution civile du clergé, présidée par un
prélat indigne qui apostasia plus tard, Lomé-
nie de Brienne, « supprima plus de moines

que Luther, Calvin et Henri VII. Près de deux mille maisons avaient péri sous ses coups, et vingt mille religieux avaient disparu du sol de la France (1). » Entre autres décisions, elle décréta que les Cordeliers, c'est-à-dire les Frères Mineurs ou Franciscains qui étaient restés de l'ancienne Observance, fusionneraient avec les *Conventuels,* sous l'autorité de leur Général, avec faculté de posséder des revenus annuels et des biens-fonds. C'est ainsi que les deux Provinces observantes de Touraine-Ancienne et de Touraine-Pictavienne furent unies, à partir de 1771, sous le nom unique de Touraine, avec deux Custodies en Bretagne : 1° celle de Bretagne proprement dite ; 2° celle de Nantes. Tous ses religieux étaient devenus Conventuels, vêtus de noir. Les Récollets et les Capucins restaient autonomes. La Custodie

---

(1) *Histoire de l'Eglise*, par l'abbé Darras, continuée par Mgr Fèvre, t. 39, c. 9. — A l'époque de la *Commission*, la France comptait 2.996 couvents et 26.672 membres ; après ses travaux, il ne restait plus que 1 056 maisons et 6.064 religieux.

En 1762, il y avait dans le monde entier, environ 68.000 Franciscains, 26.000 Capucins, 15.000 Conventuels.

de Bretagne comprenait : *Rennes, Quimper, Vannes, Dinan, Landéan, Guingamp, Saint-Brieuc.*

La Custodie de Nantes : *Nantes, Ancenis, Savenay, Clisson, Bourgneuf, Bodélio, Saint-Martin-de-Teillay.*

Il en fut ainsi jusqu'à la Révolution, qui éclata 18 ans après, en 1789.

———

N. B. — Une simple note sur le 2e et 3e Ordre de Saint François en Bretagne.

Les religieuses *Clarisses* (divisées en *Pauvres Clarisses* ou *Clarisses Collettines*, suivant la Règle primitive, et en *Clarisses Urbanistes*, admettant les mitigations) étaient peu nombreuses en Bretagne comparativement aux Franciscains : Clarisses *Collettines* de *Nantes*, fondées en 1457 ; de *Dinan*, 1480 ; Clarisses *Urbanistes* d'*Auray*, 1632 ; de *Quimper*, 1650, supprimées en 1701 ; de *Fougères*, 1689 ; *Cordelières* de Sainte-Elisabeth, à *Nantes*, 1515, et de *Savenay*.

Quant au *Tiers-Ordre régulier d'hommes ou de femmes*, il ne s'établit pour ainsi dire pas

en Bretagne (1). La Province donna toutefois
des vocations aux couvents établis en France,
parmi lesquelles nous devons citer celle du
P. *Arsène de Quimper*, religieux distingué par
son talent et surtout sa sainteté, né à Quimper
le 7 février 1595 (Alain Loya), mort, comme
saint Jean Discalcéat, en soignant les pestiférés (de Lyon), martyr de la charité, le 9 septembre 1628. Le 15 mars 1615, il avait fait profession dans la célèbre Congrégation du Tiers-
Ordre régulier de saint François, dite de Picpus,
restaurée par le P. Vincent Mussart. Possédant
un grand talent pour la chaire, il avait prêché
en divers lieux avec succès ; il avait été nommé
supérieur de Rouen, puis définiteur général, et
gardien de la maison de Lyon. Le P. Mussart
prononça son éloge funèbre (2).

(1) La Congrégation des *Calvériennes*, restaurées par
le P. Joseph du Tremblay, capucin, le célèbre conseiller
de Richelieu, se propagea davantage en Bretagne.

(2) V. *Tertii Ordinis S. Francisci Annales*, par le
P. Jean-Marie de Vernon ; la notice que l'abbé Tresvaux lui consacre dans son *Histoire des Evêchés de
Bretagne.* « Nous regrettons, dit-il, de n'avoir pas
connu assez tôt la vie du P. Arsène pour l'insérer
parmi celles des Bretons illustres en piété que nous
avons publiées. »

Le *Tiers-Ordre séculier*, pour les personnes du monde, fut au contraire très répandu et très populaire en Bretagne, avec saint Yves et saint Charles de Blois comme modèles. On conserve aux *Archives* de Quimper la Charte des privilèges accordés aux Tertiaires par les Ducs de Bretagne.

II. — Principaux couvents, illustrations et travaux des Frères Mineurs en Bretagne.

Les dénomination et classification étant établies, nous devons dire un mot sur les principaux faits concernant les Cordeliers, les Récollets, les Capucins.

Cordeliers : Frères Mineurs ou Observants.

Les principaux couvents furent Quimper, Rennes, Nantes, etc. Voyons-les groupés sur le territoire de chaque diocèse, le diocèse tel qu'il est constitué actuellement.

Le diocèse de Quimper et Léon avait les communautés de *Quimper* (nous en avons assez parlé), *Morlaix-Cuburien, Landerneau,*

L'Abervrac'h, Lesneven et *Folgoat*. Ces trois dernières furent fondées par les Récollets.

L'Ile Vierge enfanta le couvent de *Morlaix-Cuburien*.

La forêt et le château de Cuburien, situés sur la rive gauche de la rivière et port de Morlaix, à une demi-lieue au-dessous de la ville, appartenaient, en 1301, à Hervé V, vicomte de Léon, mais passèrent bientôt à la maison des vicomtes de Rohan par la mort de Jeanne, vicomtesse de Léon, qui avait épousé, en 1349, Jean, vicomte de Rohan. Le château fut incendié par le duc Jean IV. En 1445, Alain IX, vicomte de Rohan et de Léon, le céda aux Cordeliers, avec un vaste enclos, et construisit en 1458 tous les bâtiments conventuels. L'église assez grande et belle, de style gothique, dédiée à saint Jean l'Evangéliste et conservée jusqu'à nos jours, ne fut achevée qu'en 1527, comme le prouve une inscription gothique, près de la porte principale, et bénite en 1532, par un Grand-Vicaire de Léon. Elle n'a qu'une grande nef et un collatéral avec deux chapelles. Derrière le maître-autel, surmonté d'une belle

représentation de Notre-Dame des Anges, se
trouve le vaste chœur, éclairé par un superbe
vitrail portant les armoiries des Rohan. Sur le
vitrail de la nef, à droite, on remarque l'effigie
de Jean II, fils du fondateur, et dans les chapelles les statues antiques de saint François,
de saint Dominique, de sainte Marguerite de
Cortone, tertiaire. Dans le pavement de l'église
on voit encore de nombreuses pierres tombales
armoriées. Le cloître, appuyé d'un côté à
l'église, contournait les vastes bâtiments du
monastère qui renfermaient, outre les cellules
et dépendances, un grand réfectoire et une
belle bibliothèque renommée par sa collection
de livres. Le P. de Cheffontaines y installa une
imprimerie en 1652, par privilège royal. Un
vaste jardin bordé d'une terrasse complétait le
couvent, en face duquel il y avait une jolie
esplanade plantée d'arbres et une fontaine mo-
numentale en forme de tour.

« La ville de Morlaix, dit une ancienne
notice, faisait de fréquentes aumônes aux religieux, lesquels se rendaient utiles au pays en
fournissant des prédicateurs aux églises qui
leur en demandaient, et en répandant l'instruc-

tion et les secours de la religion dans la ville et les campagnes, car ils étaient généralement plus instruits que les prêtres séculiers. Lors de la peste qui ravagea Morlaix et ses environs, de 1638 à 1642, ils se signalèrent particulièrement dans cette ville par les secours spirituels et les soins temporels qu'ils donnèrent aux malades du peuple qu'on avait réunis dans un dépôt placé à la Ville-Neuve, et avec lesquels ils eurent le courage de se renfermer. *La plupart périrent victimes de leur zèle et de leur charité.* Les archives de la ville ont conservé avec reconnaissance le nom du *P. Boniface* qui les dirigeait et qui s'était placé à leur tête au milieu des pestiférés. »

Les Pères avaient en ville, rue de Bourret, une maison qui leur fut donnée par Jacquette Le Gall, « supérieure des Sœurs du Tiers-Ordre », décédée en 1728 ; demoiselle Duparc paya les frais d'enterrement « et 5 sous de cloches ».

Le couvent fut dilapidé en 1792 et vendu nationalement. En 1834, Mademoiselle Maria de la Fruglaye le racheta pour les religieuses Augustines qui y ont établi un hôpital et

11

diverses œuvres, surtout l'œuvre des retraites qui se donnent à la chapelle de Notre-Dame de la Salette, située au sommet de la colline, dans un site solitaire et charmant (1).

Le couvent de Cuburien fut habité par un illustre Franciscain, nous avons nommé le P. Christophe de Cheffontaines (en breton, *de Penfentenyo*, en latin *A Capite-Fontium*). Il était né en 1512, à Sibiril, près Saint-Pol de Léon, appartenant par son père à la branche cadette des Kermoruz. Il entra tout jeune aux Cordeliers de Cuburien et fut envoyé ensuite au grand couvent de Paris (2). Il devint linguiste distingué, docteur, prédicateur renommé, écrivain hors de pair. Il fut successivement nommé professeur de théologie, Provincial de Bretagne (1565), et élu Général de tout l'Ordre en 1571, charge qu'il exerça avec un zèle éclairé pendant huit ans, sous les pontificats

(1) V. *La Salette de Morlaix*, par J.-M. Abgrall, Brest, 1907. — Cette chapelle fut la première bâtie après l'Apparition du 19 septembre 1846. Les Tertiaires de Saint-François s'y rendent tous les ans en pèlerinage.

(2) Ce couvent était comme l'*Université* de l'Ordre en France ; il compta jusqu'à 600 religieux Franciscains.

de Sixte V, Urbain VII, Grégoire XIV, Innocent IX et Clément VIII, qui tous lui donnèrent des marques de leur estime. En 1579, il fut nommé Archevêque titulaire de Césarée, auxiliaire du Cardinal de Pellevé, archevêque de Sens. En 1586, il alla en Flandre et convertit un grand nombre d'hérétiques, comme précédemment il l'avait fait dans son diocèse d'origine, celui de Saint-Pol de Léon, « qu'il préserva, dit Albert Le Grand, de l'hérésie sacramentaire (des huguenots), tant par ses prédications que par l'établissement de la Confrairie du Saint-Sacrement, qu'il institua en presque toutes les paroisses de ce bas païs ». Il était très dévot à l'Immaculée-Conception et au Saint-Sacrement. Par bref spécial, Grégoire XIII « reconnaissant les glorieux labeurs accomplis par Christophe de Cheffontaines » lui avait accordé « la faculté d'ériger dans n'importe quelle église de France la Confrairie du Sacrement de l'Eucharistie », confrérie que le Pape enrichissait d'indulgences.

Il mourut, le 26 mai 1595, au couvent franciscain de Saint-Pierre-in-Montorio de Rome, assuré d'un chapeau cardinalice, si la mort ne l'eût ravi si tôt. Il fut enterré en ce couvent et plus tard son corps fut porté dans la chapelle du manoir de Kermorvan, en Saint-Pabu (Finistère).

Cheffontaines a composé une vingtaine d'ouvrages imprimés et plusieurs autres restés manuscrits. Sa doctrine est pure et orthodoxe. Cependant comme il avança quelques opinions hardies dans son livre « *de la correction de la théologie scolastique* », elles furent censurées et se trouvent supprimées dans ses œuvres. Le Général de l'Ordre, Ildephonse de Biesma, en permit une réédition par lettre adressée de Madrid, le 13 mars 1704, au P. Saturnin Dirop, Provincial de Bretagne. La Vie manuscrite de ce grand homme lui fut aussi envoyée à Madrid, mais jusqu'ici elle est restée inédite et introuvable (1).

Le P. François de Gonzague, annaliste, son

---

(1) V. *Archives du Finistère,* H. 322. — L'*Aquitaine séraphique,* par le R. P. Othon de Pavie, t. III, pp. 300 à 333. — *Vie des Saints de Bretagne,* édition de Kerdanet, p. 512. Cet écrivain possédait le livre rarissime du P. Cheffontaines composé en vers bretons : *Les quatre fins de l'homme.*

successeur dans le Généralat, composa son épitaphe. Il l'appelle « un chef de fontaines, favori des muses sacrées, aimé et admiré des hommes vertueux, redouté des novateurs. La nature le fit breton, la vertu Ministre de l'Ordre des Mineurs, la doctrine Archevêque de Césarée, et la mort impitoyable hôte de ce tombeau. Adieu, voyageur. Si, la fontaine épuisée, ta soif n'est pas étanchée, va aux ruisseaux de ses livres dont les eaux couleront éternellement ».

Un autre Père de Cuburien qui semble avoir joué un grand rôle, d'après les manuscrits des Archives de Quimper, fut le religieux précité, Saturnin Dirop, plusieurs fois Gardien, quatre fois Provincial, puis Définiteur général de l'Ordre. A sa mort, le Ministre général écrivit une lettre touchante (23 mars 1729) pour pleurer « un si grand pasteur » et consoler ses fils.

Les Cordeliers de *Landerneau* furent fondés dans la paroisse de Saint-Thomas, par Jean, vicomte de Rohan, en 1488 ; il les combla de ses faveurs.

« En descendant du bourg paroissial de Lan-

déda, dit Albert Le Grand, pour se rendre au
port d'*Abervrac'h*, vous ne pouvez qu'admirer,
en passant, la belle église et le dévôt monastère
de Notre-Dame des Anges, de l'Ordre des Pères
Cordeliers Observants. La fondation en fut faite
le premier dimanche de mai 1507, à l'instance
du seigneur Tenguy du Châtel et de dame
Marie du Juch, sa compagne, ayant auparavant
obtenu l'emplacement libre du fief et l'hommage
dus à la seigneurie de Kermavan, de laquelle
il dépendait. Le Très Révérend Père en Dieu,
messire Jean de Kermavan, puiné de cette
illustre maison, Evêque de Léon, bénit cette
église et la dédia ; et, pour une preuve évidente
de la singulière dévotion qu'il portait à ce saint
lieu, il donna la très belle image de Notre-
Dame des Anges. C'est une ravissante pièce,
qui inspire je ne sais quelle tendreur de dévotion à tous ceux qui la contemplent. L'on voit,
au pied de l'image, les armes de ce seigneur
Evêque. Ce saint lieu est visité du peuple de
Léon par un grand concours qui s'y fait ès
festes de la Vierge, et pareillement le mardi de
Pâques. »

Les derniers Gardiens des Anges furent les

Pères Agathange Bastiou, Benjamin Coussais
et Clément Personic. Les bâtiments subsistent
encore, mais à moitié ruinés ; l'église n'a de
toiture que le lierre. L'enclos est immense. Le
long des sentiers du jardin, on remarque les
vestiges d'un chemin de croix et d'une grande
croix au sommet de la colline, d'où on jouit
d'une vue splendide sur la mer, l'Ile Vierge,
avec son phare majestueux, et les îles adja-
centes. Le chenal s'ouvre entre deux roches à
pic, nommées le Moine rouge et le Moine noir,
et sont éclairées de deux feux. La mer déferle
presque aux pieds des murs des Anges, qui
pleurent encore leurs chers Cordeliers dis-
parus.

Le diocèse de Vannes eut les monastères de
Vannes, *Bodélio*, *Sainte-Catherine de Blavet*,
Bernon, *Pontivy* et *Port-Louis*, ce dernier fondé
par les Récollets.

En 1260, la peste et la famine désolaient
ensemble la Bretagne. Le duc Jean Ier, de concert avec les seigneurs de Malestroit, établit,
dans le courant de cette année, les Cordeliers
de *Vannes*. Leur église ne fut dédiée qu'en 1265.
On y vit plus tard deux magnifiques tom-

beaux en marbre, surmontés des statues d'Arthur II, duc de Bretagne, et d'Yolande d'Anjou, femme de François Ier, morte en 1440 au château de Plaisance. En 1483, le corps de Guillaume Chauvin, chancelier de Bretagne, y fut porté par quatre pauvres, parce qu'il était mort dans une si grande indigence, qu'il n'avait pas laissé de quoi payer ses funérailles.

L'an 1450, le chapitre provincial des Cordeliers fut célébré, dit Albert Le Grand, au couvent de Saint-François de Vannes, pendant lequel le duc François Ier mourut au château de Plaisance, près Vannes, le samedi 17 juillet, fête de saint Arnoul, l'an du jubilé. Ce duc avait un Franciscain pour directeur.

L'Evêché de Vannes reçut, au xve siècle, un lustre incomparable par la nomination à son siège de l'angélique Franciscain Frère Pierre de Foix, dit *le Jeune*, Cardinal, fils de Gaston IV, comte de Foix et vicomte souverain du Béarn, et de Eléonore d'Aragon, reine de Navarre, *frère de la duchesse Marguerite de Foix*, seconde femme de François II, duc de Bretagne, petit-neveu du fameux Cardinal

Pierre de Foix, dit *l'Ancien*, Frère Mineur aussi (1).

Il était né à Pau, le 7 février 1449, et resta auprès du vieux Cardinal, son grand-oncle, jusqu'à l'âge de 15 ans. Après avoir fait ses

(1) Pierre de Foix, l'Ancien, né en 1388, fut promu Cardinal à 22 ans, nommé successivement Evêque de Lescar, de Comminges, d'Albano, Archevêque d'Arles en 1452, Légat d'Avignon, etc. Il avait pris l'habit de saint François au couvent de Morlaàs, près Pau. Il fut une des lumières du Concile de Constance, et eut l'insigne honneur de mettre fin au schisme d'Occident, en obtenant le désistement de Clément VIII, que soutenait le roi d'Aragon. Il présida, le 7 septembre 1457, le Concile provincial d'Avignon, le premier Concile qui, grâce à son influence, se prononça officiellement en faveur de l'Immaculée-Conception. Le château et la châtellenie de Lourdes appartenaient alors à son frère, Jean Ier, comte de Foix, prince de Béarn, par donation de Charles VII, roi de France, faite en 1425. Le Cardinal mourut à Avignon, le 13 décembre 1464, âgé de 78 ans.

Catherine, nièce du Cardinal Pierre de Foix, le Jeune, porta la couronne de Navarre à la maison d'Albret, et la petite-fille de celle-ci, Jeanne d'Albret, la porta à la maison de Bourbon, par son mariage avec Antoine de Bourbon, père d'Henry IV, qui l'unit à la couronne de France. — V. *L'Aquitaine séraphique*, par le R. P. Othon de Pavie, Auch. 1901, t. II., pp. 267-9, 169-174, 301-312.

études à Padoue, et pris le bonnet de docteur à Ferrare, il entra dans l'ordre de Saint-François, fut ensuite nommé Administrateur de l'Evêché d'Aire, et le 11 mars 1475 Evêque de Vannes. Le pape Sixte IV écrivit au duc à cette époque et lui promit qu'il ferait bientôt son beau-frère Cardinal. Il fit serment de fidélité à ce prince le 13 de mai, et fut, peu de temps après, créé Cardinal du titre des saints Cosme et Damien. Il accorda deux cents jours d'indulgence à ceux qui visiteraient le tombeau de saint Vincent Ferrier en sa cathédrale de Vannes. Il se prononça en 1485 contre le misérable trésorier du duc, Pierre Landais, mais craignant d'être inquiété dans la suite à ce sujet, il se retira à Rome où il mourut le 8 août 1490, Légat d'Avignon et du Comtat venaissin, couronné de vertus, estimé de tous. Il fut enterré dans l'église Santa Maria del Populo.

Frère Olivier de France, docteur en théologie de l'Université de Nantes, gardien des Cordeliers de Vannes, fut nommé en 1563 théologal du chapitre de la cathédrale de cette ville.

Le couvent de *Bodélio*, fondé en 1442 par Jean de Rieux, disposait d'une prison pour les laïques qu'on y envoyait en vertu des lettres de petit cachet. Celui de l'*île Sainte-Catherine de Blavet*, situé au milieu de la rade actuelle de Lorient, était plutôt destiné aux religieux malades ou convalescents.

Les moines ayant émigré de l'Ile-aux-Moines dans le golfe de Morbihan, vinrent à *Bernon* près Sarzeau, sur cette côte sud de l'Armor qu'on appelle la presqu'île de Rhuys, pays aimé des ducs qui y bâtirent le château de Succinio *(Soucis n'y ot)* pour « se soulacier » des embarras du trône, entre deux bras de mer. Le climat y est doux, la terre fertile. L'hiver sévit encore aux environs que déjà le printemps a couvert cette plage heureuse de violettes, de roses et de lauriers fleuris. Ce fut le duc François II qui établit les Cordeliers à Bernon, en 1449.

Sept ans après, Alain, vicomte de Rohan, donna aux Frères Mineurs de l'Observance le châtel de *Pontivy* appelé les *Salles*, avec deux pièces de terre en parc et courtil, et le droit de pêche dans la rivière de Blavet, à la charge auxdits religieux de lui donner cent anguilles par an, ainsi qu'à ses successeurs. Le couvent fut rebâti en 1664, comme l'atteste une inscription gravée sur pierre qui se trouve encore dans le vieux mur de l'enclos : *In nomine Domini hæc est petra totius edificii prima et ab excellentissima potentissimaque ducissa Margarita de Rohan apposita per illustrissimum ac nobilissimum Herveum Le Sart hujusce ducatus et urbis prefectum : R. P. Cælestino Legouz Guardiano, anno 1664.*

Le diocèse de Saint-Brieuc et Tréguier posséda les couvents de *Dinan, Guingamp, Ile Verte, Tréguier, Saint-Brieuc, Châtelaudren ;* ce dernier fondé par les Récollets.

Henri d'Avaugour, fils d'Alain II, comte de Penthièvre, baron d'Avaugour, se croisa pour le voyage de Terre-Sainte sous la conduite de saint Louis, l'an 1249. Voyant l'armée des sarrazins puissante et bien munitionnée, et celle des chrétiens beaucoup moindre et en terre d'ennemis, il fit vœu à Dieu et se recommanda au séraphique Père saint François, et promit que si Dieu donnait la victoire aux chrétiens, il bâtirait un monastère aux religieux Cordeliers en son hôtel de la ville de *Dinan.*

Ayant fait ce vœu, saint François lui apparut
et le consola. Après la prise de Damiette et la
guerre finie, il prit congé du roi pour s'en
retourner en Bretagne. Au mois de janvier 1251,
il commença la construction de l'église, et le
monastère fut définitivement adapté en 1261.
Ce seigneur et son épouse, Marguerite du Maine,
comblèrent la communauté de leurs bienfaits.
Après la mort de sa noble compagne, Henri
prit l'habit de l'Ordre en 1278 et mourut le
5 octobre 1281. Son corps fut inhumé sous une
voûte de l'église, du côté de l'évangile ; sa
statue le représentant en Cordelier se voyait
encore sur son tombeau avant l'époque révolutionnaire.

Geoffroy, surnommé Boterel, seigneur de
Quintin, qui avait accompagné à la croisade
son frère Henri d'Avaugour, eut la joie de rapporter de Terre-Sainte comme insigne relique
une *ceinture* ayant appartenu à la sainte Vierge.
Il déposa ce riche trésor en la chapelle de son
château de Quintin. Plus tard, il alla à Dinan
revêtir lui aussi la bure franciscaine, à l'exemple
de son frère et d'un autre chevalier nommé
Hardouin de Tournemine.

La précieuse relique est toujours vénérée en l'église de Notre-Dame de Délivrance de Quintin, près Saint-Brieuc.

Saint Bonaventure, alors Général de l'Ordre, voulut honorer le couvent de Dinan en lui envoyant un beau tableau de la Sainte Vierge, qui fut très vénéré sous le titre de Notre-Dame des Vertus.

Le Bienheureux Charles de Blois eut une véritable prédilection pour ce monastère dinanais qu'il fit réparer et orner et où il aimait à se retirer, en compagnie des religieux. Un an avant sa mort, vers la fête de saint Michel, il y passa encore deux semaines. Entendant un jour, en cette circonstance, la messe conventuelle, il se prit à pleurer si fort que ses larmes détrempèrent le tapis sur lequel il était agenouillé, ainsi que le raconte un témoin à l'Enquête de Canonisation.

C'est dans cette église qu'eut lieu en 1367 le fameux *miracle du sang* qui coula d'un portrait de Charles de Blois, comme nous l'avons rapporté plus haut.

Ce saint prince avait fondé à Dinan, en 1342, la chapelle de Sainte-Catherine, qui devint

celle des Clarisses, en 1488, après que le duc
François II eut construit le monastère de ces
religieuses, qui élurent comme Abbesse la mère
Catherine Dolo. Cette « fille de bon esprit et
d'estudes », qui avait été élevée dans la maison
des Rohan, a été mise au rang des personnes
illustres qui ont honoré la patrie. Elle traduisit
en français le Bréviaire romain et une partie
du missel, travailla à l'installation définitive
du couvent et de la réforme de l'Observance
sous la règle de sainte Colette, et mourut le
14 mars 1512, après 24 ans de supériorat.

Six religieux Franciscains furent établis dans
une dépendance du monastère pour le service
et la direction des Clarisses (1).

Le couvent des Cordeliers acquit une grande
renommée ; les Etats de Bretagne y tinrent
plusieurs fois leurs réunions ; une imprimerie
y fut établie. Les personnages les plus illustres
du pays voulurent dormir leur dernier sommeil
à l'ombre du vieux cloître.

(1) Voir les détails très intéressants sur cette fondation dans l'ouvrage du P. Albert Le Grand, p. 178 et
suiv., et l'*Histoire du Vieux Dinan*, par de L'Hommeau.
Le nécrologe des Clarisses est parvenu jusqu'à nous.

L'église renfermait les tombeaux de Charles de Dinan, seigneur de Montafilan ; de Jacques de Laval, fils de Guy XIV et de Françoise de Dinan, mort en 1502 ; de Pierre de Laval, fils de Françoise et de François de Rieux, mort en 1524, et de beaucoup d'autres.

Le Père Forbin, Cordelier de Dinan, composa plusieurs ouvrages théologiques, très estimés de son temps. A cause de son savoir, il prit part, en 1463, à la fameuse dispute publique engagée à Rome, sous la présidence du Pape Pie II, entre Dominicains et Franciscains, sur la nature du sang de Jésus-Christ, séparé de son corps pendant les trois jours qui s'écoulèrent de la mort à la résurrection. Le Pape imposa un silence perpétuel sur cette question.

Le 4 octobre 1283, Gui de Bretagne, comte de Penthièvre, fils du duc Arthur II, et Jeanne d'Avaugour, son épouse, fondèrent le couvent de Saint-François de *Guingamp*, près des remparts de la ville, entre les portes de la Fontaine et de Tréguier, en la paroisse Saint-Sauveur. Guy de Penthièvre mourut en 1331, et fut inhumé dans l'église qu'il venait de bâtir, à côté de Jeanne d'Avaugour, morte en 1326.

Charles de Blois eut pour les fils de saint François l'amour le plus tendre, et ce fut à la protection de ce religieux prince, et surtout à son *tombeau*, que le couvent des Frères Mineurs de Guingamp dut sa haute illustration. Il fit lambrisser et peindre leur église, faire le jubé, les stalles du chœur, le pavé, la chapelle de Saint-Louis d'Anjou. Il donna une quantité considérable d'ornements précieux, de vases et objets sacrés d'or et d'argent dont on évalue le montant à la somme de 8.850 florins d'or, et un tapis de drap d'or, aux armes de Penthièvre et d'Avaugour, pour honorer les tombeaux des père et mère de son épouse. Il avait obtenu du Souverain Pontife la permission de faire ces libéralités, malgré les rigueurs de la pauvreté franciscaine, parce qu'il avait choisi cette église pour le lieu de sa sépulture et de celle de son épouse (1) Dans une lettre adressée au gar-

(1) Bulle *Sincere devotionis* donnée le 21 février 1345 par Clément VI, adressée « à notre cher fils et noble seigneur Charles, *duc de Bretagne* ». *Bullarium franciscanum*, à P. Eubel, *anno 1345*.

dien du couvent, il spécifia toutes ses intentions (1).

A partir du moment où le corps du saint
prince reposa aux Cordeliers, le couvent fut
appelé la *Terre-Sainte*.

La veuve de Charles, l'héroïque Jeanne de
Penthièvre, vint elle-même, vingt-et-un ans
après la mort de son mari, dormir à ses côtés,
sous les dalles de la Terre-Sainte, entre le
maître-autel et le tombeau de ses père et
mère.

Le nécrologe du couvent mentionne sa mort
en ces termes : « 1384, est décédée la très
illustre dame Jeanne, fille de Gui de Bretagne,
comte de Penthièvre, et de Jeanne d'Avaugour ;
mère très insigne et *fille* de l'Ordre des Frères
Mineurs, duchesse de Bretagne, épouse de
bonne mémoire de Charles de Blois. »

Les *Chroniques de la Fondation des Frères
Mineurs de Guingamp et des choses remarquables*,
écrites en 1647, par le P. Huet, gardien, nous
donnent la nomenclature glorieuse des Pen-

___

(1) *Histoire de Guingamp*, par S. Ropartz, Saint-
Brieuc, 1859, t. I., p. III.

thièvre et des seigneurs du pays qui furent inhumés au couvent, la plupart avec l'habit de l'Ordre, la liste des objets précieux et des saintes reliques qu'on y conservait ; nous ne pouvons donner ces détails, faute de place. L'histoire du comté semble liée à celle du monastère. Le comté de Penthièvre qui avait été confisqué en 1490, fut restitué à Jean, comte de Penthièvre, par le roi François Ier, par le traité de Cremieuc, et l'accord fut passé, le 21 novembre 1555, au couvent des Cordeliers, entre les habitants de cette ville et Jean de Bretagne, duc d'Etampes. Ce seigneur dut emprunter aux Pères, en prenant dans l'argenterie de l'église, cent marcs d'argent que restitua en 1581 Madame de Martigues.

Le 7 septembre 1569, le roi Charles IX érigea le comté de Penthièvre en duché-pairie, en faveur de Sébastien de Luxembourg, surnommé le *Chevalier sans peur*, gouverneur pour le roi en Bretagne, pour lui et ses successeurs. Ce seigneur se signala sous les règnes des rois Henri II, François II et Charles IX, et reçut au siège de Saint-Jean-d'Angély une blessure à la tête, dont il mourut le 19 octobre de l'année ci-dessus ; son corps fut porté dans l'église des Cordeliers de Guingamp. Il descendait de Gui de Bretagne et avait épousé Marie de Beaucaire, fille de Jean, seigneur de Pui-Guillon, sénéchal de Poitou. Cette dame mourut en 1613 et fut inhumée à côté de son mari.

Philippe-Emmanuel de Lorraine, duc de Mercœur, devenu beau-frère du roi Henri III, par le mariage de ce monarque avec Louise de Lorraine, sa sœur, épousa Marie de Luxembourg, duchesse de Penthièvre et la plus riche héritière de la France, et fut pourvu du gouvernement de Bretagne le 5 septembre 1582. L'année suivante, il vint en Bretagne, où il commença, en 1589, sa lutte contre le Protestantisme et aussi contre le roi, mêlant la religion à la politique et recherchant l'indépendance et la séparation de la Bretagne d'avec la France. Telle fut l'origine de la Ligue en Bretagne. Guingamp se rallia à Mercœur. Le 23 mai 1591, le prince de Dombes vint lui enlever la place au nom du roi. La ville fut prise et les faubourgs en partie démolis. Pendant ce siège, le couvent des Cordeliers, situé sur les contrescarpes des fossés fut démoli et incendié. La communauté, emportant le corps du Bienheureux Charles de Blois, se transporta dans la campagne, à une demi-lieue de la ville, en la chapelle de *Notre-Dame de Grâces*, située sur la paroisse Saint-Michel, trève de Plouisy.

Un religieux de Saint-François voulant mener la vie solitaire, s'était depuis longtemps retiré en cet endroit, auprès d'une fontaine, y avait bâti contre le talus d'un champ au sieur de Kérisac un modeste oratoire qu'il dédia à la Vierge, à Notre-Dame des Grâces. La foule y était accourue et le 15 mars 1507 avait été posée la première pierre de l'église actuelle de *Notre-Dame de Grâces-lès-Guingamp*, œuvre merveilleuse de l'architecture ogivale bretonne, élevée par le P. Pierre Bilsich, Franciscain. La libéralité de la duchesse de Mercœur et de la famille de Kérisac permit aux Cordeliers de bâtir un nouveau couvent autour de cette église ; René Chomard, qui en était alors le chapelain, se désista de sa charge en leur faveur (3 octobre 1602). Mme de Martigues ajouta à ces dons la somme de mille livres tournois, pour l'achèvement du monastère qui fut inauguré le 11 avril 1633. La reconnais-

sance des Franciscains proclama solennelle-
ment Mme de Mercœur et Mme de Martigues,
leurs dames, leurs fondatrices et leurs princesses.

Sous la direction des religieux, avec l'attrait
des reliques du Bienheureux Charles de Blois
et l'amour de la sainte Vierge, le sanctuaire de
Notre-Dame de Grâces devint très célèbre et
très fréquenté. Le 15 août, jour de l'assemblée,
on y voyait jusqu'à vingt mille pèlerins (1).

Le couvent fut détruit à la grande Révolution,
mais l'église subsiste toujours et sert d'église
paroissiale à la commune de Grâces-Guingamp.
On y conserve les reliques du Bienheureux
Charles de Blois dans un modeste reliquaire,
donné en 1753 par le duc de Châtillon pour
honorer son glorieux ancêtre. Uu duc aurait
pu faire mieux !

La fondation du couvent des Franciscains de
l'Observance de *Saint-Brieuc* fut assez mouve-

(1) Voir les détails et la chronique du couvent dans
le livre de S. Ropartz : *Guingamp et le Pèlerinage de
Notre-Dame de Bon-Secours,* 1851, Saint-Brieuc, p. 358
et suiv. — *Archives des Côtes-du-Nord,* H. fonds des Cordeliers de Guingamp : meurtre et complainte du P. Guillaume Le Court, etc.

mentée. En voici le succinct récit d'après les Chroniques. « En 1451, un très dévot chanoine de cette cité, Maître Jean Gourio (Goueorius), offrit à l'Ordre et donna un certain hôpital, rebâti par lui dans le faubourg qui va vers l'oratoire de la Bienheureuse Marie de la Fontaine et signa ce don en présence du duc de Bretagne Pierre II. Les frères vinrent l'habiter pendant plusieurs années, mais plus tard ils furent tourmentés de différentes manières par les autres chanoines, au point d'abandonner ce lieu ; ils y furent toutefois rétablis par le duc Arthur III de Richemond, le 29 septembre 1457. Cependant les opposants continuèrent à harceler Jean Gourio, jusqu'à qu''ils l'eussent forcé d'abandonner sa prébende. Les religieux furent de nouveau obligés de partir. Quelques années après, Christophe de Penmarc'h, nommé Evêque de Saint-Brieuc, ne pouvant prendre possession de son siège épiscopal par suite d'une contestation avec Pierre de Laval, et craignant que cet Archevêque n'obtînt par son crédit gain de cause, se recommanda souvent aux prières d'une très pieuse femme, recluse près du porche de l'église Saint-Guillaume. La recluse lui conseilla de mettre son bon droit et son affaire sous la protection de saint François et de saint Antoine de Padoue, et de leur promettre de bâtir dans sa ville un monastère de Franciscains. Il le fit, gagna son procès à Rome (1478) et accomplit fidèlement sa promesse. En effet, il rétablit les frères à l'hôpital de la bienheureuse Madelaine, en attendant qu'il les pourvût d'un lieu plus convenable. Il acheta ensuite un endroit au port du Légué et l'édifice fut commencé. Mais à cause de ceux qui s'opposaient à l'Evêque, il fallut de nouveau abandonner ce lieu, en 1496. L'Evêque voyant qu'il ne pouvait fonder ce monastère en son propre nom, envoya les frères au château de Keimerch, près Quimperlé, trouver Thébaud et sa femme Jeanne de Couvran, pour les prier de donner leur manoir de la *Haute-Garde* et les dépendances, qu'ils possédaient à Saint-Brieuc. Ils l'accordèrent volontiers. L'acte de donation fut passé le 11 août 1503 par noble et puissant Charles de Keimerch, seigneur de Keimerch, Thébaud de Keimerch, son fils, *seigneur du Quilio*, et noble dame Jeanne de Couvran, son épouse, à la condition qu'ils auraient le titre de fondateurs, eux et leurs successeurs. (La maison de Couvran a été fondue plus tard dans celle de Budes.) L'Evêque confirma la donation et l'année suivante posa la première pierre de l'église qui fut achevée, avec l'aide de plusieurs, le 2 mars 1505, ensuite bénite, ainsi que le cloître et le cimetière. Le très révérend Christophe était mort le 17 décembre précédent. On se souvient qu'il y avait alors vingt-cinq frères au couvent (1). »

« Le magnifique et libéral » prélat légua à « sa recluse » cent livres monnoie, à « ses pauvres Cordeliers » ses livres, ses manuscrits, 500 escus et « six pipes de son vin vieil », à condition qu'ils missent ses armes, avec celles de M. du Quilio, au plus haut des deux pignons du couvent, « pour ce que j'aye esté cause de les faire venir par deçà » (2).

(1) V. Les documents dans les *Anciens Evêchés de Bretagne*, par Geslin de Bourgogne, t. I, pp. 303 et suiv., Saint-Brieuc, 1855. — Le Lycée occupe actuellement l'emplacement du couvent de la Haute-Garde et le moderne couvent franciscain celui de l'hôpital rebâti par Gourio.

(2) V. *Anciens Evêchés*, p. 385. C. de Penmarc'h avait fait réparer la maison de campagne des Evêques,

11*

La duchesse Anne donna certaines portions
de terre pour agrandir le monastère. Les Cordeliers devinrent tout d'un coup populaires ;
leur réputation de sainteté se répandit au loin ;
les fondations et les dons se multiplièrent. La
plupart des familles marquantes désirèrent
avoir un lieu de sépulture dans leur église. En
partant pour l'éternité, beaucoup voulaient,
comme Jeanne Pardon (1534), être ensevelis
« en la chapelle de Notre-Dame de Bon-Voyage,
estant en l'église de Monseigneur saint François ». Citons les Budes de Blanchelande, les
Mordelès de Château-Gouello, les Boisgelin
de Kerjolly, les Couriault du Quilio, etc. On y
voyait la tombe de « Messire François James,
seigneur de la Villecarré, grand prévost en
Bretagne, gouverneur des villes et cités de
Saint-Brieuc et Ploermel, capitaine des Gardes-
Costes de l'évesché de Saint-Brieuc, le plaisir,
l'heur et l'honneur de sa patrie ». Les Le Bigot

ce vieux manoir des Châtelets qui est devenu de nos
jours le noviciat de la Congrégation des Franciscaines
Missionnaires de Marie, qui compte actuellement une
centaine de maisons établies dans le monde entier.

avaient leur labe dans la chapelle Saint-
Joseph ; à droite en entrant dans le chœur,
était l'enfeu et labe armoriée des seigneurs de
Catuélan.

Plusieurs brillants chevaliers abandonnèrent
les honneurs du monde, comme Vincent de
Coëtlogon, Gilles de Taillefer, pour revêtir la
bure en ce couvent. Le P. Etienne Brulefer,
originaire de Saint-Malo, docteur célèbre de
l'université de Paris, professeur de théologie à
Mayence et à Metz, auteur bien connu de plusieurs ouvrages scolastiques, fut gardien du
monastère de Saint-Brieuc, en 1483.

Notre charmant Légendaire, Albert Le Grand,
va nous renseigner sur la fondation de *Tréguier-
Plouguiel*. « L'an 1483, le duc François II fit
venir les Pères Cordeliers, qui étaient en une des
sept îles (que le P. Gonzague appelle *Talverna*
et le vulgaire Enes ar Breuze, pour la raison
que nous dirons cy-après) en intention de leur
fonder un couvent près la ville de Tréguier,
duquel furent fondateurs Jean, sieur de Kerousi,
et Jeanne de Barkh, sa femme, qui leur donna
un lieu au pied du bois de leur manoir, sur
le bord de la rivière du Guindi, en la

paroisse de Plouguiel. La tradition est que lorsque ces bons Pères quittèrent leur île pour se venir établir en terre ferme, il s'en trouva un qui n'en voulut bouger, disant que là où il avait promis ses vœux à Dieu, là même il les rendrait, et y demeura par permission de son Provincial, y vécut jusques à un âge décrépit, et y mourut en opinion de sainteté, et de là cette île fut nommée Enez ar Breuze, c'est-à-dire *l'Ile-au-Frère*. » C'est sans doute celle qu'on appelle actuellement *l'Ile-au-Moine*, la seule des Sept-Iles qui soit habitable, en face de Perros-Guirec.

Avant la Révolution, cette communauté était dans l'usage de régaler le haut clergé et les principaux habitants de Tréguier, le jour de la Portioncule. En 1793, elle subit le sort des autres établissements religieux. Vendue comme bien national, elle a vu, en 1800, démolir sa chapelle et ses édifices les plus modernes. Seul le nom du *Pont de Saint François* rappelle un souvenir historique.

L'archi-diocèse de Rennes eut sur son territoire actuel les couvents de *Rennes, Césambre,*

Fougères, Vitré, Saint-Malo et *Saint-Servan*, tous fondés à l'époque des Récollets, sauf les deux premiers. Nous avons déjà parlé du monastère de Césambre.

La ville de *Rennes*, capitale du duché, montra surtout comment les Frères Mineurs restèrent toujours mêlés à la vie nationale. Leur monastère, dû à la munificence des ducs de Bretagne, était construit dans des proportions qui le rendaient apte à recevoir de nombreuses réunions ; il se composait de grands bâtiments, à l'ouest et au sud desquels étaient de vastes cloîtres ; au midi de ceux-ci se trouvait l'église, dont le portail donnait sur la place du Palais de Justice, et à l'est s'étendait un beau jardin. Les Pères rendirent service à toutes les administrations de la cité. Le Parlement, ou cour de Justice, créé en 1553, tint ses séances au couvent jusqu'en 1655, époque où un nouveau palais fut bâti sur le terrain de la communauté, payé 1550 livres, grâce à un impôt d'un sou par pot de boisson débité par les habitants. La Communauté de ville, avec maire et échevins, érigée en 1592, se réunit d'abord au chapitre des Cordeliers ; elle leur fit don d'un terrain situé de

chaque côté de la poterne, quand celle-ci fut
ouverte, en 1665, à la condition que les religieux
célébreraient annuellement une messe solennelle à son intention, le jour de la fête de
saint François, à laquelle elle assisterait en
corps et en habits de cérémonie, ce qui se
pratiqua jusqu'en 1789.

Les conseillers du Parlement assistaient à la
messe dans l'église des Pères et les avaient en
particulière estime. C'est ce qu'ils montrèrent
lors de la fameuse querelle qui éclata au sujet
des Récollets que l'Evêque voulait substituer
aux Observants, malgré eux, et qui dura de
1643 à 1647, partageant la ville en deux camps.
Les Cordeliers avaient dû quitter le couvent et
se réfugier dans une maison particulière, mais,
soutenus par le Parlement et les échevins, ils
avaient entrepris un long procès. Finalement,
la cause fut portée en cour de Rome ; le
Pape, après de nombreuses instances, nomma
l'Evêque de Léon Commissaire Apostolique,
avec mission de vider souverainement le
débat. Ce prélat, le 16 novembre 1647, donna
pleine raison aux Cordeliers Observants, qui
rentrèrent triomphalement dans leur anti-

que demeure. Ce fut un jour de fête pour la ville (1).

Les religieux dirigeaient une prospère Fraternité du Tiers-Ordre qui avait sa maison et chapelle dans la rue d'Antrain, au lieu dit « L'Enfant-Jésus », une belle Confrérie de Saint-Fiacre, érigée en 1625, et l'Archiconfrérie du Cordon de Saint-François.

Au xvie siècle, l'Evêché de Rennes fut occupé par Frère Bertrand de Marillac, Franciscain, natif d'Auvergne, frère de Charles, Archevêque de Vienne, en Dauphiné, et de Gabriel, avocat général au Parlement de Paris. Ce fut un docte et célèbre prédicateur qui convertit beaucoup d'hérétiques et réconcilia de nombreux ennemis. Il mourut le 19 mai 1573 et laissa tous ses biens aux pauvres. Sur son tombeau on lisait ces mots :

Mentem, Christe, tibi, Telluri corpus, egenis
Cætera do, moriens hæc Marillacus ait.

« A toi, ô Christ, je donne mon âme, à la terre

(1) *Archives* d'Ille-et-Vilaine, i. H. i.

mon corps, aux pauvres le reste, dit Marillac mourant. »

Les seigneurs de Lohéac, de Fontenay, de Pontchâteau, de Châteaugiron, de Machecoul, etc., avaient leur sépulture aux Cordeliers. « On voit, dit G. de Corson, que dans l'étroite enceinte de ce modeste sanctuaire des Frères Mineurs de Rennes on pouvait lire sur les dalles usées par les siècles, où tant de générations avaient passé, les noms les plus illustres de notre contrée, tant dans la noblesse que dans la magistrature et la bourgeoisie. »

Les Etats de Bretagne tenaient leurs séances dans le local des Cordeliers, chaque fois que ceux-ci se réunissaient à Rennes. La dernière réunion y eut lieu le 29 décembre 1788. La noblesse refusa d'envoyer des députés aux Etats Généraux convoqués par Louis XVI à Paris pour le 4 mai 1789. L'émeute éclata à Rennes le 27 janvier 1789. Bientôt le couvent fut supprimé. En 1792, la vaste salle des Etats devint le lieu de réunion du club dit des Cordeliers et de la démagogie triomphante.

Le couvent de *Landéan*, situé dans la forêt

de Fougères, fut fondé par le duc François Ier, le 15 février 1443.

Nantes, patrie de la duchesse Anne, la ville la plus active, la plus commerçante et la plus populeuse de la Bretagne, pouvait être appelée *la franciscaine,* à cause de ses nombreux couvents de l'ordre de saint François : Cordeliers, Récollets, grands Capucins, petits Capucins de l'Ermitage, Clarisses, Cordelières, Sœurs du Tiers-Ordre régulier, etc., et parce qu'elle donna à l'Ordre et à l'Eglise de grands hommes comme le Père Guillaume Bertho, deux fois Vicaire Général de l'Observance, et surtout le fameux Père Olivier Maillard, qui suffirait à lui seul pour illustrer un pays.

Les seigneurs de Rieux furent les fondateurs du monastère de Nantes, dans la rue Perdue, appelée depuis des *Cordeliers ;* ils logeaient auparavant dans une maison d'emprunt. Ces bienfaiteurs leur cédèrent la chapelle Saint-Michel et construisirent l'église et les bâtiments conventuels, assez spacieux encore, puisque nous savons que, lors de la fondation de l'Université de Nantes, en 1460, la faculté de Théologie tenait ordinairement ses séances dans le couvent des Cordeliers.

Dans l'intérieur de l'église, vaste et belle, se trouvaient plusieurs monuments dignes d'intérêt, entre autres une magnifique statue équestre et colossale, en marbre noir, représentant Guillaume de Rieux, dont l'épouse était enterrée dans le chœur. Ce gentilhomme, fils du fondateur, était mort en Espagne, en 1310, où il s'était rendu pour traiter du mariage du duc Jean III avec Isabelle, fille du roi de Castille. Son corps avait été rapporté au couvent. Là aussi, d'autres membres de cette antique et puissante famille furent inhumés, tel que René de Rieux, chevalier renommé, sur la tombe duquel sa femme Marguerite fit graver une belle épitaphe : *Tota mea in morte est vita sepulta tuâ...*

Les morts illustres semblaient se donner rendez-vous en ce lieu saint. En 1260, le prince Robert, fils du duc Jean Ier et de Blanche de Navarre ; en 1329, l'épouse d'Olivier de Clisson, Jeanne de Bouville ; en 1333, Jean de Bretagne, comte de Richemont et oncle du duc Jean III ; la même année, Perrot L'Espervier, seigneur de la Chiomais ; en 1437, le sire

Pierre L'Espervier, seigneur de la Fosse, etc., y furent ensevelis.

Les plus belles peintures sur verre existaient aux Cordeliers. Dans la chapelle de Notre-Dame de Bon-Secours, à gauche du chœur de l'église, on voyait représentés sur le vitrail : François Ier, duc de Bretagne, Isabelle Stuart, sa seconde femme, fille de Jacques Stuart Ier, roi d'Ecosse ; Pierre de Bretagne, seigneur de Guingamp, de Châteaubriand, comte de Benon, fils de Jean V, successeur de François Ier, au duché de Bretagne ; sa sainte épouse Françoise d'Amboise était placée à genoux vis-à-vis de lui. On y voyait encore Marguerite de Bourgogne, fille de Jean-sans-Peur, qui fut mariée en secondes noces à Arthur, comte de Richemont. Parmi les personnages illustres que l'on remarquait sur les vitraux des autres fenêtres, nous citerons : François II, Marguerite de Bretagne, fille de François Ier, Jean II, vicomte de Rohan, comte de Porhoet, et Marie de Bretagne, sa femme : toutes et tous bienfaiteurs du monastère (1).

(1) Les dessins de l'église et de ces vitraux sont reproduits dans l'*Histoire de Nantes*, par A. Guépin, 1839, Nantès, pp. 166-168.

Le Cardinal Jean de Lorraine, de la maison souveraine de Lorraine, prince magnifique, — fils du duc René II et de Philippa de Gueldres, duchesse de Lorraine, reine de Sicile et de Jérusalem, puis Clarisse, morte en odeur de sainteté à Pont-à-Mousson, — fut administrateur de l'Evêché de Nantes de 1541 à 1550. Il fut inhumé avec beaucoup de pompe aux Cordeliers de Nancy.

Le P. Lemée, cordelier nantais, habile prédicateur de son temps, publia à Saumur la Vie de Philippe Cospeau, évêque de Nantes, mort en 1646, ancien prédicateur et conseiller du roi. Ce prélat avait vivement encouragé le P. Albert Le Grand à écrire la Vie des saints de Bretagne et *ordonné* à son clergé de lui montrer tous les documents concernant les saints du diocèse.

Il y eut quatre autres couvents dans le diocèse de Nantes.

Olivier de Clisson, l'ami, le frère d'armes et le successeur de du Guesclin dans la charge de Connétable de France, disposa par testament la fondation d'une maison de Cordeliers à *Clisson*, auprès de son fameux château. Il mourut à Josselin le 21 avril 1407 et laissa une fortune colossale. Au mois de septembre 1410, Marguerite de Clisson établit cette communauté, en exécution des volontés de son père.

Celle de *Savenay* fut fondée, en 1419, par le duc Jean V. Dans l'église de ce couvent se trouvait le tombeau de Gui de Rieux, vicomte de Donges, mort en 1637, et représenté en manteau ducal.

En 1428, Robert de Dinan, seigneur de Châteaubriant, établit les Cordeliers à *Saint-Martin-de-Teilley* dans le voisinage de la magnifique forêt de ce nom, à deux lieues de la ville de Châteaubriant.

Le monastère d'Ancenis (1448) fut l'œuvre de Jeanne d'Harcourt, veuve de Jean IV de Rieux. Le maréchal de Rieux, proche parent de la duchesse Anne et son tuteur, fut enterré dans l'église de cette communauté. On ne saurait proclamer assez haut la bonté et la générosité de cette illustre famille des Rieux, à l'égard de l'Ordre de Saint-François en Bretagne.

Au-dessus de tous les Frères Mineurs de l'Armorique nous devons placer Olivier Mail-

12

lard, une des grandes célébrités du pays et de
la France, soit qu'on l'envisage comme zélateur
de la règle séraphique, soit comme négociateur,
tribun ou prédicateur et écrivain. Il naquit
certainement en Bretagne, comme le porte
l'épitaphe de son tombeau : *Premièrement
devons savoir, par bon vouloir, qu'il a esté né en
Bretagne.* Il vit le jour, vers 1430, dans la ville
de Nantes, ou bien à Yvignac (Côtes-du-Nord) ;
les historiens n'ont pu préciser le lieu de son
berceau. Il entra tout jeune dans l'Ordre, dans
la Province de Touraine qui avait une Custodie
en Bretagne (1), mais il alla étudier au couvent
de Paris où il conquit le grade de docteur en
Sorbonne. Il devint bientôt un savant distingué et un théologien incomparable. Il fut
lecteur de théologie, puis Vicaire Provincial
d'Aquitaine et successivement dans d'autres
provinces, car l'Ordre semblait se le disputer.
Il débuta dans la grande prédication vers 1460,

(1) *Le Nécrologe des Cordeliers de Châteauroux* dit
expressément qu'il fut « par deux fois Provincial de *sa
province de Touraine* ». V. *Le bienheureux Bonencontre,
disciple de saint François, et le couvent des Cordeliers de
Châteauroux,* par le P. Guy Daval, Bourges, 1908, p. 57.

et son apostolat dura quarante-deux ans :
Nantes, Paris, Poitiers, Tours, Toulouse et
plusieurs autres cités entendirent tour à tour
sa parole ardente. « Il ne se passa pas un seul
jour, dit l'éditeur de ses *Sermons de l'Avent*,
non seulement durant l'Avent et le Carême,
mais encore pendant tout le cours de l'année,
sans que cet infatigable apôtre ait annoncé la
parole de Dieu. » Durant cet espace de quarante-deux ans, il a prêché toujours et partout :
en France, en Espagne, en Allemagne, en
Hongrie, en Angleterre, dans les Flandres, où
il donna le Carême et le fameux sermon de
Bruges, etc. Néanmoins le centre de son action
et de sa résidence la plus fréquente fut Paris.
Sa parole était libre et hardie, n'épargnant
personne, pas même Louis XI qui le menaça
de le faire jeter à la rivière cousu dans un sac.
Il lui répondit : « Je serai plus tôt en paradis
par eau, que le roi n'y arrivera avec ses che-
vaux de poste ! » Les chroniques ne tarissent
pas d'éloges sur « le religieux et fameux frère
Olivier Maillard », « un nouveau Vincent Ferrier, un autre Bernardin de Sienne », « le prédicateur incomparable », que recommandent

sa science, sa dignité, son éloquence et sa sainteté.

Confesseur de Charles VIII, il fut chargé par Innocent VIII d'obtenir de ce roi l'abrogation de la Pragmatique-Sanction qui ne laissait de pouvoir au Souverain Pontife qu'autant qu'il plaisait au Parlement de lui en accorder, en France. Maillard porta de rudes coups à ce statut semi-schismatique, et plus tard fut signé le Concordat, entre le roi François Ier et Jules II, qui régit les rapports de l'Etat et du Saint-Siège jusqu'à la grande Révolution. Il intervint encore dans la question de la cession du Roussillon à son juste possesseur, et s'éleva avec force contre le roi Louis XII qui, après vingt ans de mariage avec la Bienheureuse Jeanne de Valois, la délaissait pour épouser Anne de Bretagne. Mais la sentence de nullité de mariage fut portée par une commission ecclésiastique et approuvée par Alexandre VI. La sainte abandonnée avec le titre de « reine de France », se retira à Bourges, y fonda l'Ordre de l'*Annonciade*, de concert avec le Bienheureux Gabriel-Maria, Franciscain, et plaça son Institut sous la juridiction des Frères Mineurs. Elle eut comme premier supérieur général le P. Olivier Maillard.

Celui-ci avait été nommé, au chapitre général tenu à Toulouse le 3 juin 1847, Vicaire général des Frères Mineurs de l'Observance de la famille ultramontaine. Il fut réélu deux fois encore à cette charge, suprême prélature de l'Ordre, après celle de général, qui lui conférait tout pouvoir sur les religieux de l'Europe occidentale et bientôt de l'Amérique (1).

Le Nouveau-Monde avait été découvert le 12 octobre 1492, et neuf mois après les Franciscains français avaient obtenu de Maillard, au chapitre de Florensac présidé par lui, la faveur d'aller évangéliser ces lointaines con-

---

(1) A cause de son étendue, dès 1415, l'Ordre fut partagé en *famille ultramontaine,* du côté occidental des Alpes, en *famille cismontaine,* du côté de l'Italie, gouvernée chacune par un Vicaire général, mais soumises toutes les deux au même Général de tout l'Ordre de Saint-François. De 1517 à 1838, on nomma à la place des Vicaires généraux un Commissaire général pris dans la famille ultramontaine si le Général avait été élu dans la famille cismontaine et vice-versa. Le premier Commissaire général élu fut le bienheureux Gabriel-Maria.

trées. Ils revinrent demander de nouveaux ouvriers apostoliques. « Ayant rencontré le frère Olivier Maillard en Espagne, ils lui racontèrent les choses admirables qu'ils avaient vues sur mer et dans les îles qu'ils avaient explorées ; ils le supplièrent aussi avec d'humbles instances qu'il envoyât des prêtres dans ces pauvres pays. Le T. R. Père ayant fait part de tout ceci au roi et à la reine d'Espagne, leurs majestés royales en furent comblées de joie et offrirent un vaisseau, avec tout ce qui était nécessaire pour cette mission... Instruits de tout ceci, des Frères, en très grand nombre, vinrent solliciter dudit T. R. Père Olivier la grâce d'être envoyés : c'étaient des hommes dans la force de l'âge et désireux du martyre. Ledit T. R. Père, s'étant rendu compte du zèle et de la ferveur de ceux-ci et ayant examiné, selon la règle, leur vie et la constance de leur foi, condescendit à leurs désirs.

« L'année même, en 1500, vers la mi-carême, ils se préparèrent au départ, et le samedi avant le dimanche des Rameaux, *Jean Baudin de Bretagne*, avec deux autres Frères d'une piété singulière, et d'autres compagnons, s'embarquèrent pour les îles désirées. Après un long et périlleux voyage ils y abordèrent enfin ! Là ils ne négligèrent rien, ni travail, ni soins de toute sorte, pour instruire ces pauvres nations barbares des rudiments de la foi. Les trésors, offerts par le roi et la reine pour le culte divin, exposés aux yeux de ces hommes par les matelots, les remplissaient d'admiration et de stupeur : ils volaient au baptême en bénissant Dieu (1). »

Olivier Maillard mourut à Toulouse le 13 juin 1502. Il opéra de nombreux miracles pendant sa vie et surtout après sa mort. Il paraît certain qu'un culte public fut rendu pendant longtemps à ce grand serviteur de Dieu. Le martyrologe de l'Ordre fait mention de lui au 21 juillet, en ces termes : « Il fut un docteur et prédicateur éminent, plusieurs fois Vicaire général des Observants et Légat du Saint-Siège en France ; il brilla pendant sa vie par ses vertus religieuses et sa sainteté, aussi bien que par le don de prophétie ; il fit plusieurs miracles après sa mort. »

(1) Glassberger, *Chronic,* 1500.

Un chroniqueur ancien, Glassberger, est encore plus explicite : « En cette année (1502), pour la fête de saint Antoine de Padoue, mourut à Toulouse le vénérable Père Frère Olivier Maillard, de sainte et heureuse mémoire, homme incomparable par la sainteté de sa vie autant que par la puissance de sa doctrine auprès du clergé et du peuple ; fidèle observateur et défenseur infatigable de la sainte famille de la régulière Observance, et jusqu'à ce jour brillant de l'éclat des miracles ; il est enseveli dans la salle capitulaire de Sainte-Marie-des-Anges, près de Toulouse. »

En 1508, le Chapitre général des Observants, célébré à Barcelone, décréta que le corps de frère Olivier Maillard serait levé de terre et transféré dans une chapelle qui venait d'être construite en son honneur (1).

---

(1) V. *Olivier Maillard, sa prédication et son temps,* par Alexandre Samouillan, 1891, Toulouse, Edouard Privat, éditeur. — Maillard a laissé une vingtaine de volumes édités en latin ou en français. Arthur de la Borderie a publié les *Œuvres françaises d'Olivier Maillard, d'après les manuscrits et éditions originales, avec introduction, notes et notices,* Nantes, 1877.

Puisse son souvenir ne jamais disparaître de la mémoire des bretons !

D'après ce rapide et pâle aperçu, on voit que les Cordeliers furent intimement mêlés à la vie nationale de la Bretagne, qu'ils prirent part à ses joies comme à ses épreuves, qu'ils furent comblés de biens de la part du peuple, de la noblesse et des ducs.

Il n'est pas un duc, à partir du xiiie siècle, qui n'ait fondé un couvent franciscain ou contribué à la fondation. Les derniers ducs surtout, François Ier, Pierre II, Arthur III et François II, eurent une tendre dévotion pour saint François d'Assise.

François Ier avait commis une grande faute ; les Frères Mineurs ne manquèrent pas de le reprendre. Ce duc avait donné l'ordre d'emprisonner Gilles de Bretagne, son dernier frère, et de s'en défaire de quelque manière que ce fût. L'infortuné gémissait depuis longtemps dans la prison du château de la Hardouinaye, près Saint-Méen, dont la fenêtre grillée donnait sur les fossés. Voyant qu'il n'avait plus que quelques jours à vivre, il supplia une femme charitable qui lui avait procuré, au péril de ses jours, le pain et l'eau dont il se soutenait, de lui amener un confesseur. Un Cordelier arriva durant la nuit, et le confessa à travers les barreaux du cachot. Cette confession finie, le malheureux Gilles découvrit au religieux tous les maux qu'il avait soufferts, et le pria d'aller trouver le Duc son frère, pour le citer de sa part, en quarante jours, au jugement de Dieu : ce que le Franciscain promit... Cependant, dans la nuit du 24 au 25 avril 1450, des séides entrèrent furieux dans la chambre du prisonnier, se précipitèrent sur lui et l'étouffèrent entre deux matelas... Le Duc revenant du siège d'Avranches rencontra, le 8 juin, sur les grèves du Mont Saint-Michel, le Cordelier qui avait confessé M. Gilles dans son cachot. Ce religieux cita hardiment le Duc, de la part du défunt, au jugement de Dieu, pour y comparaître dans un certain temps qu'il lui marqua, dit-on, par écrit, et disparut ensuite... François déjà malade, déchiré par les remords de sa conscience, fut très effrayé du discours et de la citation. Il se retira en son château de Plaisance près Vannes, où il décéda, le 19 juillet suivant,

Avant de mourir il reconnut sa faute, fonda un
service pour son frère, et quitta ce monde
dans les sentiments de la piété la plus édifiante.
Son successeur Pierre II châtia les bourreaux
de Gilles ; il les fit ou jeter à la mer cousus
dans un sac, ou démembrer à Vannes, le
8 juin 1451.

Un habile littérateur, le vicomte Walsh, a
fait de ce trait d'histoire un drame ingénieux et
touchant, qu'il a intitulé *le Fratricide* ; il a
popularisé le nom de l'infortuné Gilles de Bretagne, qu'il ne faut pas confondre avec le
misérable Gilles de Retz, « le légendaire Barbe-
Bleue », convaincu des plus grands crimes et
brûlé à Nantes en 1440.

Le pieux duc François II, surnommé le
Bien-Aimé, père de la duchesse Anne, entra
dans le Tiers-Ordre de Saint-François et introduisit la cordelière, le cordon franciscain,
autour de ses armoiries. Le *Ménologe* séraphique le met au rang des vénérables personnages qui ont illustré l'Ordre. On remarque
une belle statue de saint François en son
splendide et fastueux tombeau de Nantes.

La duchesse Anne, fille d'un Tertiaire, Tertiaire elle-même, nièce d'un Cardinal Franciscain, l'emporta sur tous ses prédécesseurs par sa piété si vive envers le séraphique Père et son dévouement inlassable et charmant à l'endroit de son Ordre. D'ailleurs, aucun nom n'est resté aussi populaire en Bretagne que celui de l'incomparable princesse et n'a mieux mérité qu'elle l'estime, l'affection et la renommée, alors surtout qu'elle monta sur le trône de France.

Fille d'une mère béarnaise (Marguerite de Foix) et d'un père breton, la future reine reçut au saint baptême, en janvier 1476, le nom si doux et si aimé de la Patronne de la Bretagne, et fut douée de toutes les qualités de la race méridionale et de la race bretonne : beauté pure, intelligence vive, caractère joyeux, fier et énergique. Une forte éducation religieuse et une instruction remarquable en firent une princesse accomplie. A quinze ans, elle épousa le roi de France Charles VIII, et huit ans après, le roi Louis XII qui l'appelait « sa petite Bretonne » ; elle apporta au royaume une de ses plus belles provinces. Elle restera pour les bretons « la reine Anne, la bonne duchesse »,

ANNE DE BRETAGNE

(d'après un tableau ancien.)

et pour les Franciscains et Franciscaines « une chère sœur, une tendre mère ».

Ce fut le P. Guillaume Bertho, de la Province de Touraine, qui reçut au Tiers-Ordre et affilia ensuite à l'Ordre franciscain, le duc François II, Marguerite de Foix, son épouse, et la princesse Anne, leur fille. Cet éminent religieux « était *breton* et noble d'origine, mais encore beaucoup plus noble par ses vertus ». Il fut nommé Vicaire général de l'Ordre au chapitre de Châteauroux, le jour de la Pentecôte, 10 mai 1478. Connaissant la famille ducale, il s'empressa de l'enrôler officiellement sous la bannière de saint François. Ses lettres d'affiliation sont adressées « au très illustre François, duc de Bretagne, prince très méritant, à Marguerite, son épouse émérite, à Madame Anne, leur fille très généreuse, dévots à Dieu et à saint François ». Le P. Bertho, après avoir gouverné l'Ordre par deux fois, « avec une grande dextérité, prudence et doulceur », mourut pieusement au couvent d'Ingolstad, dans la province de Strasbourg, le 8 février 1481. Avec Olivier Maillard, il fut une des colonnes de l'Observance en France et particulièrement dans la province de Touraine où il eut à briser la résistance de trois religieux « bretons de nation, et de naissance de Dinan », alternativement, l'un Provincial, l'autre Gardien et le troisième Procureur de l'Ordre pour toute la France, pendant de longues années (1).

La duchesse Anne portait extérieurement le Cordon de Saint-François. En l'année 1498, selon le P. Anselme, elle institua pour les dames d'honneur et de mérite, l'*Ordre du Cordon* ou *de la Cordelière*, tant en mémoire des cordes dont Jésus-Christ fut lié en sa Passion, que par dévotion envers saint François d'Assise, modèle de pénitence et de pureté. Le bijou de cet Ordre était un collier fait d'une corde à plusieurs nœuds entrelacés, dits lacs d'amour, c'est-à-dire repliés sur eux-mêmes, de manière à former un huit couché, et dont chaque chevalière devait entourer ses armes. Déjà la première femme de son père avait porté « la cordelière d'or de Saint-François », mais elle l'élevait au rang d'une institution religieuse et chevaleresque pour les jeunes dames de sa

(1) *Nécrologe des Cordeliers de Châteauroux.*

cour, afin de leur rappeler « qu'elles devaient vivre chastement et avoir toujours devant l'esprit les cordes et les liens de Jésus-Christ » (1).

Comme elle avait à cœur l'honneur des armes françaises, elle fit équiper un magnifique et grand vaisseau de 6 à 700 tonneaux pour prendre part à une expédition contre les musulmans. Ce vaisseau fut nommé *Marie La Cordelière*. Construit à Morlaix, il portait 200 pièces d'artillerie et 1200 soldats et marins, et prit part à de nombreuses et brillantes expéditions. L'Angleterre ayant déclaré la guerre à la France, en janvier 1512, sa flotte parut le 9 août en vue de Brest. La flotte française composée de vingt-et-un navires et de *La Cordelière* commandée par un hardi marin, Hervé de Portzmoguer, quitta la rade pour livrer bataille aux anglais, mais devant les forces supérieures de l'ennemi, elle dut se replier. *La Cordelière* couvrait la retraite ; le feu de son artillerie désempara les petits navires anglais qui la

(1) *Hist. des Ordres Mon.*, par le P. Hélyot, du Tiers-Ordre régulier de Saint-François, t. VIII, p. 426,

suivaient, mais deux gros vaisseaux la cernè-
rent de près. L'un d'eux, *Le Soverein*, fut mis
hors de combat à la suite d'une lutte acharnée.
Portzmoguer se porta alors contre le second,
Le Régent, et lui infligea des pertes sensibles.
Après une canonnade qui dura près de deux
heures, *Le Régent* réussit à accrocher *La Cordelière*. La résistance opposée à l'abordage des
anglais fut héroïque, mais les marins bretons
étaient écrasés par le nombre. Portzmoguer fit
alors mettre le feu aux poudres, et les deux
navires s'engloutirent dans les flots. Le courage
du héros breton et de ses compagnons fut
célébré en vers latins par un poète qui présenta
son œuvre à la reine Anne ; elle la fit aussitôt
traduire en français et transcrire en un manuscrit orné où l'on représenta l'incendie du beau
vaisseau *La Cordelière* (1).

On voit encore en Bretagne plusieurs châteaux et maisons, comme celle des Enfants
Nantais, ornés de sculptures représentant des
armes mi-partie de France et de Bretagne,
entourées d'une cordelière, ce qui indique le

(1) *Histoire de Bretagne élémentaire,* p. 71.

règne de la duchesse Anne, car elle l'introduisit dans l'écusson de France, après son mariage avec Louis XII. « Ce fut à l'imitation de son père François II, dit le P. Ménétrier, qui pour la dévotion qu'il avait à saint François, mit un semblable cordon autour de ses armoiries et fit sa devise de deux cordons à nœuds serrés, comme les cordons que l'on nomme de Saint-François » (1).

Les anciennes résidences royales de Blois et de Chambord offrent presque partout aux regards cette corde unie à l'écusson de France, sous les formes les plus variées. La partie principale du château de Blois fut bâtie par Louis XII, et la fastueuse et incomparable merveille qu'on appelle le château de Chambord par François Ier. « Et vint ce cordon en telle réputation que le grand roy François Ier, qui avait épousé dame Claude, *fille d'Anne de Bretagne*, faisant allusion avec son nom et alliance de deux colliers ensemble, voulut joindre les coquilles de l'Ordre de la chevalerie avec les

(1) *Origines des Armoiries. Dict.* Moreri.

nœuds et entortillement de la cordelière de Saint-François (1) ».

Honneur à la reine Anne de Bretagne, la Cordelière !

Une lettre de Henri II, datée de 1547, nous montre que les rois de France ne voulurent pas oublier les dettes d'honneur ou fondations contractées par les ducs de Bretagne à l'égard des Cordeliers. Il mande à son trésorier et receveur général des finances de payer « par chacun an, à nos chers et bien aimez les Religieux mendiants de l'Observance Saint-François, des couvents cy après nommez, la somme de cent cinquante libvres tournoys, c'est à savoir à ceulx du couvent de Blavet, vingt-cinq libvres tournoys ; à ceulx de Bernon, cinquante libvres tournoys ; à ceulx de Sainct-Brieuc, cinquante libvres tournoys, et à ceulx de Césambre, vingt-cinq libvres tournoys... pour la continuation de certaines messes et services que nos prédécesseurs, ducs et duchesses de Bretagne, voulurent estre dictes et célébrées ès dicts couvents... »

(1) La Barre des Saincts, Œuvres, t. II.

Henri IV, en 1595, continua à exempter, comme les ducs, de tous droits et impôts quelconques, les biens à l'usage des Frères Mineurs, « bleds, vins, bois, poissons sallés et toutes autres provisions à eux nécessaires ». Louis XIV renouvela tous ces privilèges « à ces chers bien aimez et dévôts orateurs », comme il les appelle, et ceux-ci, croyons-nous, se montrèrent dignes de ces faveurs.

III. — Les Frères Mineurs Récollets.

Les Récollets et les Capucins ne s'étant établis en Bretagne qu'au XVIIe siècle, ne furent pas autant mêlés que les Frères Mineurs et les Observants au mouvement social. Mais ils apparaissaient à une époque profondément troublée, d'abord par le Protestantisme, puis par le Gallicanisme et le Jansénisme, contre lesquels ils luttèrent, unis à tout l'Ordre franciscain, avec une ardeur indéfectible et un plein succès.

La résistance aux Huguenots avait transformé les monastères en véritables champs de bataille, et ceux-ci s'étaient livrés au pillage et au meurtre avec une férocité inouïe. Il fallait réparer les ruines, vivre dans une vie plus calme, plus recueillie. Dieu suscita deux nouvelles familles religieuses écloses dans la récollection et l'ermitage ; le vieux tronc de l'arbre séraphique poussa deux nouveaux rejetons, pleins de sève.

Les Récollets, approuvés par le pape Clément VII et Grégoire XIII, soutenus par le Parlement de Bretagne, gagnèrent peu à peu du terrain en ce pays, y fondèrent de nouveaux couvents, et la plupart des Frères Mineurs Observants bretons acceptèrent les nouvelles constitutions. Il y eut çà et là, comme à Rennes et à Saint-Brieuc, quelques désaccords, mais bientôt la pacification fut générale et complète.

Dans le religieux diocèse de Saint-Pol-de-Léon, les Récollets fondèrent les communautés de *Lesneven* et du *Folgoat*.

Leur établissement à *Lesneven* est du 30 mars 1625, mais on employa nombre d'années à leur bâtir un couvent et une église, à leur fournir un enclos et un jardin. Les Pères réclamaient surtout un jardin, car ils disaient « qu'un couvent sans jardin est un bercail sans pâturage ». Ces divers bâtiments n'étaient pas encore terminés en 1659. Les fondateurs du monastère furent Jacques Barbier de Kerjan, gouverneur de Lesneven en 1603, et René du Poulpry, sénéchal de cette ville. En retour, on leur donna, à chacun, un enfeu dans l'église. Jeanne du Bois, mère du sénéchal, fut inhumée, la première, dans le caveau des du Poulpry, le 19 mars 1638.

Cette communauté a fourni plusieurs sujets remarquables, et leurs noms et mérites ont été inscrits dans l'obituaire. Nous en citerons quelques-uns : Le P. Toussaint Luslac, dit le grand Directeur, mort en 1707 ; le P. Bona-venture Geffroy, Provincial, qui composa, en 1725, des thèses admirables pour ses novices ; le P. Joseph de Kergadiou, fameux Provincial en son temps, mort le 7 avril 1729, plein de jours et de mérites ; le P. Christophe Huchet, mort en 1732, et qui, par charité, avait fait un *Dictionnaire breton* pour le P. Grégoire de Ros-trenen, capucin ; le P. Paulin le Ralec, prédi-cateur renommé dans toute la Province, décédé en 1735 ; le F. Gabriel Tanniou, mort en pré-destiné, le 28 décembre 1737 ; le P. Joachim

Morvan, gardien, mort en 1740, à 35 ans, « infatigabie pour la chaire et le salut des âmes » ; le célèbre P. Michel-Ange Kervoëlen, religieux du plus rare mérite, Provincial en 1750, 57, 59 et 65, mort dans ce couvent, le 30 juin 1768. « Ses rares qualités, dit le P. Bonaventure, l'ont fait aimer, estimer et regretter de tous ceux qui ont eu le bonheur et l'avantage de le connaître. Le beau rétable du maître-autel, les boiseries du chœur et du réfectoire, les beaux ornements de la sacristie, les pavés du cloître et de l'église, les confessionnaux qui y sont, seront, pour longtemps, des monuments de sa piété et de son zèle pour la maison du Seigneur ». Le P. Bonaventure Le Bris, « aussi favorisé de la nature qu'il l'était de la grâce », ancien Provincial, mourut en 1773. Le dernier Gardien fut le P. Magloire Carré, « religieux d'une simplicité vénérable, ami passionné du jeûne, de la prière et du travail », décédé le 8 décembre 1804.

Nous voyons qu'un noble séculier, Claude-Alain Barbier, comte de Liscoët, chevalier de Saint-Lazare, avait voulu vivre, dans cette maison, de la vie commune des Frères, sans être religieux. Il donnait, tous les ans, à sa fête, un habit neuf pour chacun des membres de la communauté. Il y passa dix-neuf ans bien saintement, et mourut le 17 août 1765, pleuré de tous les frères (1).

Le couvent des Pères Récollets de Lesneven se trouvant à proximité de la basilique et sainte chapelle de *Notre-Dame du Folgoat*, y fournit des religieux chapelains pour le service du chœur, au moins dès l'année 1707, puisque nous lisons dans la remontrance des échevins de Lesneven qu'en mars 1708 « le feu avait pris, au commencement de la nuit, auxdits soufflets et aux orgues et bientôt au reste de l'église, qui avait estée incendiée, *à l'exception d'une chapelle voutée en pierres dans l'aisle droite de ladite église, où les Pères Récollets faisaient le service* » (2). Ce célèbre sanctuaire fut édifié près de la tombe du saint homme Salaün, qu'on appelait *le fou du bois* (Foll-Coat), sur laquelle germa un lis miraculeux portant sur ses feuilles en lettres d'or : *Ave Maria.* Il

(1) *Vie des Saints*, de Kerdanet, p. 106-107.
(2) *Ibid.* p. 178.

était mort le 1er novembre 1358. La Bretagne ne renferme aucun monument religieux qui mérite plus que celui du Folgoat de fixer l'attention des artistes et des pèlerins. On y admire les superbes tours qui dominent tout le pays, le porche orné des statues des apôtres, le portail d'entrée, les vitraux, et surtout le jubé, œuvre d'une ravissante harmonie.

L'église de Notre-Dame du Folgoat fut fondée en 1409 et consacrée en 1419. Le duc Jean V y établit des chanoines, comme le porte l'inscription gravée sur la pierre : « Jean l'illustre Duc des Bretons fonda la présente collégiale l'an du Seigneur 1423. »

En 1686, Notre-Dame du Folgoat perdit son doyenné et sa collégiale. La vaste maison qui était attenante à la basilique fut convertie en séminaire de la marine, afin d'y former des aumôniers pour les vaisseaux de l'Etat, et incorporé au séminaire maritime de Brest, sous la direction des Pères Jésuites.

Ceux-ci, peu nombreux, firent appel au dévouement des Récollets pour le service des messes et la récitation de l'office divin. Nous savons, par les tables de famille conventuelle,

12*

que les enfants de saint François établirent une résidence fixe au Folgoat, en 1714 (1). Lorsque l'Ordre des Jésuites fut supprimé par le Bref *Dominus ac Redemptor* du pape Clément XIV, le 27 juillet 1773, les Récollets continuèrent leur service du sanctuaire et du pèlerinage, sous la direction d'un desservant, prêtre séculier. La Révolution arriva : la sainte chapelle fut fermée le 16 novembre 1790.

Il nous est doux de penser que les Frères Mineurs ont réchauffé, pendant de longues années, la foi et la piété des fidèles bretons sur ce coin de terre privilégié. De nos jours les foules accourent à Notre-Dame du Folgoat avec empressement, en cette église qu'on a appelée la Lourdes du Finistère.

Saint Gildas, premier abbé du monastère de Rhuys, avait établi, au vie siècle, un petit oratoire sur un rocher de la rive du Blavet. C'est là, à 2 kilomètres de Lorient, que le roi Louis XIII fit bâtir une citadelle ; cet endroit

(1) *In hospitio sanctæ Mariæ du Folgoat, P. Medericus Garnier, superior, capitulum an. 1714 ; P. Paul. Le Relec, sub. an. 1730, etc. — Arch. du Fin.*

s'appela désormais *Port-Louis*. Les murs d'enceinte n'étaient pas encore achevés, lorsque le duc de Mazarin devint gouverneur du fort. Ce seigneur fit achever les ouvrages commencés pour la clôture de la ville, et appela, dans le courant de l'année 1655, les Pères Récollets, qui s'établirent au Port-Louis sous ses auspices. Il contribua généreusement à la construction de l'église de Notre-Dame, où la messe fut célébrée pour la première fois en 1665 (1).

C'est au Port-Louis que vers 1666 se fit le principal établissement de la Compagnie des Indes, qui y tint ses magasins les plus importants. De ce port de mer partirent les plus beaux navires faisant le commerce avec les colonies françaises et les pays étrangers.

Jacques Cartier avait reconnu le Canada en 1534. Les Récollets français en furent les premiers missionnaires. Le P. Gabriel-Adéodat Sagar s'illustra autant par son ardeur à tra-

(1) Le petit couvent de Sainte-Catherine de Blavet (île de la rade actuelle de Lorient), servait de maison de santé pour les frères fatigués ou malades. Le couvent de Port-Louis est devenu maintenant un hôpital maritime.

vailler au salut des pauvres Indiens que par ses ouvrages sur la Nouvelle-France. Il publia le premier une grammaire et un dictionnaire français-iroquois-algonquin. Le P. Louis Hennepin, Récollet belge, consacra de longues années à la mission du Canada. En 1678, il traversa le lac Ontario, parcourut les immenses régions qui séparent l'Océan glacial du Nouveau-Mexique, découvrit le Mississipi, atteignit les fameuses chutes du Niagara, et après avoir converti des milliers d'infidèles, revint dans sa patrie, où il a écrit ses admirables ouvrages. Juste en face des chutes, on peut lire, gravée sur une plaque de bronze, l'inscription suivante : « Près d'ici s'arrêta le P. Louis Hennepin, missionnaire Franciscain et historien de l'expédition La Salle, 1678-79. Il fut le *premier* à prêcher l'Evangile sur les confins du Niagara et le *premier blanc* qui vit et décrivit les chutes. Ce monument a été érigé par les chevaliers de Colomb, 1910. »

Les Récollets de la petite Province de Bretagne vinrent au secours de leurs frères, partirent à leur tour de Port-Louis, de Brest (où M. du Sueil, intendant de Sa Majesté, leur offrit une maison en 1674), et d'autres ports de mer pour se rendre au Canada, où ils fondèrent des stations de mission dans l'Etat de Plaisance, à l'Ile Royale, au Cap-Breton, à Terre-Neuve. Le sceau de la Mission de Terre-Neuve représentait saint François dans une barque, prêchant... aux morues, rangées tout autour et émergeant de l'eau ! Les Pères ayant obtenu une concession de terrain à *Louisbourg,* y fondèrent un couvent en 1720. Le P. Zacharie Caradec en fut le premier supérieur (1). Ces missionnaires bretons qui aimaient tant sainte Anne, patronne de l'Armorique, propagèrent aussi son culte dans la Nouvelle-France.

En France et en Bretagne, fidèles à l'Ecole

(1) *Archives du Finistère,* H. 324. — La plupart des documents concernant les Franciscains de Bretagne se trouvaient au couvent de Morlaix-Cuburien, lieu de résidence habituelle du Provincial. Après la Révolution, ces pièces furent portées aux Archives départementales. C'est ainsi qu'on trouve de curieux renseignements sur le Canada à Quimper-Corentin. — De même, on trouve à Pau une partie des archives de Bretagne par suite du mariage en 1491 d'une petite-fille de Charles de Blois avec Alain Le Grand, sire d'Albret, aïeul d'Henri IV. — *Trésor des chartes de Bretagne,* E. 216.

franciscaine qui publia toujours la suavité de l'amour de Jésus pour les hommes et le privilège incomparable de Marie Immaculée, vrais enfants de saint François au cœur transpercé par les rayons du Cœur divin, disciples du bienheureux Duns Scot, docteur de Marie, les Récollets et les Observants prêchèrent partout l'Immaculée-Conception et le culte du Sacré-Cœur. Ils se rappelaient que la bienheureuse Marguerite-Marie avait été élevée au couvent des Clarisses de Charolles, où elle avait puisé l'amour séraphique aux meilleures sources des traditions de l'Ordre, et que Notre-Seigneur lui-même lui avait indiqué le séraphique Père comme modèle spécial à imiter. Ils furent donc des premiers à soutenir, contre le courant des opinions jansénistes, la dévotion au Sacré-Cœur. Dès 1725, ils avaient obtenu du pape Benoit XIII une bulle leur permettant d'ériger une chapelle en l'honneur du Sacré-Cœur, afin de propager cette dévotion, source abondante de grâces pour le peuple français et le monde entier.

IV. — *Les Frères Mineurs Capucins.*

Cette famille de l'Ordre franciscain s'étendit rapidement en Bretagne, de sorte qu'en moins d'un demi-siècle elle y fonda des couvents dans les principales villes. Caliope d'Argentré, dame de Cucé, baronne d'Orgères, établit celui de Rennes en 1604. L'esprit de pauvreté et de pénitence des Pères Capucins, leur zèle pour le salut des âmes leur attirèrent l'affection publique. Le peuple les chérissait parce qu'il voyait ces bons religieux partager son indigence et se dévouer au service du prochain comme fervents prédicateurs et missionnaires. Avec les Frères Mineurs Observants et Récollets, ils ont puissamment contribué à faire germer et à entretenir l'esprit de piété qui règne encore en Bretagne.

Un des leurs donna un bel exemple d'humilité religieuse. Après la mort de Guillaume Le Gouverneur, Evêque de Saint-Malo, le roi Louis XIII, conseillé par le P. Joseph du Tremblay, nomma à ce siège, en 1630, le P. Michel de Marillac, fils de Michel de Marillac, surintendant des finances et garde des sceaux, célèbre par sa haute piété et par son éclatante disgrâce. Mais le jeune capucin refusa cet honneur. Ses parents et ses amis firent des efforts inutiles pour vaincre sa résistance et rassurer sa modestie. Il se montra constamment ferme dans sa résolution, disant qu'il aimait mieux mourir que de consentir à se charger de la conduite des âmes d'un diocèse. Néanmoins on ne nomma personne à sa place, et le siège de Saint-Malo resta vacant pendant qu'il vécut. Dieu le trouva sans doute mûr de bonne heure pour le ciel, car il mourut assez jeune, le 31 juillet 1631.

Les Capucins de Bretagne ont eu quelques écrivains de valeur, tels que le P. Romain de Saint-Brieuc, qui publia en 1586 la défense du Calendrier grégorien, réforme attaquée par les Protestants ; P. Jean Bréard, théologien ; P. Bruno Chassaing, canoniste ; P. Joseph de Morlaix, auteur de livres de piété ; P. Joseph d'Audierne, qui écrivit sur la canonisation des saints ; P. Yves de Tréguier, qui a composé plusieurs ouvrages en arabe, etc. La Bretagne a fourni un général à l'Ordre en la personne de N. Boscher de La Villéon, natif de Bréhand-

Moncontour, appelé en religion le P. Aimé de Lamballe, élu le 20 mai 1768.

On ne saurait taire le rôle glorieux exercé par les Capucins d'Auray et de Vannes pour faire reconnaître la réalité surnaturelle des apparitions de Sainte Anne, établir son culte et assurer le pèlerinage au sanctuaire de *Sainte-Anne d'Auray*, devenu depuis si célèbre en Bretagne et dans le monde entier. Le P. Hugues de Saint-François, Carme, témoin oculaire des événements, nous a laissé des détails très précis sur cette histoire merveilleuse, dans son livre : *Les Grandeurs de Sainte Anne, progrès de sa dévotion en Bretagne près la ville d'Auray* (1).

Dès les premiers siècles, la Bretagne, devenue chrétienne, avait dédié une chapelle à sainte Anne sur ce coin de terre qui, de son

_____

(1) Nantes, 1657. Ce volume de 670 pages est approuvé par le P. Elzéar Rialen, docteur en théologie de la Faculté de Paris et gardien des Cordeliers de Nantes, et par le P. Nicolas Binet, Carme, docteur et doyen de la Faculté de théologie de l'Université de Nantes. — Le couvent des Capucins d'Auray n'était pas encore complètement achevé, à cette époque ; l'église ne fut inaugurée qu'en 1626.

nom, devait s'appeler Keranna (Ker-Anna, *village d'Anne)*. A la fin du viie siècle, la cha-pelle fut détruite, mais le nom du village et la tradition en conservèrent le souvenir, plus ou moins précis. Or, au mois d'août 1623, sainte Anne apparut à un fervent chrétien, modeste fermier de Keranna, dépendant de la paroisse de Pluneret. Le prodige se renouvela plusieurs fois. Nicolazic n'était qu'un paysan, sans science humaine. Il consulta le P. Modeste, Capucin d'Auray, qui lui conseilla de faire dire des messes pour obtenir les lumières de Dieu. Le soir du 25 juillet 1624, la sainte lui dit son nom, lui parla de la chapelle ruinée depuis 924 ans et située au champ de Bocenno, lui demanda d'avertir le Recteur de Pluneret pour la rebâtir : « Dieu veut que j'y sois honorée. » Le Recteur, dom Sylvestre Rodoüez, rebuta durement le pauvre Nicolazic et main-tint son opposition pendant longtemps, jusqu'à l'extrême, jusqu'au moment où il fut frappé d'un mal soudain et étrange. Cependant l'ancienne statue de sainte Anne, ensevelie dans la terre du champ de Bocenno, fut découverte le 7 mars 1625. Le lendemain deux Capucins,

dom Yves Richard et un aumônier de la flotte,
s'y rendirent pour la vénérer. Ce furent les
premiers pèlerins.

Toutefois l'Evêque de Vannes, Monseigneur
Sébastien de Rosmadec, après interrogatoire et
enquête, n'osait pas se prononcer encore sur
le fait des apparitions ; il pria les Capucins de
Vannes de retenir Nicolazic pendant quelques
jours dans leur couvent et de l'examiner. « Le
R. P. Gardien (P. Charles Borromée de Lamballe) fit faire des prières à ses religieux pour
cet effet, et assembla plusieurs fois les
RR. PP. Gilles de Monay, maistre des novices,
Ambroise de Brest, Célestin de Marsillé et
Césarée de Roscof, prédicateurs, pour en déli-
bérer. Ils conclurent tous que les marques des
véritables révélations se trouvaient en celle du
paisan ; n'y ayant rien de contraire au saint
évangile, ny aux sacrez canons, rien de ridicule
dans les circonstances, aucun intérest propre,
au contraire un désir de contribuer de tout
son bien, pour bastir une chapelle dans un
lieu, où il y avait apparence par le nom du
village, appelé de temps immémorial Ker-Anna,
qu'il y en avoit une autrefois, qu'il estoit d'un

bon jugement, sa vie exemplaire et vertueuse de tout temps, l'affluence du peuple qui commençoit à y venir de toutes parts sans aucun convy, nonobstant toutes les contrariétés qu'on y avait aportées. Ces choses bien pesées, leur avis fut que c'estoit une œuvre de Dieu, et qu'ils y devoient contribuer de tout leur pouvoir.

« Le temps de quinze jours expiré, Nicolazic retourna à Vannes vers les RR. PP. qui l'interrogèrent de rechef exactement, le trouvant toujours égal et constant en ce qu'il disoit lui estre arrivé.... Les RR. Pères Gardiens et Ambroise de Brest allèrent ensuite trouver Monsieur de Vannes (l'Evêque), et l'informèrent de leur procédé, pour connoistre la vérité des révélations du paisan, disans qu'ils n'y avoient rien trouvé à redire, et croyoient que le bastiment d'une chapelle de sainte Anne estoit bien à propos pour l'entretien de la dévotion des pèlerins qui y venoient déjà de tous costés. Il les pria de vouloir aller sur les lieux pour luy faire le rapport de ce qui s'y passoit. »

Les Pères y allèrent, obtinrent de M. de Kerloguen, seigneur du lieu, une fondation de quinze livres pour assurer une messe par semaine dans la future église, comme le demandait l'Evêque, et entretinrent la piété des fidèles au lieu de la découverte de la statue. « Le jour de l'Invention de Sainte-Croix, le P. Ambroise y estant retourné avec un autre religieux, fut touché de compassion de voir les pèlerins exposez à la pluye, et dit qu'il eust été expédient de les mettre à couvert, pour faire leurs prières. Aussi-tost un paisan s'offrit de donner des genests, un autre de donner du bois, et un autre de faire l'édifice de bon cœur ; ce qui fut en peu de temps exécuté, chacun travaillant à l'envi pour préparer à la glorieuse sainte son premier logement en ce saint lieu. La loge disposée, le bon Nicolazic qui ne se possédoit pas d'aise et de contentement, se fist aider à apporter un coffre de sa maison pour servir d'autel ; il mit dessus une nappe blanche, et y posa le bois de l'ancienne image, avec une guimpe de toile blanche au-dessus. Tels furent les premiers ornements de cette sainte image, qui de pauvres et simples, devoient en peu de temps estre changez en

13

étoffes précieuses : les genests et les perches
de bois à la négligence, en marbre, en porphyre
et en sculptures et architectures rares et excel-
lemment travaillées.

« Le zèle et l'affection des Pères Capucins
ne se termina pas à cet appareil extérieur pour
la dévotion des pélerins. Comme les ouvrages
de Dieu sont toujours contredits par les libertins et sages du monde, il fut nécessaire que
ces excellens religieux se rendissent les protecteurs du bon Nicolazic, et de la dévotion
qui commençoit si heureusement à s'augmenter. Le vénérable Père Ambroise, homme
d'un mérite singulier, disoit lui-même dans
un écrit de sa main qui se garde soigneusement,
les contestations qu'il eut pour ce sujet avec
des personnes de toutes sortes de conditions... »

Finalement, Mgr de Rosmadec, constatant
que Nicolazic avait recueilli des pèlerins 1800
écus, autorisa la construction de la chapelle.
Les Capucins firent élever, en attendant, un
oratoire de planches de sapin et refaire la
statue de sainte Anne avec le bois de l'ancienne.
La veille de la fête, les foules accoururent. Les
Capucins confessèrent les fidèles, prêchèrent

en français et en breton, chantèrent les litanies
de sainte Anne. Le lendemain, 26 juillet 1625,
devant trente mille pèlerins, le Recteur de
Pluneret, guéri de sa paralysie, célébra la
première messe. Le P. Césarée, Capucin, dit la
seconde. Ce même jour fut posée la première
pierre de la future église.

Mgr de Rosmadec établit à Sainte-Anne
d'Auray les religieux Carmes pour desservir le
sanctuaire et le pèlerinage. « Il y eût volontiers étably les RR. PP. Capucins, leur zèle et
doctrine ayant déjà beaucoup contribué à cette
dévotion, par l'examen des révélations du
paisan, par leurs prédications, et par leur
assistance charitable vers les pélerins. Mais
leur obligation à la mendicité quotidienne, l'en
divertit, outre qu'ils n'eussent pû ménager par
eux-mêmes (à cause de leur Règle) les offrandes,
ny les employer aux bastiments, et bien moins
faire du revenu et un fond assuré, pour l'entretien du service divin, et nourriture de leur
communauté à l'avenir (1). »

Le bruit des événements de Keranna avait

(1) *Les Grandeur de Sainte-Anne,* ch. I à XII.

franchi bien vite les limites de la Bretagne ; la
Cour elle-même s'en était émue. La très pieuse
Anne d'Autriche, Tertiaire de Saint-François,
épouse du roi Louis XIII, fit prier à Sainte-Anne
pour obtenir la cessation de sa stérilité (1).
Elle fut exaucée et obtint un fils (le futur
Louis XIV). Elle fit envoyer à son sanctuaire,
en 1639, une relique de sainte Anne, apportée
autrefois de Jérusalem par un croisé. Désormais le pèlerinage alla toujours en prospé-
rant.

Nicolazic mourut près de son sanctuaire,
avec la piété d'un saint, le 13 mai 1645, âgé de
63 ans.

Capucins, Franciscains, Tertiaires de Saint-
François continuent toujours d'aller en pèlerinage à Sainte-Anne d'Auray, qui est comme
le centre et le cœur de la Bretagne.

Parmi les services rendus par l'Ordre au
pays celtique, nous devons signaler celui de

(1) « Elle reçut le saint habit de la Pénitence des
mains de son confesseur, le P. François Fernandez,
religieux du grand couvent des Cordeliers de Paris, et
qui y est mort en odeur de sainteté. » *Règle du Tiers-
Ordre*, par le P. Claude Frassen, p. 274.

la publication du premier *Dictionnaire Breton complet,* œuvre du P. Grégoire de Rostrenen, Capucin, lequel se servit du petit dictionnaire manuscrit du P. Christophe Huchet, Récollet, natif de Quimper. Ce précieux volume in-4° de 980 pages parut à Rennes, en 1732, chez Julien Vatar, et il reste encore comme le dictionnaire classique des celtisants. « Je dois avouer de bonne foi, dit l'auteur, que ce n'est point une démangeaison d'écrire, genre pour lequel je n'ai aucun talent, qui m'a engagé à composer ce Dictionnaire, c'est uniquement l'ordre de mes supérieurs, le T. R. P. François-Marie de Saint-Malo, quatre fois Provincial des Capucins de Bretagne et Définiteur général de l'Ordre, qui m'y a déterminé, afin, disait-il, d'aider par ce moyen, nos jeunes religieux, et plusieurs ecclésiastiques zélés du pays, à traduire leurs sermons français en breton, pour pouvoir prêcher aux peuples de la Basse-Province, dont la plus grande partie ne sait pas la langue françoise, et qui cependant est très avide de la parole de Dieu. » Ainsi, une pensée religieuse a donné l'impulsion à cette œuvre, qui renferme, en effet, une foule de pieux enseignements et des tournures de phrases à l'usage des prédicateurs.

La suppression des Capucins fut celle qui causa en Bretagne le plus de peine au peuple, au commencement de la Révolution. A Saint-Brieuc, les femmes de la ville se révoltèrent contre le maire, lorsqu'il vint pour expulser les religieux de leur couvent, et le maltraitèrent. Ceux de Roscoff furent obligés de s'embarquer pour l'Angleterre si précipitamment qu'ils arrivèrent à Jersey avec leur habit religieux.

V. — *Saints, martyrs, serviteurs de Dieu.*

L'Armorique a eu, dans la période de son évangélisation et de sa formation, un grand nombre de saints, la plupart originaires de la Grande-Bretagne, et leur culte reste toujours florissant dans les diocèses et les paroisses. Ces évêques et ces moines ont été les vrais promoteurs, les conducteurs, les premiers agents de l'œuvre civilisatrice qui fonda la nation bretonne. Les saints postérieurs, bretons de race ou d'adoption, béatifiés en cour de Rome, sont moins nombreux, mais aussi glorieux. On compte saint Jean de la Grille, de l'Ordre de Citeaux, évêque de Saint-Malo (1121-1170) ; saint Guillaume, évêque de Saint-Brieuc (1184-1237) ; saint Yves (1253-1303) ; le bienheureux Charles de Blois (1319-1364) ; la bienheureuse Françoise d'Amboise (1424-1485).

Saint Yves et le *Bienheureux Charles de Blois* étaient membres du Tiers-Ordre de Saint-François. La *Bienheureuse Françoise d'Amboise*, épouse du duc Pierre II, fonda le monastère des Clarisses à Nantes, assurant ces religieuses qu'elle les assisterait de tout ce qui leur serait nécessaire, et que, si elle survivait à son mari, elle prendrait le saint habit chez elles. En effet, Pierre II étant mort en 1457, la bienheureuse entra en ce couvent à dessein d'y passer le reste de ses jours ; mais ne pouvant supporter les austérités de l'Ordre, incompatibles avec sa faible santé, elle fut contrainte d'en sortir deux fois différentes, y ayant eu de grandes maladies. Elle entra alors au monastère des Carmélites de Vannes, puis de Nantes où elle mourut en 1485. On connaît la belle devise de cette sainte princesse : « Faites, sur toutes choses, que Dieu soit le mieux aimé ».

Parmi les vénérables religieux de l'Ordre,
morts en odeur de sainteté, inscrits au Martyrologe franciscain, sans qu'ils soient toutefois
béatifiés par l'Eglise, nous citerons : *P. Raoul,*
de Rennes, que les anges ont servi à la
messe (1), mort en 1303 ; *P. Etienne Brulefer,*
mort à Bernon, en 1490 ; *P. Olivier Maillard,*
1502 ; *P. Etienne de Dole,* Capucin, 1635, etc. (2).

Quelques Frères Mineurs furent martyrisés
par les Protestants, en Bretagne : *PP. Jean Givi-
drier* et *Jean de Lusse,* au couvent de Fougères ;
PP. François Dubradeynes, François Buttauld
et leur gardien, *P. Jean Tessier,* du couvent
de Saint-Martin-de-Teillay ; les deux premiers
furent jetés dans un brasier et le dernier dans

(1) Wading, *anno 1305.*

(2) Un prêtre d'une vertu très remarquable, René
Richard, né près de Bécherel et mort en cette ville, en
soignant les pestiférés, le 1er décembre 1637, âgé de
42 ans, fut invoqué comme bienheureux avant la Révolution. Il était entré chez les Capucins, mais n'ayant
pu y rester, il s'assujettit à leur règle dans le monde,
portant la haire, se flagellant avec une discipline de fer,
couchant sur la dure, avec une pierre pour oreiller...
Il fut un modèle de piété, de pénitence, d'humilité,
d'amour de Dieu et du prochain.

une masse de plomb fondu, le 1er avril 1562.

Les victimes du sectarisme révolutionnaire furent plus nombreuses. Le *Frère Gaslé*, Récollet de Nantes, qui s'était retiré au Plessis-Gramoire, fut dénoncé comme religieux et périt sur l'échafaud à Angers, le 21 janvier 1794. Le *P. Barthélemy Oger*, Récollet du couvent de Saint-Malo, connu de toute la ville par sa charité et son zèle, exerçait en cachette le saint ministère dans la maison d'Angélique Glatin, ancienne domestique. Dénoncés tous les deux, ils furent condamnés à mort et guillotinés à Rennes le 5 août 1794. Avant de mourir, le Père entonna le *Te Deum*. Le *P. Joseph Le Mével*, natif de Roscoff, Capucin, s'était réfugié à Morlaix, tout en gardant l'habit religieux. Il fut guillotiné à Brest, le 30 juillet 1794, âgé de 65 ans. Le *P. François-Jérôme Tournois*, né à Trélivan, des Capucins de Saint-Brieuc, fut fusillé à Saint-Solain, le 23 janvier 1796, au moment où il se disposait à célébrer les saints mystères ; il n'avait que 31 ans.

Une dizaine de Frères Mineurs furent noyés dans la Loire, à Nantes, par les ordres de l'infâme Carrier, représentant du peuple, les

14 novembre et 9 décembre 1793. Ce sont : le *P. Bernard*, gardien des Cordeliers d'Ancenis ; le *P. Anaclet Laumaillé*, natif de Rennes, gardien des Récollets de la Baumette d'Angers ; le *P. Bret*, Récollet, directeur des Clarisses de Nantes ; le *P. Forget*, Récollet ; le *P. Le Remeur*, Cordelier, directeur des religieuses de Sainte-Elisabeth de Nantes ; le *P. Pocet*, Récollet ; les *PP. Guéguin de Kermorvan*, *Hers*, *Le Grand* et *Stevin*, Capucins.

Furent déportés à Rochefort en 1794, le *P. Isidore Roland*, Provincial des Récollets à Vannes, alors âgé de 44 ans ; le *Fr. Casimir Cajan*, diacre, natif de Quimper, des Capucins de Nantes, 27 ans ; le *Fr. Louis Alexandre*, convers des Capucins de Morlaix, 50 ans ; le *Fr. Sébastien Padel*, convers des Capucins de Saint-Brieuc, 27 ans. Le *P. N. Coursin*, Capucin à Vannes, fut déporté à la Guyane, en 1798, etc. Le plus grand nombre des religieux étaient partis dans les pays étrangers. Quelques-uns de ceux qui restèrent échappèrent à la fureur des persécuteurs, comme le P. Joseph Hervé, de Loudéac, Capucin, homme de mérite et d'une grande piété ; il était gardien du couvent de Dinan en 1790. Il mourut à Plémet, son pays natal, à l'âge de 80 ans, le 19 mai 1815.

Il nous reste à signaler une sœur converse Clarisse Urbaniste de Fougères que sa haute piété et le livre de ses Révélations a rendue célèbre. Sœur Jeanne de la Nativité (Le Royer), était née le 24 janvier 1731, à la Chapelle-Janson, diocèse de Rennes. Elle fut reçue chez les Clarisses de Fougères, d'abord en qualité de servante, puis de converse. Après de longues et rudes épreuves, qu'elle supporta avec beaucoup de patience, cette vertueuse fille eut des lumières extraordinaires sur les mystères de la religion et sur la persécution que devait éprouver l'Eglise de France, *dix ans plus tard*. Elle communiqua ses lumières à M. Genet, directeur de la communauté, qui les écrivit d'après les relations qu'elle lui en faisait. Mise dehors de son monastère avec ses compagnes, le 27 septembre 1792, cette digne religieuse se retira avec son abbesse dans une maison particulière de Fougères, où elle vécut encore quelques années. Elle fit écrire trois lettres à son ancien directeur, M. Genet, qui se trouvait alors en Angleterre. Elle lui en adressa encore une le 16 octobre 1797, et mourut en odeur de sainteté, le 15 août 1798. Son corps fut inhumé dans le cimetière de Laignelet. Quant aux écrits dictés par Sœur de la Nativité, ils furent approuvés par divers théologiens et imprimés à Paris en 1816 (1).

VI. — A notre époque. — Conclusion.

Les moines sont immortels comme les chênes, a écrit Montalembert.

Après la restauration du culte catholique en France, peu à peu religieux et religieuses relevèrent les ruines des monastères ou en bâtirent de nouveaux. Les Franciscains et les Capucins se rétablirent, au cours du xixe siècle, dans un grand nombre de diocèses, de telle sorte que chacune de ces deux familles (les Conventuels n'existant pas en France), y comptait cinq Provinces et une cinquantaine de couvents, au moment des expulsions et confiscations de 1903.

En Bretagne, les Franciscains avaient les

(1) *Histoire de la Persécution Révolutionnaire en Bretagne,* par l'Abbé Tresvaux, 1845, Paris, 2 volumes ; t. I, pp. 397, 481 ; t. II, pp. 8, 51, 98, 103, 129, 209, 319, 514.

couvents de *Rennes, Saint-Brieuc, Nantes, Saint-Nazaire ;* les Capucins, les couvents de *Dinard, Nantes* et *Lorient ;* les Clarisses, les monastères de *Rennes* et *Nantes.*

Trois Congrégations de Sœurs du Tiers-Ordre régulier prirent naissance en Bretagne : les Franciscaines Missionnaires de Marie, aux Châtelets, près Saint-Brieuc ; les Franciscaines Oblates du Sacré-Cœur, à Chantenay, près Nantes ; les Franciscaines Conventuelles, à Saint-Philbert-de-Grand-Lieu, près Nantes.

Le Tiers-Ordre séculier, grâce aux Encycliques de Léon XIII, aux Lettres Apostoliques et faveurs de Pie X, est plus répandu et plus florissant que jamais ; on compte au moins, en moyenne, dans chacun des cinq diocèses bretons, environ cinq mille Tertiaires, isolés ou réunis en Fraternités (1).

« Ce qui rend les Fraternités redoutables, vient d'écrire un des chefs de la franc-maçonnerie, c'est qu'elles échappent à la loi plus sûrement que les congrégations, c'est qu'on ne

(1) Pour tout ce qui concerne le Tiers-Ordre de Saint-François, on peut s'adresser au Directeur du *Memento*, 4 bis, Avenue de Châtillon, Paris-14e.

peut ni les découvrir ni les dissoudre. Et voici dans quels termes les Tertiaires se définissent eux-mêmes : Le Tertiaire est un religieux, mais il n'est pas un moine. Il demeure chez lui, il a sa vie de famille, sa vie corporative, sa vie communale, sa vie nationale, dans la même forme et au même degré que les autres citoyens ; et l'une des fonctions de sa vie religieuse est de sanctifier par sa vie familiale, corporative, communale, nationale, le grand organisme social. »

Faxit Deus !

L'orage de la persécution s'est déchaîné contre les religieux. Ils sont partis !

L'espérance nous dit qu'ils reviendront. L'histoire du passé garantit l'avenir. Eux-mêmes espèrent revenir, et forts de cette confiance dans les miséricordes de Dieu, ils ont établi sur la terre étrangère des postes d'attente (1). C'est là, en effet, que, dans la prière,

---

(1) Le noviciat des Frères Mineurs (ou Franciscains), de la Province de France, se trouve à *Menin,* Grand'place (Belgique).

L'Ecole séraphique (ou Juvénat) est à *L'Ecluse,* maison Saint-Antoine (Hollande).

le silence et l'étude, ils attendent une ère de liberté qui marquera pour eux l'ère de la résurrection.

Ecoutez les pieux accents de supplication que Brizeux, le poète des bretons, adressait naguère à saint François :

François, reviens chez nous prêcher la pauvreté !
Au milieu de la Bourse il faut placer ta chaire,
Aux servants du veau d'or, là, tu crieras : « Misère ! »
Viens, de tes mendiants noblement escorté,

Et pieds nus, le capuce en arrière jeté,
Dis la richesse vile et la pauvreté chère,
Poursuivant ces démons, primes, reports, enchère,
Des flagellations de ton Verbe irrité.

Frères, ne laissez point trace du temple immonde ;
Puis venez de maison en maison par le monde
Ramenant la prière à nos foyers anciens ;

De vos humbles vertus purifiez les âmes,
Opposez votre bure au luxe fou des femmes,
Et rapprenez le Christ aux modernes païens.

Loué soit Jésus-Christ. — Toujours

CANTIQUE

EN L'HONNEUR DU

BIENHEUREUX JEAN DISCALCÉAT

REFRAIN

Bienheureux Jean Discalcéat,
A toi nos vœux et nos vivat !
Fils de François, pasteur modèle,
De la cité gardien fidèle,
Père chéri des malheureux
Entends nos voix du haut des cieux !

> Bienheureux Jean Discalcéat.
> A toi nos vœux et nos vivat !

1. Ah ! souviens-toi du pays d'Armorique,
   De Saint-Vougay, berceau de tes parents,
   Où tu dressas par amour séraphique,
   De grandes Croix, pour guider les passants.

2. Du Rédempteur le signe symbolique
   Sera toujours le drapeau du Breton,
   Qu'il défendra saintement énergique
   Contre l'assaut du monde et du démon.

3. Pourquoi quitter, enfant brûlant de zèle,
   Ton beau clocher et tes chers Léonnais ?
   — C'est que j'entends une voix qui m'appelle
   A servir Dieu au pays des Rennais.

4. Ah ! souviens-toi du bourg de Saint-Grégoire
   Que tu régis l'espace de treize ans ;
   Du bon Pasteur gardez bien la mémoire,
   Vous, ses amis, religieux habitants.

5. Et toi, Quimper, tressaille d'allégresse,
   Orne ton front de perles et de fleurs !
   Voici venir dans une sainte ivresse
   L'amant du Christ tout baigné de ses pleurs !

6. Ceint d'une corde et revêtu de bure,
   Tête et *pieds nus* pour mieux braver le froid,
   Mourant au monde, immolant la nature,
   Jean est armé chevalier de la croix.

7. Pauvres, mendiants, clients de la misère,
   Accourez tous au couvent des Mineurs ;
   C'est là qu'un Pauvre aux entrailles de Père
   Vous nourrira, calmera vos douleurs.

8. De l'étranger il repousse les armes,
   Par sa prière il abat l'oppresseur ;

Sur son pays il verse bien des *larmes*,
Par lui Quimper trouve un Libérateur.

9. Mais du grand jour brille déjà l'aurore !
Discalcéat, près des pestiférés,
Gémit et prie et se dévoue encore :
Il va jouir des célestes clartés !

10. Ah ! souviens-toi de ta chère patrie,
Apporte-lui les lauriers de la *paix ;*
Guéris ses maux, sa *tête endolorie ;*
D'un plus *beau temps* fais luire les bienfaits.

11. *Unis les cœurs !* En un effort suprême,
Par ton secours, par saint Charles de Blois,
Nous comprendrons notre misère extrême,
Et du Sauveur observerons les lois.

12. Donne du *pain* au pauvre famélique,
Fais retrouver tous *les objets perdus :*
La foi, l'amour, l'esprit évangélique...
Et conduis-nous au séjour des élus.

P. N.

TABLE DES MATIÈRES

(PREMIÈRE PARTIE)

Chapitre Ier. — Vie de saint Jean Discalcéat écrite par un Compagnon de ce saint.

Manuscrit inédit.

Chapitre IV. — Dons surnaturels, sa mort, son culte.

Chapitre V. — Le couvent de Quimper illustré par saint Jean Discalcéat.

Chapitre VI. — Le culte du Saint à la Cathédrale de Quimper et à Ergué-Armel, depuis l'époque de la Révolution à nos jours.

(TROISIÈME PARTIE)

Appendice

Chapitre VII. — Petit aperçu historique de l'Ordre de Saint François en Bretagne.

GRAVURES

BIBLIOTHÈQUE NATIONALE R.F.

RÉSUMÉ
des Obligations imposées aux Tertiaires
de SAINT FRANÇOIS

I. Chaque jour. — 1. Assister à la messe, si on le peut facilement. — 2. Si la maladie n'empêche pas, réciter l'Office du Bréviaire, *ou* le petit Office de la Sainte Vierge, *ou* douze *Pater, Ave et Gloria Patri.* — 3. Invoquer Dieu avant et après les repas — 4. Faire l'examen de conscience le soir et demander pardon à Dieu.

II. Chaque mois. — Se confesser et communier.

III. Chaque année. — 1. Jeûner la veille de l'Immaculée-Conception et de la fête de S. François. — 2. Accomplir la satisfaction imposée par le Visiteur pour les transgressions.

IV. En tout temps. — 1. Porter le petit scapulaire et le cordon. — 2. Observer, selon les promesses de la profession, les commandements de Dieu et obéir à l'Eglise. — 3. Eviter, dans les vêtements, le luxe et l'élégance mondaine en se conformant aux exigences de sa condition. — 4. Fuir les bals, les spectacles dangereux, les repas licencieux. — 5. Etre frugal dans le boire et le manger. — 6. Donner le bon exemple dans sa famille, s'adonner aux bonnes œuvres, interdire à soi-même et à tous ses subordonnés la lecture des mauvais livres et des journaux dangereux. — 7. Entretenir la paix et la charité avec tous et s'appliquer à apaiser les discordes. — 8. Ne point prêter serment sinon par nécessité ; éviter les paroles déshonnêtes et les plaisanteries bouffonnes.

V. Lorsqu'on le peut. — Faire son testament afin d'éviter les préoccupations au moment de la mort et les querelles des héritiers.

VI. Lorsqu'on fait partie d'une Fraternité. — 1. Se rendre aux Assemblées et donner, suivant ses moyens, pour les tertiaires pauvres et malades et pour les frais du culte. — 2. Accepter les charges, les exercer avec zèle, se rendre aux assemblées convoquées par le Visiteur. — 3. A la mort de chaque tertiaire, assister, si on le peut facilement, à ses funérailles, réciter un chapelet et faire la communion à son intention ; si l'on est prêtre, prier pour son âme au saint Sacrifice. — 4. Ceux qui donnent le mauvais exemple et ne se corrigent pas après trois avertissements sont exclus de l'Ordre.

N.-B. — La Règle n'oblige pas, par elle-même, sous peine de péché même véniel.

Imprimé en France
FROC022047300620
24394FR00009B/126

9 782329 423463